Wilson Cano

Desconcentração produtiva regional do Brasil: 1970-2005

© 2007

Fundação Editora da UNESP (FEU)
Praça da Sé, 108
01001-900 – São Paulo – SP
Tel.: (0xx11) 3242-7171
Fax: (0xx11) 3242-7172
www.editoraunesp.com.br
feu@editora.unesp.br

CIP-Brasil. Catalogação na fonte
Coordenadoria Geral de Bibliotecas da UNESP

C229d

Cano, Wilson, 1937-
    Desconcentração produtiva regional do Brasil 1970-2005/Wilson Cano. – São Paulo: Editora UNESP, 2008.

    Inclui bibliografia
    ISBN 978-85-7139-831-3

1. Desenvolvimento econômico. 2. Disparidades econômicas regionais. 3. Desconcentração regional. 4. Capitalismo. I. Título

CDD: 338.981
CDU: 338.92(81)"1970/2005"

Editora afiliada:

Sumário

Apresentação 11

1 Introdução 21
  1.1 Brasil: do "milagre" econômico à estagnação 22
  1.2 São Paulo e a desconcentração produtiva regional 35
  Tabela 1 Variação anual média do PIB do Brasil e de
          São Paulo (%) 24
  Tabela 2 Estrutura (%) setorial do PIB: Brasil e São Paulo 31

2 A desconcentração *virtuosa* do período 1970-1980 49
  2.1 Agricultura 51
  2.2 A Indústria Extrativa Mineral 55
  2.3 Setor Serviços 57
  2.4 Indústria de Transformação 62
  Tabela 2.1 Participação regional no PIB (Brasil = 100%)
             1939-2004 50
  Tabela 2.2 Diferenças regionais da renda média por habitante
             (Brasil = 100) 1939-2004 50

Tabela 2.3 Variação da produção física vegetal e de efetivos animais entre 1970 e 1980   53

Tabela 2.4 PIB do segmento Instituições Financeiras (Yif) 1970-1980   59

Tabela 2.5 PIB do Setor Serviços – estrutura setorial – 1970-1980 – (%)   60

Tabela 2.6 PIB do Setor Serviços – participação regional – 1970-1980 – (%)   61

Tabela 2.7 Indústria de Transformação: participação de São Paulo no VTI do Brasil (%) – 1970-2004   69

Tabela 2.8 Indústria de Transformação: principais ganhos ou perdas (-) entre 1970 e 1980 na participação nacional do VTI – (%)   72

3 A desconcentração durante a "década perdida" (1980-1989)   77

3.1 Agricultura   78

3.2 Indústria extrativa mineral   84

3.3 Setor Serviços   86

3.4 Indústria de Transformação   100

Tabela 3.1 PIB Agropecuário: participação regional (%) – 1939-2004   79

Tabela 3.2 Variação da produção física vegetal e de efetivos animais entre 1980 e 1989   83

Tabela 3.3 Brasil – Indústria Extrativa Mineral: participação regional no VTI (%) 1970-2004   85

Tabela 3.4 Participação regional no PIB do Setor Terciário (Brasil = 100%) 1980-2004   89

Tabela 3.5 PIB do Segmento Intermediação Financeira (Yif) – 1980-2004   92

Tabela 3.6 Estrutura do emprego terciário: 1980 e 1991 (Brasil = 100%)   98

Tabela 3.7 Participação regional no emprego terciário: 1980 e 1991 (Brasil = 100%)   99

Tabela 3.8 Indústria de Transformação: participação regional 1970-2004 (%)   102

Tabela 3.9 Indústria de Transformação: principais ganhos ou perdas entre 1980 e 1985 na participação nacional do VTI (-) (%) 106

Tabela 3.10 Índices do crescimento da produção industrial do Brasil e do estado de São Paulo – 1980-2005 114

4 A desconcentração no período neoliberal (1990-2005) 121
4.1 Agricultura 124
4.2 Indústria Extrativa Mineral 132
4.3 Setor Serviços 135
4.4 Indústria de Transformação 150

Tabela 4.1 Variação da produção física vegetal e de efetivos animais entre 1989 e 2004 128

Tabela 4.2 Estrutura do PIB terciário, exclusive Instituições Financeiras – 1980-2004 141

Tabela 4.3 Estrutura regional do emprego terciário (1980-2004) 147

Tabela 4.4 Participação regional do emprego terciário: 1980-2004 (Brasil = 100%) 149

Tabela 4.5 Indústria de Transformação: estrutura regional (VTI) G I, G II e G III – 1970-2003 163

Tabela 4.6 Indústria de Transformação: participação regional no VTI – 1939-2004 174

Tabela 4.7 Indústria de Transformação: participação regional G I, G II e G III – 1970-2003 176

Tabela 4.8 Indústria de Transformação: principais ganhos ou perdas entre 1985 e 1996 na participação nacional do VTI – (%) 180

Tabela 4.9 Indústria de Transformação: principais ganhos ou perdas entre 1996 e 2004 na participação nacional do VTI – (%) 182

5 Migrações e crise social 193
5.1 Meio século de acomodação social e regional (1930-1980) 196
5.2 Migrações e agravamento da crise social 200
5.2.1 O movimento durante a "década perdida" (1980-1991) 202
5.2.2 O movimento no período 1991-2000 210

Tabela 5.1 Fluxos migratórios inter-regionais acumulados: 1940-2000   195

Tabela 5.2 Fluxos migratórios inter-regionais acumulados até 1970   199

Tabela 5.3 Fluxos migratórios inter-regionais acumulados até 1980   206

Tabela 5.4 Fluxos migratórios inter-regionais acumulados até 1991 (Centro-Oeste inclui Tocantins)   207

Tabela 5.5 Migrações inter-regionais: médias anuais dos fluxos intercensitários: 1960-2000   215

Tabela 5.6 Fluxos migratórios inter-regionais acumulados: 1991 (Norte inclui Tocantins)   217

Tabela 5.7 Fluxos migratórios inter-regionais acumulados: 2000 (Norte inclui Tocantins)   218

Conclusões   225

Bibliografia   237

Anexo   243

Mapa do Brasil – Grandes regiões   243

6 Apêndice metodológico e estatístico   245

6.1 Notas metodológicas   245

6.1.1 Regionalização e mapa   246

6.1.2 Periodização e encadeamento de séries   247

6.1.3 Problemas de inflação e deflatores   249

6.1.4 Sigilo de dados nos Censos e PIAs   249

6.1.5 Alguns problemas com as PIAs e a PimPf   250

6.1.6 Problemas com as Contas Regionais (CRs)   252

6.1.7 Classificação dos Grupos de gêneros e setores da Indústria de Transformação, segundo o uso ou o destino   254

Tabela 6.1 Participação regional no PIB Terciário 1939-2004 (Brasil = 100%)   259

Tabela 6.2 Indústria de Transformação: estimativa da participação de São Paulo no VTI do Brasil 1970-2004 – (%)   260

Tabela 6.3 Coeficientes de Exportação (X/Y) e Importação (M/Y) 1985-2005 do total da Indústria de Transformação – (%)   261

Desconcentração produtiva regional do Brasil: 1970-2005

Tabela 6.4   Indústria de Transformação: participação regional de segmentos selecionados 1985-2003 – (%) 262

Tabela 6.5   Índice da produção física da Indústria de Transformação – Brasil (1991=100) 266

Tabela 6.6   Índice da produção física da Indústria de Transformação – Amazonas (1991=100) 268

Tabela 6.7   Índice da produção física da Indústria de Transformação – Pará (1991=100) 270

Tabela 6.8   Índice da produção física da Indústria de Transformação – Nordeste (1991=100) 272

Tabela 6.9   Índice da produção física da Indústria de Transformação – Pernambuco (1991=100) 274

Tabela 6.10 Índice da produção física da Indústria de Transformação – Bahia (1991=100) 276

Tabela 6.11 Índice da produção física da Indústria de Transformação – Minas Gerais (1991=100) 278

Tabela 6.12 Índice da produção física da Indústria de Transformação – Espírito Santo (1991=100) 280

Tabela 6.13 Índice da produção física da Indústria de Transformação – Rio de Janeiro (1991=100) 282

Tabela 6.14 Índice da produção física da Indústria de Transformação – São Paulo (1991=100) 284

Tabela 6.15 Índice da produção física da Indústria de Transformação – Paraná (1991=100) 286

Tabela 6.16 Índice da produção física da Indústria de Transformação – Santa Catarina (1991=100) 288

Tabela 6.17 Índice da produção física da Indústria de Transformação – Rio Grande do Sul (1991=100) 290

Tabela 6.18 Índice da produção física da Indústria de Transformação – Goiás (1991=100) 292

Tabela 6.19 Fluxos migratórios inter-regionais acumulados – 2000 (Norte-Tocantins; Nordeste-Maranhão) 294

Apresentação

O tema dos desequilíbrios econômicos regionais no Brasil passou a ser mais discutido a partir de meados da década de 1950. Embora tenha me envolvido com o tema na década de 1960, só aprofundei minhas pesquisas no decênio seguinte, com minha tese doutoral (1975), em que demonstro que a concentração industrial em São Paulo, revelada pelas Contas Regionais e pelos Censos Industriais, no início da década de 1950, tinha origem anterior ao Programa de Metas (1956-60), momento em que se concentraram pesados investimentos públicos e privados, com a instalação da chamada *indústria pesada*.[1]

A pesquisa demonstrou também que São Paulo já concentrava expressiva fração (em torno de 37,5%) da produção industrial brasileira antes da Crise de 1929, e até então o desenvolvimento da economia paulista ocorrera, primordialmente, graças à constituição e ao poder de transformação do "complexo cafeeiro paulista", e da instituição, ali, desde fins do século XIX, de relações capitalistas de produção consideravelmente mais avançadas do que na maior parte do país.

---

1 Ver CANO (2007a).

A continuidade daquele trabalho resultou, em 1982, em minha tese de livre-docência, publicada em 1985.[2] Reproduzo, aqui, parte das conclusões que ali explicitei.[3] Mostrei como se dera a integração do mercado nacional, cujo processo se iniciara com as políticas de recuperação da economia diante da "Crise de 1929", tomadas pelo governo Vargas. Nesse sentido, a "Crise de 29" constitui o momento de ruptura do antigo padrão de acumulação "primário-exportador", como nos ensinou Celso Furtado.[4] O Estado brasileiro, gradativamente, tomaria consciência da necessidade do prosseguimento da industrialização, não se atendo, de modo exclusivo, à defesa do café. Precocemente, em termos teóricos, instituiria vigorosa política anticíclica, por meio da qual, rapidamente, a economia se recuperava. O sentido maior do crescimento, a partir daí, passava a ser o mercado interno.

A primeira das teses demonstrou que a problemática dos desequilíbrios regionais do país decorreu, em última instância, do próprio processo histórico de desenvolvimento de cada região, bem como que estava equivocada a idéia de que São Paulo crescera e se industrializara à custa da expropriação do excedente periférico nacional. A segunda, que, após a "Crise de 29", esses desequilíbrios seriam acentuados por força dos diferenciais de ritmos de crescimento entre a economia de São Paulo e das demais regiões, parcialmente contidas pela debilidade de desenvolvimento de suas relações capitalistas de produção.

O processo de integração gerou três efeitos diferentes. Os de *bloqueio*, no sentido de que a periferia não pode repetir o processo histórico do desenvolvimento de São Paulo. Esse efeito pode ser parcialmente contornado mediante decisões macropolíticas de inversão tomadas pelo governo federal. Os de *destruição*, que se manifestam pela concorrência que empreendimentos mais eficientes implantados pelo capital do pólo possam fazer aos similares periféricos, que operam com técnica obsoleta ou outro tipo de desvantagem concorrencial. Os de *estímulo*, que se manifestam pela ampliação do grau de complementaridade (agrícola

---

2 Ver CANO (1998 e 2007b).
3 Ver CANO (1998, p.283-301).
4 Cf. FURTADO (1961, cap. 30 a 32).

ou industrial) inter-regional. A análise do processo – de 1930 a 1970 – permitiu-nos concluir que os efeitos de estímulo superaram largamente os de destruição.

Em síntese, a liderança do desenvolvimento capitalista em São Paulo, uma vez obtida (pré-1930), tendeu a acentuar-se por razões que dizem respeito, antes de mais nada, à dinâmica do próprio pólo. Isto é, essa liderança pode ser entendida pela crescente capacidade de acumulação de capital em São Paulo, somada à marcante introdução de progresso técnico e diversificação de sua estrutura produtiva. Em resumo, o processo de concentração industrial obedeceu – conforme diz a boa doutrina – à fria lógica capitalista de localização industrial.

Com a integração, a dinâmica da industrialização periférica passou a ter dois movimentos. O anterior, decorrente da manutenção das antigas atividades primárias exportadoras que continuavam a imprimir efeitos dinâmicos sobre os compartimentos primário e industrial periféricos, sobre sua produção terciária e sobre a construção civil, via urbanização. O novo, determinado pelo movimento de acumulação do centro dominante nacional, que se manifesta pelos três efeitos já assinalados, atuantes no compartimento periférico urbano e rural. De ambos os movimentos expandiu-se a urbanização que, por sua vez, reforçou a própria expansão agrícola e industrial periférica.

Dessa dinâmica resultou importante expansão em todas as regiões do país, pondo abaixo as visões regionais estagnacionistas. Entre 1919 e 1970, enquanto a Indústria de Transformação de São Paulo crescia à taxa média anual de 8,4%, o Norte fazia-o a 6,0%, o Nordeste, a 5%, Minas Gerais, a 7,6%; o Rio Grande do Sul, a 6,1%; o Centro-Oeste, a 8,8% e o Espírito Santo, a 7,2%. A agricultura também apresentou importante crescimento no período, em particular após a crise de 1929-33, quando os produtos basicamente destinados ao mercado interno tiveram crescimento de sua produção acima do ritmo de expansão da população, praticamente em todas as regiões do país.

As maiores taxas do crescimento industrial paulista ampliaram a concentração industrial de São Paulo: dos 37,5% de 1929 saltava para 41% em 1939, e para 49% em 1949. Em 1955-56, antes da implantação da indústria pesada, já detinha 52%, passando a 56% em 1959 e a 58%

em 1970, quando já se anunciava certa inflexão na concentração espacial industrial.

O expressivo crescimento industrial de São Paulo, contrastando com a penúria e a miséria nordestinas, desencadeou fortes pressões políticas que culminaram no desenho de uma Política de Desenvolvimento para o Nordeste, implantada quando da criação da Superintendência do Desenvolvimento do Nordeste (Sudene). Esses atos logo se estenderam à Região Norte; e mais tarde, a outras. Essa política, formulada por Celso Furtado, não se atinha exclusivamente à industrialização, complementando-a com outras, em especial com uma inteligente política de reforma agrária e de colonização. Mas o golpe de 1964 fulminou estas últimas, mantendo apenas a primeira.

Decorridos pouco mais de vinte anos da instituição da política de desenvolvimento regional, e a despeito das significativas mudanças que os novos investimentos, fortemente subsidiados, proporcionaram à estrutura industrial periférica, constatou-se, embora tardiamente, que não atingira seus maiores objetivos: o problema da miséria e do desemprego, aberto ou disfarçado.

Ao fazer tal constatação, indaguei sobre o fato de que persistem a miséria, o desemprego e os baixos indicadores sociais regionais a despeito de a industrialização ali também avançar. Essa indagação conduziu-me às questões cruciais que envolvem o tema: o atraso tecnológico, o grau de avanço e a modernidade das relações de produção, a estrutura fundiária e a distribuição de renda, que, em quase toda a periferia nacional, mantinham-se em níveis retrógrados.

Persistia, em síntese, a velha questão da *Agricultura Itinerante,* de que falara Furtado, e a da *Dominação do Capital Mercantil Regional,* que tratei em muitas aulas que ministrei sobre o tema. A industrialização periférica, é claro, introduzira sensíveis melhorias, porém, restritas, localizadas, incapazes de promover as transformações que somente uma ampla política redistributiva de ativos proporcionaria. No entanto, a partir da década de 1970, a modernização penetrou fortemente no campo, o que, contudo, não alterou os parâmetros perversos do problema, aumentando agora o desemprego rural, sem que o setor urbano pudesse oferecer empregos formais necessários à sua compensação. Com atraso e modernização, o comportamento das elites para com a questão social brasileira continuava omisso.

Concluía então, naquele momento, que era chegada a hora de refletir sobre a questão regional, a fim de reexaminar suas explicitações contemporâneas. Propostas como as de apenas trazer mais recursos para as regiões periféricas, ou as que conclamavam maior alocação de indústrias na periferia, pareciam não atinar com a totalidade do problema. Essas reivindicações, quando muito, poderiam atender aos anseios de parte da classe dominante periférica, mas dificilmente significariam o real atendimento das necessidades das amplas massas não assistidas.

Vimos também como, ao longo de nossos cinqüenta fantásticos anos de crescimento elevado (1930-80), a industrialização e a urbanização se constituíram grande amortecedor social, tendo evitado às elites o desgosto de fazer a reforma agrária. Com isso, o incessante e crescente movimento migratório nacional, até fins da década de 1970, tinha como força de atração a *Esperança* em busca de uma ocupação, de melhor padrão de vida. Após 1980, veio a estagnação, mas também a modernização rural, que acelerou o desemprego no campo, de maneira que aquela marcha alterou seu sentido para o da simples procura da *Sobrevivência*.

Chegada a *Grande Crise* (o período pós-1980), o que assistiríamos seria o gradativo abandono das políticas (nacional e regional) de desenvolvimento, culminando inclusive com o fechamento de suas instituições regionais de planejamento, em 2001. A Crise da Dívida (a década de 1980) debilitou financeiramente o Estado nacional, encolhendo com isso o investimento público e o crescimento da economia. O quadro se agravaria sobremodo com a instituição das políticas de cunho neoliberal a partir de 1990. Permaneceram baixos o investimento e o crescimento, fenecendo as políticas em prol de um efetivo desenvolvimento regional.

Ainda assim, alguns processos compensaram parcialmente a ausência do crescimento anterior. A urbanização cresceu também na periferia, em parte como efeito da expansão da fronteira agrícola e extrativa mineral, em parte pelo (pequeno) crescimento industrial, também como fruto da expansão do gasto social determinada pela Constituição de 1988, e, ainda, como efeito decorrente da expulsão do trabalhador rural, que aí encontrou alguma forma de emprego, ainda que muito precário.

Essa "acomodação social" e o crescimento econômico – ainda que baixo – do período diminuíram parte das diferenças absolutas entre as regiões "mais ricas" e as "mais pobres" do país. Isso pode ser observado no confronto histórico e espacial dos indicadores do Produto Interno Bruto (PIB) e de alguns de conotação social, como educação e saúde.

Contudo, embora tenha ocorrido certa diminuição nesses índices, o exame desses indicadores, em termos absolutos – seja a renda média por habitante, seja a taxa de analfabetismo e a de mortalidade infantil – mostram, de forma transparente, a permanência de um quadro inaceitável, principal, mas não exclusivamente, na periferia nacional. Acrescente-se que, com a adoção das políticas neoliberais, a partir de 1990, surgiu mais um indicador perverso: o alto desemprego aberto, presente em todas as regiões do país e de maneira mais crítica na periferia.

Em decorrência desses fatos, o debate sobre a questão regional no Brasil retornou com força nos anos recentes. Uns, decorrentes das frustrações acima apontadas, reafirmam as petições do passado, pelo retorno da presença do Estado e das políticas de desenvolvimento regional, como se isso fosse possível convivendo-se com uma política econômica neoliberal, como é o nosso caso. Outros, mais críticos, vêm advertindo, desde 1989, que o neoliberalismo substituiu a *eqüidade* pela suposta *eficiência* competitiva (ainda que espúria, à custa de redução de impostos e salários), não mais cabendo, portanto, qualquer "privilégio" regional.

Alguns, embora concordando com o diagnóstico crítico, pensam que a nação está se fragmentando, pelo fato de que apenas porções de cada região estão (ou estarão) tendo melhor inserção internacional ou se beneficiando de investimentos privados (estrangeiros ou não) nelas especificamente localizados.[5] Penso que não é certo falar em fragmentação, uma vez que a maior parte dos elos entre o núcleo da acumulação (São Paulo) e o restante da nação permanecem unidos. Concordo que ela poderá ocorrer à medida que a *desindustrialização* cresça e aponte para o indesejável caminho de regressão mercantil. Vale dizer: essa regressão nos conduziria, no limite, a um *neo primário-importador/exporta-*

---

5 Entre os que falaram em fragmentação, ver ARAÚJO (2000), GUIMARÃES (1997) e PACHECO (1998).

dor, pior do que éramos antes de 1930. Talvez seja por isso que várias vozes dos últimos governos têm insistido na necessidade de "acabar com a herança da Era Vargas".

Como economista crítico, insisto em mais dois pontos. Um se refere à nossa hipótese de que, a manter-se o neoliberalismo e introjetarmos doses significativas de "modernização" (em setores mais complexos, com tecnologia sofisticada), poderá haver uma parcial reconcentração espacial produtiva (em São Paulo e "adjacências") em detrimento da periferia nacional, pois aquela modernidade, como é sabido, não pode localizar-se em qualquer tipo de espaço econômico, mas tão-somente naqueles que possuem condições especiais de recepção de tais modernidades.

Ressalve-se, contudo, que a prática da "guerra fiscal" tem sido um fator importante para conter, em parte, essa reconcentração. Ela tem atingido vários segmentos, sobretudo no setor automobilístico – como se deu nos casos da Bahia, de Minas Gerais, Rio de Janeiro, Paraná, Rio Grande do Sul e Goiás –, elaborando-se até legislação federal em seu apoio, para o caso do Nordeste. Também o setor de eletrônicos tem sido objeto desse expediente, mormente no caso da Zona Franca de Manaus. Acrescente-se a isso o fato de que a reestruturação tecnológica e produtiva recente propiciou a vários setores produtivos diminuição de escalas, peso e tamanho, convertendo-os em *footloose*, com menores restrições locacionais, e passíveis, portanto, de menores custos de instalação e de acelerada depreciação.

Há ainda que se acrescentar que a questão da concentração-desconcentração industrial se reveste atualmente de cruciais problemas metodológicos, alguns dos quais serão tratados nos capítulos pertinentes. Isso é hoje ainda mais grave, tendo em vista o escasso número de pesquisas sobre concentração no nível de empresas e de estrutura industrial no país.

O outro ponto refere-se ao debilitamento proposital do Estado nacional, com seu enfraquecimento fiscal, financeiro e executivo e as tentativas de sua substituição por poderes locais (regionais, estaduais e municipais). Esse *culto ao poder local* parece não se dar conta, por um lado, de que ele coopera ativamente para enfraquecer ainda mais o Estado nacional, única instituição capaz de enfrentar a questão internacional; e, por outro, parece também não perceber que o poder local não faz câmbio, nem moeda, nem juros, e só administra tributos locais.

O que surpreende sempre nos trabalhos conservadores ou menos críticos é a permanente ausência sobre o questionamento às causas estruturais regionais que perpetuam um quadro social com índices deploráveis de pobreza e cultura regional. Refiro-me ao tabu ideológico que reveste o enfrentamento local de suas estruturas de dominação: de renda, propriedade, controle político, acesso ao Estado etc.

Este livro abarca o período pós-1970, em que a desconcentração produtiva espacial se manifesta no país, de forma *positiva*, entre 1970 e 1980, e de forma um tanto *espúria*, a partir dessa data. Por isso mesmo, o leitor notará que alterei os cortes periódicos que apresentei na versão anterior (Capítulo 6 da 2ª edição de *Desequilíbrios regionais e concentração industrial no Brasil – 1930-1970)*, realçando as diferenças fundamentais da manifestação do processo nas décadas de 1970, de 1980 e no período neoliberal.

Com este livro, completo uma trilogia sobre a questão regional brasileira, abarcando os períodos de 1870-1920 (*raízes...*), 1930-70 (*desequilíbrios...*) e 1970-2005 (*desconcentração...*).

Além dessa Apresentação e de suas conclusões, o livro contempla seis capítulos. O primeiro, de Introdução, contém uma síntese macroeconômica e macrorregional do Brasil e de como os efeitos perversos da crise se manifestaram mais em São Paulo. No segundo, terceiro e quarto – o capítulo central –, analiso, nos três períodos citados, o tema da *concentração/desconcentração* produtiva, tratando os setores agrícola, mineral e terciário de forma sucinta e, mais detalhadamente, o da Indústria de Transformação. No quinto, tento analisar as principais modificações recentes nos fluxos migratórios inter-regionais, decorrentes tanto das grandes transformações setoriais e regionais da economia quanto do agravamento da crise social do país. O último capítulo constitui um Apêndice Metodológico e Estatístico, que se tornou necessário, diante dos vários e complexos problemas metodológicos que tive de examinar e enfrentar, em particular no período mais recente.

Nota de Advertência

Esta edição já se encontrava no prelo quando o IBGE, em fins de novembro de 2007, disponibilizou os dados preliminares das Contas Regionais de 2002-2005, obtidos por sua nova base de dados de 2002, que substitui a de 1985. Como advertimos ao longo de nosso trabalho, levantamos várias objeções sobre a queda tão pronunciada da participação de São Paulo no total nacional, mostrada pela série anterior. Por outro lado, aquela série subestimava o peso do setor terciário (para todas as regiões), de modo que ampliava artificialmente o peso da indústria. Assim, para o ano de 2004, o peso do setor terciário sobe dos 46,6% das contas antigas, para 63,3% das novas (ver Tabela 2), ao passo que o do setor industrial cai, em razão da nova metodologia, dos anteriores 43,9% para 30,1%, mostrando um inequívoco sinal de desindustrialização.

Quanto ao peso de São Paulo no PIB total nacional (ver Tabela 1), ele também muda em 2004, dos anteriores 30,9% para 33,1% (e 33,9 em 2005), atenuando a anterior queda. Os dados da indústria de transformação, em 2004, sobem também, de 39,9% para 42,7% (e 44% em 2005). O Nordeste, o SUL e o Rio de Janeiro, ao contrário, sofrem pequenas diminuições participativas com a nova metodologia. Mas os resultados das análises estruturais e de crescimento apresentados ao longo dos capítulos 1 a 4 de meu livro não estão prejudicados, uma vez que sua base analítica foi a dos Censos (1970, 1980 e 1985), das PIAs (1996 a 2004) e da PimPf (de 1985 a 2006), que não passaram por novas modificações.

1
Introdução

Este capítulo introdutório tem por objetivo destacar, resumidamente, duas questões:

a) os aspectos macroeconômicos mais relevantes da trajetória da economia brasileira, do período denominado "milagre" (1967-74), ao atual, realçando a inserção do estado de São Paulo nesse processo, apenas no que se refere a alguns dos fatos mais importantes. Isso decorre do fato de que o restante do capítulo tratará especificamente da economia paulista. O texto se detém, em maiores detalhes, no exame do período posterior a 1989, quando o país dá forte guinada em sua economia, adotando as políticas econômicas neoliberais de corte.

b) a natureza e o caráter da desconcentração produtiva regional entre 1970 e 2004. Desde logo é bom lembrar que São Paulo, mesmo antes de 1930, já era o principal parque industrial do país, e, a partir da "Crise de 1929" e das políticas macroeconômicas iniciadas pela Revolução de 1930 – o primeiro momento da *Era Vargas* –, reforça seu caráter de ser o principal centro dinâmico da economia nacional, liderando o processo de industrialização e integração do mercado nacional. Recordemos que em 1929, antes do advento dessa trajetória, São Paulo já concentrava 37,5% da produção da indústria brasileira de transformação, cifra que, com a industrialização e integração do mercado nacional, chegaria ao máximo de 58,1% em 1970.

1.1 Brasil: do "milagre" econômico à estagnação[1]

Entre 1967 e 1980 a política econômica nacional esteve voltada, fundamentalmente, para a expansão e diversificação produtiva, com objetivos de acelerar o crescimento – o projeto "Brasil potência" – e ampliar e diversificar nossas exportações. O elevado crescimento do período se manifestou em todos os setores produtivos atingindo também a maior parte do território nacional; e intensificou, também, o crescimento da urbanização e do emprego urbano, constituindo, assim, um importante amortecedor social adicional.

Essa política, que teve forte condução do Estado e de suas empresas, exigiu que a infra-estrutura de transporte, energia e telecomunicações fosse também contemplada com pesados investimentos, acelerando ainda mais o crescimento do Produto Interno Bruto (PIB), o qual, entre 1970 e 1980, cresceu à média anual de 8,7%. Contudo, o elevado crescimento se fez, em grande parte, mediante forte endividamento externo, o que nos causaria subseqüentes e graves problemas.

Muitos desses grandes investimentos realizados na década de 1970 – a maior parte dos quais fora de São Paulo e do Rio de Janeiro –, só maturariam plenamente na primeira metade da década de 1980, prolongando assim seus efeitos de crescimento, à periferia nacional, em pleno período de crise. Eles possibilitaram o uso mais intenso do potencial produtivo da periferia nacional, a tal ponto que esta cresceu pouco acima de São Paulo, embora a taxa média anual deste estado atingisse exuberantes 8,2%.

---

1 Para este tópico, usei como referência básica texto recente de minha autoria, contido em pesquisa sobre a economia do estado de São Paulo (CANO *et al.*, 2007).

Isso foi consoante à política de desconcentração produtiva espacial – especialmente na agropecuária, na agroindustrialização, na mineração e na metalurgia básica – e de infra-estrutura, com o que, a despeito daquela elevada taxa de crescimento, a participação de São Paulo no PIB nacional caiu ligeiramente (39,5% para 37,7%) e, na produção da indústria de transformação, um pouco mais (58,1% para 53,4%), em 1980. Assim, a economia nacional dava prosseguimento ao processo de integração do mercado nacional iniciado em 1930, tornando-a internamente mais coesa.

A despeito da megalomania do regime militar, seus programas (os chamados I e II PND) aceleraram sobremodo a inversão, cuja taxa, em proporção ao PIB, passa de cerca de 17% ao final da década de 1960, à média de 22% na década de 1970, atingindo o pico de 25% em 1975. A nova política de incentivo às exportações obteve grande sucesso, crescendo à média anual de 22% entre 1970 e 1980 e fazendo que a participação de manufaturados nas exportações totais passasse de 15% para 45%. Ainda assim, as enormes pressões das crescentes importações de bens de produção gerariam grandes déficits na balança comercial, agravados ainda mais a partir de 1974, com a alta do preço do petróleo.

Contudo, a crise da economia internacional, que se inicia por volta de 1973, tomaria rumos inesperados a partir de fins de 1979, decorrentes da mudança da política fiscal dos Estados Unidos, notadamente a brutal elevação de sua taxa de juros. Subseqüentemente, restaurariam sua hegemonia política e econômica, e instaurariam, com outras atitudes, o maior poder *imperial* do sistema capitalista de produção.

O efeito imediato para os países subdesenvolvidos e fortemente endividados, como o Brasil, foi o corte substancial do financiamento externo, desdobrando-se em outros efeitos perniciosos: alta inflação, queda do investimento, baixo crescimento, crise crônica de balanço de pagamentos, corte do crédito interno, elevação acentuada das dívidas públicas externa e interna, o que aprofundaria as crises fiscais e financeiras do Estado nacional, debilitando ainda mais o gasto e o investimento público.

Durante a década de 1980 – a chamada *década perdida* – essa conjunção fez diminuir a ação do Estado no plano nacional e regional e, também, debilitar o investimento privado, notadamente o industrial, atingindo, sobretudo, o núcleo da dinâmica industrial – o parque produtivo de São Paulo –, que estagnou, diminuindo os efeitos impulsionadores de desconcentração industrial.

Tabela 1.1 – Variação anual média do PIB do Brasil e de São Paulo (%)*

	Brasil			Estado de São Paulo			Participação do PIB do estado de São Paulo no do Brasil (%)			
	1970-80	1980-89	1989-2004	1970-80	1980-89	1989-2004	1970	1980	1989	2004
Primário	3,8	3,2	4,0	3,6	3,5	3,1	18,0	14,2	14,4	21,3
Secundário	9,3	1,2	1,9	7,4	0,5	0,9	56,4	47,3	44,7	34,0
Ind. de Transformação	9,0	0,9	1,7	8,1	0,2	1,0	58,1	53,4	49,9	39,9**
Terciário	8,0	3,1	2,5	7,9	2,2	1,8	35,0	34,8	36,1	31,5
Total	8,7	2,2	2,4	8,2	1,5	1,8	39,5	37,7	37,8	30,9

Fonte (dados brutos) IBGE, Contas Nacionais (CN): Brasil, para os anos 1970, 1980 e 1989 e Contas Regionais (CRs): Brasil e ESP para 1989 e 2004.

* As taxas estimadas pelo autor para 1970-80 e 1980-89 são deduzidas pelas participações relativas dos PIBs setoriais e total de São Paulo/Brasil nesses dois anos e pelas taxas de crescimento entre eles, obtidas das CNs (revistas em 1987). Contudo, a de 1970-80 para a agricultura (1,4%) está fortemente subestimada, dados os problemas metodológicos das CRs. Estimei, assim, a taxa de 3,6% que se obtém pelo cálculo da evolução da produção física dos 26 principais produtos do agro paulista no período. As da agricultura para 1989-2004 são as informadas pelas CRs, mas estas apresentam colisões com os dados da participação regional, segundo a mesma variável (o VAB): a de São Paulo é menor do que a do Brasil, mas sua participação no total nacional cresce! Creio que também as taxas da indústria (total e a de transformação) estão subestimadas, em decorrência de que o método que usei não pode captar as diferenças de composição de produto e de variação de preços relativos entre as produções nacional e paulista. Advirta-se ainda que, nesse método, a taxa para o total, pelas razões acima, se afasta (para mais ou para menos) da que resultaria das ponderações das taxas setoriais por seus pesos.

** Os dados das CRs para a Indústria de Transformação, até 1985, acompanhavam a distribuição regional do VTI apurada pelos Censos Industriais. Contudo, daí em diante, há um afastamento crescente entre as CRs e as pesquisas industriais que substituíram os Censos, subestimando muito, a meu juízo, a participação paulista no total nacional. Se for correta minha suspeita, a distorção estende-se à participação de São Paulo no total nacional no setor industrial, subestimando também a do PIB. No Capítulo 2 e no Apêndice Metodológico, retomarei esta discussão.

Como se vê na Tabela 1.1, o crescimento foi medíocre, tanto para o Brasil como para São Paulo; e a Indústria de Transformação, o setor antes mais dinâmico, teve desempenho ainda pior. Nessa década, a desconcentração arrefeceu. A diminuição da participação de São Paulo se deu muito mais por ter crescido menos do que o restante do país, dado que a periferia nacional obteve também crescimento medíocre.

Em termos de setores produtivos, a indústria se debilitou, e os segmentos que ainda apresentavam algum crescimento mais expressivo eram os vinculados às exportações agroindustriais, minerais e de insumos básicos, além dos vinculados à questão energética, como petróleo e álcool de cana-de-açúcar.

A estagnação (e a desvalorização cambial entre 1980 e 1985) estimulou fortemente as exportações, que cresceram 71% entre 1980 e 1989, em que pese a queda dos preços internacionais de produtos básicos, e teriam crescido ainda mais, não fosse a forte valorização cambial entre 1985 e 1989. A recessão conteve as importações, que cresceram apenas 24%. Geramos, assim, na década US$ 97 bilhões de saldos comerciais, incapazes frente ao que remetemos de juros (US$ 87 bilhões), além de outros pagamentos, para tentar evitar o aumento da dívida externa, a qual, entre o início e o fim da década, saltou de 64 para 115 bilhões de dólares.

Com o agravamento da competição internacional, a constituição dos chamados Grandes Blocos (Estados Unidos-Canadá, União Européia e Japão-Sudeste Asiático) ampliou ainda mais os gigantescos fluxos de capitais "Norte-Norte" (Estados Unidos/Japão/Mercado Comum Europeu) durante a década de 1980, mantendo ainda em níveis elevados os fluxos para a Coréia e o Sudeste Asiático. Com isso, disseminaram, no mundo, um novo neologismo econômico – a globalização dos mercados – tentando vender a falsa idéia de que o "paraíso seria para todos". Ao mesmo tempo, porém, praticamente cessaram os fluxos para a África, a América Latina e para parte da Ásia, o que agravaria a crítica situação dessas áreas.

Para o Leste Europeu e a URSS, acenaram com uma "rápida e eficiente transição para o capitalismo, com ajuda do Ocidente", o que contrasta com a dolorosa realidade que os atingiu, com a profunda depressão de 1989-93 e o alto desemprego, violência, deterioração social, crime e instabilidade.[2]

O Sistema Financeiro Internacional, a fim de poder aplicar parte de seu enorme excedente financeiro que cresceu muito desde a década de 1950, ressuscitou o liberalismo, preconizando políticas neoliberais que, em resumo, contemplam, fundamentalmente: desregulamentação para os fluxos internacionais de capital, ruptura dos monopólios públicos, privatização, abertura comercial e "flexibilização" das relações de trabalho.[3]

O discurso político da abertura e da "globalização" resultou, na Rodada Uruguai e depois na Organização Mundial do Comércio (OMC), em mais um engodo aos países subdesenvolvidos, uma vez que fizemos numerosas concessões comerciais e de serviços aos desenvolvidos, ao passo que a expansão prometida de nossas exportações foi menos que proporcional.

As pressões que os Estados Unidos fizeram à América Latina, para integrar-se no Tratado de Livre Comércio (Nafta), com os Estados Unidos e o Canadá, e na Associação de Livre-Comércio das Américas (Alca), foram mais uma demonstração de suas reais intenções econômicas sobre a região. A "nova" crise do México (1995) mostrou transparentemente a armadilha em que caiu o país, ao ingressar no Nafta. Os "estouros" brasileiro e argentino desnudaram ainda mais essa realidade.[4] A miragem de um Mercado Comum para países do Cone Sul (o Mercosul) é outra "construção na areia", em face das enormes diferenças estruturais e institucionais entre seus países-membros, da instabilidade macroeconômica e dos percalços neoliberais de suas políticas econômicas.

Adicione-se a isso alguns dos efeitos perniciosos da Terceira Revolução Industrial sobre os países subdesenvolvidos, automatizando máquinas e substituindo as antigas, desocupando trabalho, sobretudo o

---

2 Sobre os efeitos do neoliberalismo e da "globalização" nos países subdesenvolvidos, ver CANO (1995 e 2000) e TAVARES e FIORI (1993).

3 Sobre as reformas neoliberais, ver CANO (2000); para a crise financeira e o processo de *financeirização* da riqueza, ver BRAGA (1991); para o processo de trabalho, ver MATTOSO (1995).

4 Sobre essas crises na América Latina, ver CANO (2000).

pouco qualificado, substituindo insumos tradicionais por modernos e desindustrializando. A reestruturação espúria que tem sido feita nesses países e os "milagrosos remédios" impostos pelas instituições internacionais repetem, exaustivamente, a miragem da cura da estagnação, da instabilidade e da incerteza.[5]

A longa e complexa crise financeira e o esgotamento do padrão de acumulação da Segunda Revolução Industrial aumentaram ainda mais o risco e a incerteza para o capital privado. Por outro lado, debilitou fiscal e financeiramente a maioria dos Estados nacionais, endividando-os e "justificando", por isso, a "necessidade" de ajustes patrimoniais a favor do setor privado. A busca ideológica por um "Estado Mínimo" respaldou também as novas políticas de descentralização, que tentaram transferir atribuições e recursos do poder central aos poderes locais, enfraquecendo ainda mais econômica e politicamente o Estado nacional.

Assim, na década de 1990, o receituário neoliberal implicou a submissão consentida dos países subdesenvolvidos à Nova Ordem, representada pelos preceitos contidos no chamado Consenso de Washington, com o que abdicamos de nossa soberania nacional, no desenho, na implementação e no manejo da política econômica.[6]

Esse receituário está assentado para atender a duas ordens de questões: a financeira e a produtiva. A primeira, decorrente da crise financeira internacional, que explicitou a supremacia do capital financeiro sobre as outras formas de capital, impondo a quebra da soberania nacional de nossos países, para liberar seu movimento internacional na busca incessante da valorização. A segunda, da reestruturação produtiva e comercial feita pelas grandes empresas transnacionais (ETs), em suas bases localizadas nos países desenvolvidos, que também exigiria, na década de 1990, reestruturações semelhantes em suas bases localizadas nos subdesen-

---

5 Sobre os efeitos da Terceira Revolução Industrial sobre os desequilíbrios regionais, ver CANO (1990 e 1995a).

6 Para uma descrição dessas reformas e a análise de seus efeitos na América Latina e Brasil, ver CANO (2000), que apresenta, inclusive ampla bibliografia sobre o tema em nossos países.

volvidos. Dessas duas ordens derivaram os objetivos para impor um conjunto de reformas institucionais liberais a nossos países.

Tal quadro foi complementado por nova política de estabilização, diferente das políticas anteriores, que fracassaram. Implantada, a nova, entre fins de 1993 e junho de 1994, teve como *lastro* uma elevada valorização da moeda nacional em relação ao dólar e um ciclópico crescimento da dívida pública interna, inflada por elevados juros reais. A valorização e a abertura comercial resultaram em forte diminuição dos custos dos importados, debilitamento das exportações, gerando grandes déficits comerciais e de serviços, além de seu papel nas políticas antiinflacionárias.

O conjunto das políticas de estabilização e das reformas implantadas constitui um todo articulado para permitir a funcionalidade do modelo:

a) ampla liberdade para o capital financeiro (estrangeiro ou nacional) apropriar-se de elevados ganhos setoriais e regionais de toda ordem, pelo baixo valor dos ativos públicos e privados adquiridos, pela especulação bursátil; pelas tarifas públicas privilegiadas após a privatização, com a indexação ao IGP-M e ao IGP-DI – índices mais sensíveis à variação do dólar – e pela remessa de lucros e de juros. A "justificativa" foi a de que, com isso, o capital externo não só financiaria nosso "passageiro" desequilíbrio externo como também a retomada do nosso desenvolvimento;

b) a reforma do sistema financeiro nacional, necessária para tornar compatível a velocidade exigida pelos novos fluxos externos e pela diversificação que então se operaria nos mercados financeiros;

c) a abertura comercial e de serviços, mediante forte rebaixamento tarifário e não-tarifário e valorização cambial, que sancionou enxurradas de importações e gastos internacionais, e contribuiu para enfraquecer ainda mais o capital nacional, desnudando nossa incapacidade de concorrer em igualdade com o capital internacional;

d) flexibilização das relações trabalho-capital, para diminuir ainda mais o já baixo custo do trabalho, adequar contratos ao novo *timing* da tecnologia e debilitar as estruturas sindicais;

e) as reformas previdenciárias, para criar mais um importante flanco de mercado para o capital financeiro e abrir maior espaço, no orçamento público, para os juros das dívidas públicas interna e externa;

f) a reforma do estado nacional, para desmantelar suas estruturas – o que se fez com a conivência de nossas elites –, diminuindo o tamanho e a ação do Estado, eliminando órgãos públicos, dispensando e reduzindo salários reais dos funcionários, privatizando ativos públicos, desmantelando os sistemas de planejamento e de regulamentação; e

g) os estados subnacionais (governos estaduais e Prefeituras), que também estavam com sua fiscalidade debilitada e fortemente endividados, foram obrigados a negociar suas dívidas com o governo federal, comprometendo por trinta anos parte de suas receitas com o pagamento compulsório de amortizações e juros. Alguns conseguiram, por meio de duros cortes em gastos correntes e investimentos, "sanear" suas finanças. Contudo, a maioria não usou essa nova situação para políticas sociais e, sim, para conceder subsídios de várias modalidades ao setor privado, ampliando assim a "guerra fiscal".

Alguns efeitos dessa nova imposição – para a qual nossas elites muito colaboraram – foram, de início, parcialmente positivos, mas de curta duração. Com as medidas do Plano Real, a inflação, que recrudescera violentamente após o Plano Collor, foi contida em patamares baixos. Mas isso à custa de um elevado crescimento das dívidas externa e interna e de forte perturbação da produção nacional. Ocorre que a dinâmica de funcionamento do novo "modelo", para manter um alto fluxo de importações e de outros gastos externos, que aumentam aceleradamente à medida que o PIB cresce, implica a necessidade de altos, crescentes e persistentes fluxos de capital estrangeiro, forte endividamento externo e interno e de contaminação das contas públicas, uma vez que a taxa de juros tem de ser muito alta, e seu montante, crescente.

Qualquer perturbação internacional que sensibilize as finanças internacionais ou a surgida pela deterioração visível do balanço de pagamentos e das contas públicas, provoca freio na entrada de capital, crise cambial e recessão. Com isso, o câmbio se desvaloriza, as importações são em parte contidas, e as exportações, estimuladas. Porém, a taxa de crescimento do PIB cai, só retomando patamares mais altos, quando a "festa" de gastos internacionais pode ser reiniciada.

O investimento não retoma seus antigos elevados patamares: a) o público, porque não há nem política de desenvolvimento, nem, muito menos, recursos, haja vista que o montante dos juros se agigantou no orçamento público; e b) o privado, dada a incerteza do movimento da economia e os elevados juros internos. Dessa forma, o crescimento só pode ser ciclotímico, sem regularidade, resultando em uma taxa média anual ainda mais medíocre do que a observada na década anterior. Por exemplo, nos dezesseis anos do período 1988-2004, apenas em quatro desses anos nosso PIB teve taxas acima de 4%. Elas foram negativas, em dois, e menores que 1% em outros quatro.[7]

Com efeito, a Tabela 1.1 mostra que a taxa do PIB foi, durante 1989 a 2004, de medíocres 2,4%, e, para o estado de São Paulo, ainda mais baixa (1,8%). Com isso, em 2004, o PIB/habitante do Brasil era somente 15,1% maior que o de 1980, mas, para São Paulo, era 5,2% menor! Contudo, em termos produtivos, as perdas não foram apenas essas. A taxa de investimento caiu, de cerca de 25% no final da década de 1970 para cerca de 18% e, em sua estrutura, o item construção, que perfazia 50% do total da formação bruta de capital fixo, passou a 75%, reduzindo assim fortemente o outro componente, o de maquinaria.[8]

A Tabela 1.2 mostra as modificações estruturais então ocorridas, destacando-se a diminuição do peso da Indústria de Transformação em ambas as regiões, mais acentuada, porém, em São Paulo, e o aumento da agropecuária, uma anomalia em termos do sentido regressivo para o qual essa estrutura aponta, em que pese a expansão de segmentos modernos ocorrida no setor primário. O setor industrial, com efeito, foi fortemente atingido, como se verá no capítulo pertinente.

As importações brasileiras dispararam, crescendo 203% entre 1989 e 2001, e só diminuíram seu ímpeto dois anos após a crise e a desvalorização cambial de 1999. No mesmo período, as exportações aumenta-

---

7 O crescimento mais alto observado no PIB em 2004 (4,9%) e o de 2005 (2,3%) não podem ser caracterizados como inerentes a um processo de retomada do crescimento e, sim, causados principalmente por elementos exógenos, no caso, pelo excepcional crescimento das exportações e dos preços de *commodities*.

8 Essa alta percentagem é a fornecida pela CEPAL, em seu Anuário de 2003, com base nos valores estimados em dólar. As Contas Nacionais estimadas pelo IBGE também mostram essa tendência, porém, as cifras referentes à Construção Civil situam-se em torno de 60%.

Desconcentração produtiva regional do Brasil: 1970-2005

Tabela 1.2 – Estrutura (%) setorial do PIB*: Brasil e São Paulo

Setor	Brasil					Estado de São Paulo(**)			
	1970	1980	1989	2004(*)	2004(**)	1970	1980	1989	2004
Primário	11,5	10,1	9,1	6,9	9,5	5,7	3,9	3,5	6,5
Secundário	35,8	40,9	40,6	30,1	43,9	43,8	51,2	48,3	46,3
Ind. Extrativa	2,9	2,2	1,1	1,9	4,6	0,3	0,2	0,0	0,0
Ind. Transformação	27,0	31,3	30,8	19,1	29,0	39,9	44,3	40,9	37,3
Terciário	52,6	49,0	50,3	63,3	46,6	50,4	44,9	48,2	47,2

Fonte (dados brutos): IBGE, Contas Nacionais: Brasil 1970, 1980 e 1989; Contas Regionais: Brasil 2004 e ESP 1970, 1980, 1989 e 2004.

* Dado pelas Contas Nacionais.

** Essa estrutura, pelas Contas Regionais, está *deformada* pela subestimação do setor Terciário, já comentada várias vezes na imprensa, que, com isso, "aumenta" a participação dos demais setores, notadamente da Indústria de Transformação. Ver notas explicativas e outras que apontam contradições metodológicas, na Tabela 1.1.

ram apenas 69%, e só passariam a crescer após 2002, pelas razões acima apontadas e pelo colossal aumento das importações que a China passaria a fazer no comércio internacional, elevando as quantidades compradas e seus preços. O atraso tecnológico acumulado nas duas décadas certamente dificultou sobremodo que a participação das exportações de produtos industrializados no total exportado ultrapassasse as cifras que já haviam sido obtidas na segunda metade da década de 1980, ou seja, cerca de 55%.

O câmbio barato e desregulamentado ampliou também os gastos com turismo, compras de imóveis no exterior e crescentes remessas (controladas ou não), muitas de escusa procedência. Isso, mais as crescentes remessas de juros fizeram que, contados apenas os anos de 1995 a 2002, o déficit em transações correntes acumulasse a fantástica cifra de US$ 199 bilhões; nossa dívida externa saltasse de US$ 150 bilhões para US$ 235 bilhões; e nosso passivo externo atingisse cerca de US$ 400 bilhões.

Parte importante da entrada de capitais deu-se na forma de Investimento Direto do Exterior (IDE), mas a maior fração deles deu-se em compras de empresas públicas e privadas nacionais, predominantemente na área de serviços (distribuição de energia, transportes, telecomunicações, instituições financeiras etc.). Com isso, tais empresas passaram, a partir daí, a remeter juros e lucros ao exterior e, como a maior parte delas não gera divisas, são consumidoras líquidas de divisas. O barateamento das divisas inchou os gastos com turismo e com o desmantelamento de empresas nacionais prestadoras de serviços, e a liberalização destes também aumentou em muito os gastos internacionais com serviços de transporte, financeiros, de engenharia, consultoria etc., ampliando o rombo do setor externo. Esse desatino cambial estimularia ainda os investimentos de capitais nacionais no exterior, que crescem de modo expressivo no período, chegando ao cúmulo em 2006, quando ultrapassa o volume de IDE recebido pelo Brasil.

Para enxugar a liquidez gerada por essa "enxurrada de dólares", foi necessário imenso aumento da dívida pública. Desse modo, os juros pagos pelo governo passaram a equivaler a cerca de 8 a 9% do PIB, estrangulando as finanças públicas. A elevação da taxa interna de juros implicou ainda restrição ao crédito interno, que se reduziu, até 2002, a um volume em torno de 22% do PIB, subindo para 30% em 2005-06.

Em verdade, a crise cambial deveria ocorrer em 1998. Foi esse ano, contudo, o da reeleição de Fernando Henrique Cardoso, e, graças a um acordo com o FMI, no valor de US$ 41 bilhões – suficientes apenas para postergá-la – a crise acabou "adiada" para o início de 1999. A desvalorização e a recessão não evitaram, entretanto, a continuidade da "farra" de gastos externos, que acumularam um déficit em transações correntes, nos anos de 1999 a 2001, em torno de US$ 73 bilhões. Esses fatos, somados ao prenúncio de vitória eleitoral da oposição em 2002, anteciparam outra crise cambial, ensejando novo acordo com o FMI (US$ 24 bilhões), novo aperto e nova recessão.

Assim, as restrições externas e internas ao crescimento foram aumentando rapidamente, inibindo o investimento pelas razões já apontadas. É preciso também lembrar que a crescente contaminação dos juros no orçamento público leva a novos e crescentes cortes do gasto corrente, inclusive nas áreas sociais.

Em contrapartida, se o crescimento econômico acelerar, por diversas razões já citadas, trará novo aumento do endividamento público e privado, deprimindo também as contas públicas. Cabe ressaltar, no entanto, que o crescimento baixo ou negativo também debilita a receita fiscal. É por isso que, a despeito de nossa carga tributária ter crescido, no período recente, de 26% para 37%, a penúria fiscal não se resolveu, pois todo o aumento dela (8%) praticamente foi absorvido pelos juros.

Não é por outra razão – além do temor pela insolvência da dívida pública – que, recentemente, elites e a finança pressionaram pela inclusão, na Constituição Federal, da *Meta Déficit Zero*, que imobilizaria o restante de manobra da política econômica que ainda subsiste. Essa nefanda idéia contempla ainda a eliminação das atuais vinculações e alíquotas constitucionais que protegem a saúde e a educação.

Cabe ainda lembrar que os males que afetam o governo central acabaram também contaminando os governos estaduais e municipais, transmitindo-lhes os efeitos estruturais e recorrentes da crise. Aliás, o processo de renegociação das dívidas mobiliária e contratual dos governos subnacionais tornou mais agudo os efeitos nocivos apontados anteriormente. Com a capacidade de investir fortemente reduzida para todo o período pós-renegociação, de trinta anos (iniciado em 1996-98), esses entes federativos pouco podem fazer para superar as pressões sociais que enfrentam.

Vale notar que, em 2004, a despeito da negociação e em que pese o elevado comprometimento compulsório (de 9 a 13%) da receita corrente líquida, das 27 unidades federadas, a relação dívida líquida/receita líquida corrente era pouco menor que 1 em apenas três delas. No entanto, em quinze, ela era superior a 1 e em oito, superior a 2, mostrando a inviabilidade de sua liquidação na maioria das unidades federadas.

Acresça-se a deterioração ou o abandono das políticas de desenvolvimento regional e o desencadeamento de uma *guerra fiscal* entre os entes públicos subnacionais. Com efeito, os antigos instrumentos e instituições que se ocupavam da política regional feneceram, dando lugar a "novas e modernas" idéias, como as do *poder local*, da *região* (ou cidade) *competitiva*, e, nos marcos do Estado nacional, para dissimular suas efetivas intenções, inventou-se a política dos *Grandes Eixos* de logística.[9]

---

9 Para uma crítica à política dos *Grandes Eixos*, ver GALVÃO e BRANDÃO (2003). Para a questão do *Poder Local*, ver BRANDÃO (2007).

Esses *Eixos*, efetivamente, constituiriam vetores, ligando zonas produtivas a portos de exportação que deveriam receber grandes investimentos para aumentar a eficiência e a competitividade de nossas exportações. Contudo, é necessário frisar que apenas ligariam pontos de origem–destino; pouco fariam em prol dos maiores espaços regionais em que estivessem inseridos; e praticamente ignorariam os problemas urbanos e sociais das cidades maiores envolvidas pelos eixos. Pior ainda, parte substancial (mais de dois terços) dos investimentos a eles vinculados viria do setor privado, os quais, dados os juros escorchantes e a incerteza pelo pífio crescimento, "ficaram ao largo". Ainda assim, até a presente data, nem o investimento público, nem o privado puderam dar conta de parte expressiva desses projetos.

Muitos governos locais (estaduais e municipais), como medida de defesa – mas também por acreditarem na ideologia do *Poder Local* –, lançaram-se à infeliz empreitada da "guerra fiscal", submetendo-se a verdadeiros leilões de localização industrial promovidos por empresas de grande porte (em geral transnacionais), transferindo dinheiro de pobres para milionários e fomentando a localização pelo subsídio e pelo trabalho periférico, ainda mais precarizado e barato.

Voltados, assim, mais para o exterior do que para o interior, esses territórios "competitivos" – cidades, estados e regiões –, se efetivamente implementados, causariam alguma *fragmentação econômica* do território nacional, colocando à margem da agenda política o tema do prosseguimento intensivo da integração do mercado nacional.

Não é preciso repisar os males sociais advindos da dinâmica do modelo econômico neoliberal: aumento do desemprego, queda dos salários reais, corte dos gastos sociais e aumento da violência, hoje presentes em todas as nossas regiões e cidades. Assim, é inerente a essa dinâmica a corrosão (e não o equilíbrio) dos chamados fundamentos da economia, os quais, fatalmente, a conduz a um desastre cambial e financeiro.

O Brasil teve, em 2004, mais um crescimento do PIB (4,9%), do tipo "vôo da galinha".[10] Isso suscitou no governo, nos economistas

---

10 Para os dados de PIB (total e setorial), nos detemos em 2004, último ano disponibilizado pelo IBGE para as Contas Regionais. Para o Brasil, a inclusão dos dados de

Desconcentração produtiva regional do Brasil: 1970-2005

conservadores e nas elites uma euforia, anunciando que a "recuperação dos fundamentos" – o déficit público, o do comércio exterior e o menor nível de inflação –, nos levara ao crescimento "sustentado" (no sentido econômico, não no ambiental). Mas, já em 2005, os "bons fundamentos" e os "maus e escorchantes juros" não estimularam os investimentos, nem, obviamente, evitaram a desaceleração do PIB que teria crescido apenas 2,3%. Recusam-se a enxergar o óbvio: a "retomada" 2004-05 se deve muito mais à excepcional expansão das exportações mundiais – da qual nos beneficiamos – do que às virtudes de nossa política econômica.

Contudo, é necessário advertir que não dispomos de pesquisas suficientemente aprofundadas nos setores produtivos – notadamente na Indústria de Transformação – que nos permitam analisar em detalhe os efeitos perversos da política neoliberal sobre nossa estrutura produtiva, sua reestruturação e modernização, bem como sobre as hipóteses atuais de que tenha ocorrido uma significativa substituição de importações após a crise cambial de 1999, ou sobre a hipótese da *desindustrialização*.[11]

Esse exame se faz necessário, até mesmo para nos ajudar a entender melhor os impactos que a *abertura* causou nas estruturas produtivas regionais – notadamente da indústria –, de maneira que nos permita uma reflexão mais profunda sobre o tema da concentração e desconcentração industrial de setores mais complexos, bem como das possibilidades de uma retomada mais profícua de nosso desenvolvimento.

1.2 São Paulo e a desconcentração produtiva regional

Em dois livros anteriores, tratei do fenômeno da concentração econômica regional no Brasil, processo que se acentua desde o início do século XX até a década de 1960. Mostrei que, nesse período, a despeito de São Paulo ter ampliado acentuadamente sua participação na

---

2005 e 2006 pouco alteraria a taxa média de 1989-2004, por sinal muito baixa. Não usei, nesta pesquisa, os novos dados do PIB de 1995 a 2005, recalculados com nova metodologia.

11 Sobre a recente discussão da questão da *Desindustrialização*, ver UNCTAD (2003) e IEDE (2005).

produção nacional da Indústria de Transformação (de 37,5% em 1929 para 58,1% em 1970), as demais regiões do país tiveram crescimento real bastante elevado, porém, a taxas menores do que as paulistas.[12] Foi nessa dinâmica que se formou e integrou o mercado nacional. É a partir de fins da década de 1960 e mais precisamente na década de 1970, que os efeitos do elevado crescimento da economia nacional e os decorrentes das políticas de desenvolvimento regional fazem que a produção, em particular a industrial, inicie um processo de desconcentração *relativa* em termos regionais.

Nossa industrialização, que atingiria seu apogeu entre 1967 e 1974, embora se desse de forma concentrada, alterou as estruturas produtivas e mercantis da periferia nacional, desencadeando importantes efeitos de complementaridade entre ela e São Paulo. A indústria paulista, entre 1930 e 1970, efetivamente obteve a mais alta taxa de crescimento no país, mas aquela complementaridade fez que as taxas da periferia também fossem altas, apenas um pouco menores do que as de São Paulo. Dessa forma, o mútuo crescimento de São Paulo e do restante do país, além de acelerar a integração do mercado interno, reforçava os elos regionais do processo nacional de desenvolvimento.

Neste livro, procuro examinar essa desconcentração econômica regional, que se manifesta a partir daquele período, e discutir a hipótese de que, pelo menos entre 1980 e 1995-96, com o agravamento da "crise da dívida" e com a subseqüente instituição das políticas neoliberais, a desconcentração industrial teria infletido, obrigando-nos a uma reflexão ainda mais cuidadosa sobre o ocorrido neste último período.[13]

Quer dizer: além dos (agora enfraquecidos) determinantes que normalmente se manifestam em um processo *virtuoso* de crescimento, com a intensificação da integração do mercado nacional, aumento da renda e do comércio inter-regional e fortalecimento de cadeias produtivas nacionais e regionais, outros atuavam na continuidade da desconcentração relativa, impulsionados por uma selvagem "guerra fiscal" por

---

12 CANO (2007a e b).

13 Essa hipótese já fora apresentada por mim em trabalhos anteriores (CANO, 1997; 1998, cap. 6).

diferenciais do crescimento medíocre da economia, em desfavor de São Paulo, ou, ainda, pelo fato de que, em vários ramos, a queda da produção nesse estado foi maior do que a verificada no restante do país.

Em contraposição, em que pese o esforço de industrialização periférica realizado antes e a expansão verificada no período pós-1980, as frustrações daqueles que imaginavam que essa desconcentração diminuiria sensivelmente os padrões de divergência econômica e social em termos da média nacional aumentaram ainda mais na década de 1990, diante dos nefastos efeitos que as políticas neoliberais têm causado ao país e a suas regiões. A expansão industrial apenas atenuara nossas antigas mazelas sociais, mas as políticas neoliberais implantadas a partir de 1990 não só as ampliaram, como também criaram outras (como o alto desemprego, a desindustrialização e o baixo crescimento).

O agravamento da crise econômica e social daí decorrente exige também o exame – ainda que breve – do fenômeno migratório interregional desse período, pois essas migrações têm-se constituído em expressivo "amortecedor social", dada a reduzida dimensão de nossa política social e o escamoteamento (oficial e das elites) que se faz sobre a política de reforma agrária. Esse tema será tratado no Capítulo 5.

Não me ocupo, aqui, do processo histórico de concentração, já tratado pela literatura.[14] Contudo, não é demais lembrar que, desde meados da década de 1930, o estado de São Paulo passou a ser o mais populoso do país (17% do total nacional), situação que conserva até hoje (21%), em parte porque havia enorme fluxo de imigrantes (primeiro estrangeiros e depois nacionais) que para ali se dirigia, em virtude de maiores e melhores oportunidades de trabalho geradas por sua economia.

O crescimento diversificado de sua agricultura e de sua indústria provocou veloz ritmo de urbanização que se traduzia não apenas no maior contingente urbano do país, já em 1940, superando o Rio de Janeiro, mas também na expansão da mais dinâmica economia terciária nacional. A participação de São Paulo na geração da renda terciária do

---

14 Os principais trabalhos sobre o tema no Brasil estão resenhados em CANO e CARNEIRO (1985). Ver, do autor, CANO (2007a e b, caps. 2 e 5). Ver também CARVALHO (1988) e GUIMARÃES NETO (1989).

país passou, dos 32,7% em 1939, oscilando em torno de 35% entre a década de 1950 e meados da de 1990, caindo em anos mais recentes para cerca de 33%.

O peso de sua agricultura também o colocava em primeiro lugar com cerca de 25% do produto agrícola nacional desde a década de 1920 até o início da de 1950, situando-se pouco abaixo de 20% até a década de 1980, para subir novamente no período recente, quando oscila em torno de 25%.

Como demonstrei em trabalhos anteriores, não foi a concentração da produção industrial (nem da agrícola ou da terciária) em São Paulo a causa ou o agravante do atraso e da miséria das regiões mais pobres do Brasil, mas, sim, porque, antes de 1930, a economia nacional não era integrada e cada uma de suas regiões havia tido uma história e uma trajetória econômica específica, que lhes deixou uma herança cultural, demográfica e econômica – notadamente a da estrutura da propriedade e da renda –, demarcadora de seus diferentes graus de pobreza absoluta e relativa e de suas estruturas produtivas.

Após 1930, o processo de integração do mercado nacional foi alterando esse quadro, justamente pelo aumento das relações econômicas entre São Paulo – o centro dinâmico da economia nacional – e o restante do Brasil. À medida que se intensificavam o desenvolvimento e a industrialização de São Paulo (e obviamente do Brasil), aquelas relações aumentavam, exigindo transformações das estruturas produtivas regionais e estimulando seu crescimento econômico.

Assim, entre 1930 e 1970, período em que o país apresentou uma das maiores taxas de crescimento econômico do mundo capitalista e que, em termos internos, São Paulo crescia a taxas anuais superiores à média nacional, esse estado concentrou parcelas crescentes do PIB nacional. Contudo, essa concentração – repito – não causou atraso ou estagnação à periferia nacional, como atestam as contas nacionais do produto e da renda regional. Pelo contrário, o restante do país experimentou taxas elevadas de crescimento, graças às maiores articulações econômicas com São Paulo e entre as várias regiões. Ou seja: a economia paulista, sendo o núcleo da acumulação produtiva do país, ao crescer aceleradamente, impulsionava também o crescimento de seus complementos econômicos espaciais (as demais regiões).[15] Assim, embora a dinâmica de acumulação fosse concentradora, em seus resultados concretos, articulava, entretanto, também o crescimento regional.

Contudo, esse processo de concentração reforçou antigas reivindicações por maior eqüidade regional e federativa, as quais foram mais bem organizadas e institucionalizadas a partir do final da década de 1950, do que resultaria, na década seguinte, a implantação permanente de políticas de desenvolvimento regional, via criação de instituições públicas específicas para esse fim, como a Superintendência do Desenvolvimento do Nordeste (Sudene) e a Superintendência do Desenvolvimento da Amazônia (Sudam). Essas instituições puderam centralizar e utilizar de modo mais produtivo não só os recursos financeiros públicos anteriormente atribuídos pela Constituição de 1946, como sobretudo os decorrentes da política de incentivos fiscais regionais criados na década de 1960.[16]

Examinemos, brevemente, alguns aspectos dessa fiscalidade federativa.

No que se refere aos recursos públicos constitucionais, eles foram suspensos pelas Constituições de 1937 e de 1967, ambas em períodos ditatoriais, que além disso recentralizaram na União a maior parte da receita fiscal do país. A Constituição de 1988 (art. 159) restaurou a obrigatoriedade federal, porém, em outros níveis: 3% não sobre a arrecadação total, como nas anteriores, mas apenas sobre os impostos de Renda e de Produtos Industrializados; criou, para isso, Fundos Constitucionais para as três regiões beneficiadas: Fundo Constitucional de Financiamento do Centro-Oeste (FCO), com 0,6%; Fundo Constitucio-

---

15 O conhecido dito popular "A locomotiva (São Paulo) que carrega os vagões (demais estados) vazios" não espelha a verdade, dada a intensidade crescente nas relações econômicas inter-regionais pós-1929. Na verdade, tanto os vagões foram sendo cada vez mais carregados quanto a locomotiva teve de aumentar sua potência.

16 Na Constituição Federal de 1934 (art. 177), o governo federal obrigou a aplicação de 4% de sua receita tributária total no NE, e mais 4% da receita dos estados da região. Na de 1946 (arts. 198 e 199), as cifras foram de 3% para o Norte e outros 3% para o Nordeste, além de 3% das receitas estaduais de ambas as regiões, e de mais 1% (art. 29 DT) para o Vale do São Francisco.

nal de Financiamento do Norte (FNO) com 0,6%; e Fundo Constitucional de Financiamento do Nordeste (FNE) com 1,8%.[17] Essas dotações representavam muito pouco, se comparadas aos respectivos PIBs regionais: para os anos mais recentes da presente década, eles, em 2003, equivaliam a 0,5% para o Centro-Oeste e 0,8% para o Norte e Nordeste. Se tivesse sido mantido o que dizia a Constituição de 1946, essas cifras relativas seriam muito maiores: 11,2% para o Norte e 5,4% para o Nordeste.

Quanto aos incentivos fiscais, eles consistem em isenções parciais de imposto de renda, para aplicação em investimentos privados regionais aprovados pela Sudene ou pela Sudam, exigindo uma contraparte de recursos pelo investidor privado. Esse subsídio perfazia cerca de 40% do investimento entre 1965 e 1970, baixando depois para cerca de 25%. Para o Norte, os incentivos representaram cerca de 5,7% do PIB médio regional do período 1963-70, caindo para 4,8% na média de 1971-75. Para o Nordeste, embora os valores absolutos tenham sido em média o dobro dos alocados na região Norte, as cifras representaram apenas 2,1% do PIB do Nordeste para o período 1965-1970 e 1,8% para 1971-75.

Contudo, já ao final na década de 1960, os incentivos foram estendidos para aplicações em reflorestamento, pesca, turismo, indústria aeronáutica (esta em São Paulo) e mercado de capitais; e para o Espírito Santo e áreas de Minas Gerais, restando pouco para aplicações na Sudam e Sudene. Assim, hoje eles representam muito pouco em relação aos PIBs regionais em 2003. Além disso, os porcentuais de incentivos foram sendo reduzidos, tanto em termos de captação quanto de aplicação, com o que, em 2000, seus repasses representavam, em termos dos PIBS regionais, tão-somente 1,2% para o Norte e 0,3% para o Nordeste.[18]

Em 1997, pela Lei nº 9532, os fundos de incentivos fiscais (Fundo de Investimento da Amazônia – Finam – e Fundo de Investimentos do

---

17 Além da criação desses Fundos, foi também incluída na Carta a obrigatoriedade da distribuição regionalizada dos recursos alocados no Plano Plurianual de Investimentos.

18 Ver legislação específica nos sites da Receita Federal (imposto de renda) e do Ministério da Integração Nacional. Da ampla bibliografia sobre a matéria, ver: BERCOVICI (2003), CARVALHO (2001), MAHAR (1978) e PIMES (1984, v. 3).

Nordeste – Finor) tiveram sua permanência limitada ao ano de 2013, com redução gradativa dos porcentuais do incentivo. Em 2001, pela Medida Provisória n° 2146-1/2001, foram fechadas a Sudam e a Sudene, substituídas por duas Agências (Agência de Desenvolvimento da Amazônia – ADA e Agência de Desenvolvimento do Nordeste – Adene), e criados dois novos Fundos de Desenvolvimento Regional (não substitutivos dos existentes), o Fundo de Desenvolvimento da Amazônia (FDA) e o Fundo de Desenvolvimento do Nordeste (FDNE), com recursos orçamentários que complementariam os demais fundos. Contudo, até a presente data, por problemas burocráticos, de alto custo de seus financiamentos e dos drásticos contingenciamentos e cortes orçamentários, esses dois Fundos não tiveram nenhuma aplicação.

Entretanto, a diminuição dos prazos, dos porcentuais e dos recursos desses fundos foram em grande parte compensados ao longo do período 1970-2000, graças às alterações constitucionais que reverteram parte da concentração fiscal exercida pela União. Na década de 1970, dos recursos fiscais, deduzidas e somadas as transferências intergovernamentais, a União ficava com 69%, os estados, com 22% e os municípios, com cerca de 9%; ao final da década de 1990, as cifras respectivas eram de cerca de 56,27% e 17%. No entanto, boa parte do acréscimo das receitas aos entes subnacionais consiste em recursos vinculados (em especial para a Saúde e a Educação) e mais de caráter corrente e redistributivo que, embora sumamente necessários, limitam a capacidade de investimento.

Em termos regionais, o Norte, que possuía receitas próprias mais transferências federais líquidas de cerca de 21% de seu PIB em 1970, que havia baixado para 8% em 1980, obteria 18% em 2000; o Nordeste, nas mesmas datas, passou de 11% para 8% e saltou para 22%; e o Centro-Oeste, de 30%, para 16% e, em 2000, alcançou 21%. O Sul e o Sudeste são regiões perdedoras líquidas, redistribuindo frações elevadas de suas rendas tributárias paras as demais. Entre seus estados, São Paulo é o campeão das perdas, com -17% em 1970, -11% em 1980 e -14% em 2000.[19]

---

19 Essas cifras e informações estão na tese de doutoramento de MONTEIRO NETO (2005, cap. 3). Ver, ainda, AFONSO e VARSANO (2004) e PRADO (2003). Sobre

Contudo, a reformulação das dívidas estaduais e municipais, imposta pelo governo federal a partir de 1995, comprometeu cerca de 13% da receita líquida corrente dos entes endividados, fazendo que mesmo as regiões ganhadoras tivessem diminuído seus ganhos, e as perdedoras, aumentado suas perdas, com o pagamento anual de amortizações e juros: o Norte, que em 2000 recebera 17,7% do equivalente de seu PIB, tem a cifra reduzida para 16,4%; o Nordeste, de 22,2% passa a receber 20,5%; o Centro-Oeste, de 21% para 19,9%; São Paulo, de -14,3% para -15,2%.[20]

Voltemos, agora, à nossa trajetória histórica.

Entre 1970 e 1980, período em que consolidamos a implantação de nossa indústria pesada e preenchemos um número ainda maior de células de nossa matriz industrial, a acumulação exigia, por isso mesmo, esforço periférico de articulação ainda mais intenso, usando também mais nossa base de recursos naturais – água, terra, minérios – e, com isso, a periferia mais bem dotada de recursos foi mais acionada. A maior parte do conjunto de projetos de larga envergadura (como os hidrelétricos, não-ferrosos, químicos e petroquímicos) foi implantada na periferia, acelerando ainda mais seu crescimento. Isso, mais os efeitos decorrentes das políticas de desenvolvimento regional implantadas a partir de meados da década de 1960 (promovendo investimentos regionalizados em indústrias leves e de insumos), proporcionou importante processo de desconcentração industrial regional.

Mas cabe assinalar que, no período, a taxa de crescimento de São Paulo foi também muito alta, intensificando ainda mais as articulações com o restante do país; ocorre que o grande pacote de investimentos periféricos imprimiu ritmo ainda maior de crescimento regional, desconcentrando, assim, parte da produção.

Entre 1980 e o período atual, quando convivemos, primeiro, com a "crise da dívida" e, em seguida, com políticas neoliberais, o crescimento econômico de São Paulo (e do Brasil) tornou-se, na média, medíocre e, com isso, o arrefecimento da dinâmica de acumulação inibiu também

---

o endividamento estadual, ver LOPREATO (2002), PINTO; CINTRA; CAVALCANTI (2006) e CAVALCANTI; NOVAIS; BONINI (2007).

20 Ver o citado trabalho de MONTEIRO NETO (2005).

Desconcentração produtiva regional do Brasil: 1970-2005

o crescimento periférico. Isso causou uma inflexão no processo de desconcentração econômica que, em muitos casos, apresentou resultados mais "estatísticos" do que efetivos. Contudo, a desconcentração retornaria, após o Plano Real, com novos determinantes em seu processo, notadamente a partir de 1996-98, como tento mostrar no Capítulo 4.

Em síntese, o que precisamos entender é que, mesmo que venhamos a ter no futuro longos períodos de firme crescimento, a expansão da periferia estará atrelada, em grande medida, à de São Paulo. Portanto, se São Paulo crescer, e bem, o restante do país também crescerá. A exceção a esse processo reside na "autonomia" regional ganha por algumas áreas do país, com a expansão de produção destinada a exportações (notadamente agrícolas e minerais) e à produção energética, como o álcool de cana e o petróleo. Isso não elimina, obviamente, a necessidade de se discutir e implantar medidas específicas de crescimento ou que possam atenuar ou corrigir os desequilíbrios regionais sociais mais gritantes existentes no país. Cabe também lembrar que há muito o que fazer na periferia (e também em São Paulo) em termos de investimentos sociais, de habitação, saneamento, educação, saúde e reforma agrária, e não apenas de indústria ou infra-estrutura econômica.

Importa observar, nesta Introdução, os principais determinantes que atuaram nesse processo de concentração e desconcentração produtiva no plano regional, ao longo desse processo de integração do mercado nacional. Alguns estão datados em determinados períodos. Outros, contudo, são recorrentes:[21]

- o próprio processo de integração do mercado nacional, comandado pela economia paulista, tanto em sua fase mercantil (1930-60) como sobretudo a partir de sua fase de acumulação desconcentrada (pós-1960), teve, predominantemente, efeitos de estímulo sobre as bases produtivas periféricas, induzindo-lhes transformações estruturais que geraram efeitos cumulativos de longo prazo, desconcentrando segmentos produtivos. Convém lembrar que isso ocorreu, em parte, independentemente das políticas de desenvolvimento regional pós-1960;

---

21 Ver CANO (1997; 1998); GUIMARÃES (1989) e NEGRI (1996), PACHECO (1998) e CAIADO (2002).

- foram precursores a *Marcha para o Oeste*, iniciada por Vargas na década de 1930; a expansão da "fronteira" agrícola, com "paulistas, mineiros, baianos e sulistas" colonizando o Paraná, Goiás e Mato Grosso entre 1930 e 1970; as áreas rurais estimuladas pelo Plano de Metas (com as rodovias para o Norte e o Centro-Oeste e a criação de Brasília) a partir de fins da década de 1950; e, a partir da década de 1970, a colonização da Amazônia e a expansão da pecuária e da moderna agricultura no Centro-Oeste, que dinamizaram a agricultura dessas regiões, dando azo a que mais tarde ali surgisse também uma agroindustrialização e urbanização;[22]
- as políticas de desenvolvimento regional que, a partir de 1961, criaram incentivos (fiscais, financeiros e cambiais, entre outros) ao capital, primeiro para o Nordeste (Sudene) e depois também para a Amazônia (Sudam e Suframa), Centro-Oeste, para o Espírito Santo e parte do norte de Minas Gerais. Tais incentivos intensificaram a migração do capital produtivo para aquelas regiões, acelerando transformações em suas estruturas produtivas, modificando suas pautas exportadoras e, assim, desconcentrando a produção nacional. O caso mais eloqüente é o da Zona Franca de Manaus (ZFM), para onde se transferiu grande parte da produção de eletrônicos de consumo e de veículos de "duas ou três rodas", com apoio de enorme bateria de incentivos federais e estaduais. É importante lembrar também o papel aí exercido pelos investimentos públicos federais em infra-estrutura. Contudo, a partir de fins da década de 1960, o governo propiciou uma verdadeira atomização setorial e regional da aplicação de recursos incentivados, criando novos programas não necessariamente regionais, como Turismo, Indústria Aeronáutica, Reflorestamento, Pesca e Mercado de Capitais, permitindo o uso de recursos incentivados (renúncia fiscal);
- as políticas de incentivo às exportações, formuladas a partir da segunda metade da década de 1960, que com as novas bases do crédito rural, promoveram grande modernização (embora socialmente conservadora) em particular no agro e na agroindústria. De início, atuan-

---

22 Sobre o papel de Vargas nesse processo, ver CANO (2005).

do mais no Sul, São Paulo e Centro-Oeste e, mais tarde, beneficiando também Minas Gerais, algumas áreas do Nordeste (em especial partes do Vale do São Francisco) e, mais recentemente, partes do Norte, elas descentralizaram e desconcentraram parte da produção nacional daqueles segmentos;

- convém lembrar que a desconcentração que se processa no sentido "estado de São Paulo ao restante do Brasil" foi acompanhada por outro vetor, no sentido "Região Metropolitana de São Paulo ao Interior Paulista", não só pela grande modernização do agro paulista, expandindo sua agroindústria, mas também por várias ações de políticas públicas estaduais e federais que ampliaram sobremodo a infraestrutura interiorana, não apenas em transporte, energia e comunicações, mas sobretudo em educação superior e Ciência e Tecnologia (C&T), que possibilitaram a desconcentração de grandes investimentos em setores produtivos de tecnologia mais avançada;

- incentivos e alguns investimentos (os bem-sucedidos) no âmbito do II PND, cujos objetivos eram "completar" a estrutura industrial brasileira, substituir importações de insumos básicos e bens de capital e contornar os problemas cambiais decorrentes da crise do petróleo, implantando novos e grandes projetos de carvão, siderurgia, celulose, não-ferrosos, álcool de cana, energia elétrica, petróleo e petroquímica. Esses projetos, implantados a partir da segunda metade da década de 1970 (e que amadurecem no qüinqüênio seguinte), impuseram maior uso das bases periféricas de recursos naturais (como os recursos hídricos, terras, florestas e ocorrências minerais), alterando as estruturas produtivas e de exportação e, com isso, desconcentrando ainda mais a produção;[23]

- a intensificação do processo de urbanização nas regiões Norte, Nordeste e Centro-Oeste, exclusive Distrito Federal (CO-DF), que passam da taxa média de urbanização de 42%, em 1970, para, respectivamente, 70, 69 e 85% em 2000.[24] Essa acelerada urbanização, como

---

23 Ver SOUZA (1988), NEGRI (1996), GUIMARÃES (1994) e CANO (1998b).

24 Sempre que possível, ao longo desta pesquisa, separo o Distrito Federal do Centro-Oeste, criando uma "região" Centro-Oeste-Distrito Federal, dadas as fortes

se sabe, exige e estimula a criação e a diversificação de serviços e também de indústrias leves em âmbito local;

- a crise da década de 1980, que parece ter afetado mais a economia de São Paulo, "aumentando" a desconcentração muito mais por quedas mais altas de setores produtivos paulistas do que por "maiores altas" na produção periférica, constituindo, talvez, uma desconcentração mais de caráter "estatístico";
- os efeitos perversos das políticas neoliberais a partir de 1990, com a enxurrada de importações, valorização cambial, quebra de cadeias produtivas, fechamento de plantas e de linhas de produção, que afetaram mais a indústria paulista do que a do restante do país, dado que a estrutura daquela era e é mais complexa e, por isso mesmo, mais sensível àqueles efeitos; e
- dada a deterioração fiscal e financeira do Estado – nos planos federal, estadual e municipal –, o investimento público encolheu sobremodo e as políticas de desenvolvimento regional deixaram a agenda do Estado. Com isso, quase todas as Unidades Federadas (e também grande quantidade de municípios) desencadearam uma verdadeira *"guerra fiscal"*, com intuito de atrair investimentos de uma área para outra.[25] Lembremos, porém, que a "guerra fiscal" já se inicia em fins da década de 1970, sendo os dois casos mais notáveis a transferência de grande parte da produção de aparelhos de "som e imagem" para a ZFM e da implantação da Fiat em Minas Gerais.

Além deste capítulo introdutório, a matéria será desenvolvida em quatro outros capítulos. No segundo, terceiro e quarto, apresento a análise do processo de desconcentração, dividindo-a em três períodos: o da década de 1970, que abarca grande parte do "milagre" brasileiro, mas também o início da grave crise que se lhe seguiria; os anos 1980, a chamada "década perdida" ou "da crise da dívida"; e o período da vigência das políticas neoliberais, de 1990 aos dias atuais. No quinto, trato da questão das migrações inter-regionais de todo o período.

---

diferenças entre elas, no tocante à urbanização, presença do setor público, finanças etc. Ver Apêndice Metodológico e Estatístico.

25 Sobre a "guerra fiscal", ver CAVALCANTI e PRADO (1998) e SILVA (2001).

A análise será feita em termos da dinâmica setorial, examinando o crescimento e as estruturas produtivas. Em termos setoriais, ela estará centrada na Indústria de Transformação, mas também serão apontadas as linhas mais gerais do movimento da Agricultura e da Indústria Extrativa Mineral. O Setor Serviços, de grande complexidade analítica, notadamente se desprovido de pesquisas de campo (como é o caso desta pesquisa), terá apenas algumas referências analíticas. No Capítulo 5 – sobre as Migrações –, incluiremos observações sobre a demografia, urbanização e emprego, tentando com isso diminuir parte da lacuna sobre o terciário.

Mas cabe advertir previamente o leitor sobre sérios problemas metodológicos aqui envolvidos, como:

a) a substituição do Censo Industrial (o último foi o de 1985) pela Pesquisa Industrial Anual (PIAs), deixando um vazio censitário entre 1985 e 1996;

b) a mudança do sistema da Classificação Nacional das Atividades Econômicas (Cnae) a partir de 1996, o que nos obriga a fazer algumas adaptações, nunca perfeitas, entre os Censos e as PIAs para se fazer algumas comparações analíticas;

c) como material complementar, o uso da Pesquisa Industrial Mensal da Produção Física (PimPf), que sofreu várias alterações metodológicas em suas séries anuais;

d) a ocorrência de elevadas alterações de preços, tanto nos anos de pico de inflação (como 1985-86, 1989-94) ou de relativos, em face de abruptas valorizações ou desvalorizações cambiais, fatos que praticamente nos impedem de operar com deflatores comuns; e

e) além desses problemas, também alterei a classificação das agregações dos diversos ramos da Indústria de Transformação, em relação a que usei no livro anterior. Estes e outros problemas são mais discutidos no Apêndice Metodológico, e, salvo para o leitor comum, recomendo aos demais sua leitura.

Antes de entrarmos diretamente no tema, cabe chamar a atenção do leitor para algumas características pertinentes a este estudo sobre o estado de São Paulo:

- O Censo Demográfico de 2000 mostrava que sua população (21,8% do país) era de 37 milhões (93,4% dela urbana), na qual os não-paulistas somavam 8,8 milhões, e destes, 5 milhões eram nordestinos. Seu território é de 248,2 mil km^2 (cerca de 2,9% do país). Se admitirmos que o PIB nacional em 2002 era cerca de US$ 510 bilhões (em dólares correntes de 2002) e que o de São Paulo perfazia naquele ano 32,6% do nacional, então o de São Paulo teria sido de US$ 166,3 bilhões, o que resultaria em renda *per capita* de US$ 4.400, valor que seria 51% maior do que a média nacional.
- As exportações internacionais de São Paulo em 2004, em bilhões de dólares, totalizaram 31, nas quais as de manufaturados somaram 25,4 e as de semimanufaturados, 2,5. Esses valores representaram, respectivamente, 32%, 48% e 18% dos totais nacionais. A expansão da fronteira agropecuária e mineral, em direção à periferia nacional, fez que as vendas externas de produtos básicos de São Paulo, embora também crescentes, passassem a representar apenas 10% do total nacional. Esse comércio, relacionado com o PIB paulista, mostra bem os elevados coeficientes de exportações externas: 18% para o total, 62% para os manufaturados e 44% para estes últimos,— mais os semimanufaturados (denominados *industriais*). Suas importações internacionais (80% das quais constituídas de bens de produção) somaram US$ 27,1 bilhões (43% do total nacional), representando 15% do PIB paulista.
- Seu comércio interestadual é de longa data, muito importante para sua economia. Os últimos dados que pudemos consultar são os do ano de 1999, por sinal, precários e agregados. Precário, pois os problemas de sonegação fiscal fazem que as omissões sejam altas e os dados se apresentem em duas formas: no que um estado declara como "*saídas*" e outro como "entradas", e esses valores são sempre distintos, podendo ser muito diferentes para um estado individual, mas menor para o conjunto do país. Naquele ano, as exportações paulistas para o restante do país e suas importações do restante do país teriam representado, respectivamente, cerca de 45 e 34% de seu PIB, mostrando claramente que seus fluxos comerciais com o restante do mercado nacional eram duas vezes mais importantes do que os internacionais.

2
A desconcentração *virtuosa* do período 1970-1980

Neste período, o PIB paulista cresceu à média anual de 8,2%, mas a do restante do país (B-SP) foi de 9%, desencadeando-se uma positiva desconcentração nos três macrossetores produtivos (agricultura, indústria e serviços). Com efeito, a Tabela 2.1 mostra expressivos aumentos nas participações regionais no PIB nacional, notadamente as das regiões Norte e Centro-Oeste, e de menor monta na Nordeste. Em termos das UFs ali explicitadas, os maiores foram os de Minas Gerais, Espírito Santo e Distrito Federal, tendo como perdedores Rio de Janeiro, São Paulo e Rio Grande do Sul.

A Tabela 2.2 dá-nos uma visão de longo prazo sobre a questão do aumento ou diminuição da convergência regional da renda média por habitante, embora os dados de 1939, em especial para o Norte, fossem muito precários em termos estatísticos, e talvez, por isso, não possam ser, a rigor, comparáveis com os demais. Para a década em exame, contudo, mostram melhorias sensíveis, mais elevadas para Espírito Santo, Minas Gerais, Paraná, Santa Catarina e Centro-Oeste, mas pequena para o Nordeste. Observe-se que, para os estados "mais ricos" (Rio de Janeiro, São Paulo e Distrito Federal), diminuem expressivamente as diferenças entre eles e os mais pobres, revelando, com isso o alto crescimento distribuído por todo o país, ao mesmo tempo que oculta o fato de que o denominador dessa relação (a população total de cada região) teve variação regional distinta, como se verá no capítulo sobre Migrações.

Tabela 2.1 – Participação regional no PIB (Brasil = 100%) 1939-2004

	1939	1949	1959	1970	1980	1985	1989	1995	2000	2004
Norte*	2,6	1,7	2,0	2,2	3,2	3,8	4,9	4,6	4,6	5,3
Nordeste	16,7	13,9	14,4	12,0	12,2	14,1	12,3	12,8	13,1	14,0
Minas Gerais	10,0	10,4	7,9	8,3	9,4	9,6	9,6	9,7	9,6	9,4
Espírito Santo	1,2	1,3	0,8	1,2	1,5	1,7	1,7	2,0	2,0	1,9
Rio de Janeiro	20,9	19,5	18,5	16,1	13,6	12,7	10,3	11,5	12,5	12,6
São Paulo	31,2	36,4	37,9	39,5	37,7	36,1	37,8	35,5	33,7	30,9
Paraná	2,9	4,0	5,4	5,5	5,9	5,9	6,3	5,9	6,0	6,1
Santa Catarina	2,2	2,5	2,4	2,8	3,3	3,3	4,2	3,6	3,8	4,0
Rio Grande do Sul	10,2	8,6	8,4	8,7	8,1	7,9	8,2	8,3	7,8	8,1
Centro-Oeste*	2,1	1,7	2,3	2,7	3,6	3,4	3,3	4,0	4,3	5,0
Distrito Federal	–	–	–	1,0	1,5	1,4	1,5	2,0	2,7	2,5

Fonte: FGV (1939-1980); IBGE-CR (1985-2004).
* NO: inclui TO a partir de 1980.
* CO: inclui TO em 1939-1985; exclui DF.

Tabela 2.2 – Diferenças regionais da renda média por habitante (Brasil = 100) 1939-2004

	1939	1970	1980	1990	2000	2004
Norte[1]	79	58	65	73	60	97
Nordeste	33	40	42	44	47	51
Minas Gerais	61	68	84	86	92	90
Espírito Santo	62	71	87	94	107	106
Rio de Janeiro	239	166	143	124	148	150
São Paulo	179	207	179	172	154	141
Paraná	96	75	92	109	106	110
Santa Catarina	78	88	109	121	122	125
Rio Grande do Sul	127	122	123	130	129	137
Centro-Oeste[1]	69	55	67	81	75	87
Distrito Federal	–	184	156	149	221	196

Fonte: FGV/FIBGE – Censo Demográfico e Contas Nacionais.
Centro-Oeste[1] – Exclui Distrito Federal; inclui Tocantins em 1939-1980.
Norte[1] – Inclui Tocantins a partir de 1990.

2.1 Agricultura

Neste setor, a diferença entre as taxas médias de crescimento do Brasil (3,8%) e de São Paulo (3,6%), embora pequena, fez que a participação nacional de São Paulo caísse de 18 para 14,2% (Tabela 3.1, Cap. 3). Além de São Paulo, perdem posições relativas, moderadamente, o Nordeste e os três estados sulinos, mas a queda do Rio de Janeiro foi alta, mostrando a continuidade do processo de debilitamento de seu agro. Os que aumentaram a participação foram: o CO-DF (dele ainda fazendo parte Tocantins), que foi o grande ganhador (passa de 7,4 para 11,4%), beneficiado, ao lado do Norte (que sobe de 4,1% para 5%), pela expansão da fronteira agrícola, e Minas Gerais (que sobe de 11,9% para 16,3%), graças às mudanças de sua estrutura produtiva e ao início do aproveitamento do cerrado.[1]

Salvo o caso do Rio de Janeiro, aquelas perdas são muito mais fruto de diferenças entre taxas positivas de crescimento, resultantes das transformações das estruturas produtivas regionais que então se realizavam: a radical transformação do agro paranaense, reduzindo fortemente a pequena e média propriedade em benefício do complexo soja-trigo; o fim da expansão da fronteira agrícola do Rio Grande do Sul e de Santa Catarina, e o expressivo avanço da pecuária e de algumas lavouras no Centro-Oeste e no Norte.

A área colhida no Brasil passou, no período – em milhões de hectares –, de 34 para 49, de cujo acréscimo o Centro-Oeste absorveu mais 4, elevando sua participação nacional de 7% para 13% da área de lavouras.[2] Embora a área de São Paulo tenha aumentado apenas 1,2, é preciso lembrar que sua agricultura passava por forte reestruturação, substituindo culturas menos nobres (em particular de alimentos simples e pastagens naturais) por cana, laranja, soja e gado (com expansão das

---

1 A cifra do CO-DF, para 1980 creio ser exageradamente alta em relação à de 1970. Com efeito, as CRs que passam para o IBGE a partir de 1985 mostram dados bem menores, em torno de 6% a 7%.

2 Para este tópico, nesse período, usei fundamentalmente os dados do Censo Agropecuário de 1970 e de 1980.

pastagens plantadas), substituição essa que atingiu cerca de 60% de sua área de lavouras.[3]

A expansão da demanda foi fortemente estimulada pelas exportações, que cresceram 118% em quantidade e 382% em dólares, atingindo US$ 10,2 bilhões, ou 50,5% das exportações totais do país em 1980.[4] Essas novas exportações diversificaram a pauta de produtos primários e de semimanufaturados, graças à presença mais dinâmica de outros produtos menos tradicionais, como soja, carnes, suco de laranja e celulose, entre outros.[5] Porém, o mercado interno também cresceu, por conta do elevado aumento da população e do emprego urbanos (respectivamente, 54 e 82%), da elevação dos salários médios e da reconcentração da renda pessoal, fatores que não só elevaram quantitativamente o consumo, mas também o diversificaram, alterando o padrão da dieta urbana.

A produção recebeu fortes estímulos com a reestruturação do crédito rural e a política de incentivos às exportações. Mas o crédito foi discriminado, dirigido mais aos produtos de maior interesse capitalista, concentrando-se mais nos exportáveis (soja, suco de laranja, algodão, café, carnes etc.), além de alguns mais nobres para o mercado interno, como álcool carburante de cana, milho, rações, frutas e carnes. A pecuária passava igualmente por grandes mudanças técnicas, como melhorias fitossanitárias, de raças e de cultivares, pastagens plantadas, rações balanceadas, diminuição do tempo de engorda para o abate e modernização de frigoríficos. No cômputo geral, houve melhoria dos rendimentos físicos em muitos produtos, porém, mais localizada nos produtos acima citados e em algumas regiões de agricultura mais avançada, como a de São Paulo e dos estados sulinos.

A Tabela 2.3 sintetiza a evolução das quantidades físicas produzidas dos principais produtos e do efetivo dos rebanhos. No que diz res-

---

3 Para uma análise da agricultura paulista nas décadas de 1970 e de 80, ver FONSECA e SALLES FILHO (1992) e IGREJA e CAMARGO (1992).

4 As exportações incluem animais vivos, alimentos, couros, peles, madeiras, celulose e fibras têxteis.

5 Em 1970, essas exportações representavam 77% do total exportado. Com relação ao acréscimo em valor, deve-se ter presente que a desvalorização do dólar no período superou a marca dos 100%, revelando implicitamente enorme queda de preços reais.

peito a estes, ocorreram situações bastante diversas. No caso dos bovinos, aumentava, ainda que moderadamente, a desconcentração em direção à fronteira agrícola. Mas as cifras de São Paulo ocultam um fato muito importante: esse estado praticamente abandonava a atividade de criação e se especializaria cada vez mais na de engorda, com pastagens mais produtivas e períodos de engorda mais curtos. Ainda assim, o aumento relativo de seu rebanho é expressivo com o que potencia ainda mais sua capacidade produtiva de carne bovina. Significado distinto tinha a expansão das demais áreas.

Os números do rebanho suíno, por sua vez, ocultam uma mudança que se iniciara já na década de 1960, a da substituição do *porco-banha* pelo *porco-carne*, processo acelerado a partir do final da década de 1970, com o surgimento da "peste suína". Isso certamente conteve a demanda externa e parte da interna pela carne suína, afetando parcialmente a redução de parte do rebanho regional. Essa transformação e as novas tecnologias, com matrizes importadas, prazo mais curto de engorda, e

Tabela 2.3 – Variação da produção física vegetal e de efetivos animais entre 1970 e 1980

	Brasil	Norte	Nordeste	Minas Gerais	São Paulo	Sul	Centro-Oeste
Bovinos	50	130	56	30	29	30	92
Suínos	3	100	3	-3	0	-1	16
Aves	95	100	80	120	95	116	51
Algodão	15	...	-41	100	-5	15	-50
Arroz	29	200	73	20	-60	43	71
Café	100	...	...	30	30	-62	...
Cana	86	32	78	100	143	30	18
Feijão	-5	200	10	-10	100	-39	400
Laranja	253	62	300	139	390	18	11
Milho	43	280	110	51	-8	51	135
Mandioca	-20	87	9	-20	-75	-31	-52
Soja	900	...	...	...	...	750	2.900
Trigo	50	–	–	–	...	30	...

Fonte: (dados brutos) Censo Agrícola de 1970 e de 1980 – IBGE.

maiores controles fitossanitários também elevaram a produtividade do rebanho, que assim não precisaria crescer como antes. Dessa forma, a diminuição do rebanho de uma região não necessariamente significa desconcentração ou "perda" regional, como é o caso do Sul, em que, no período, mantém a primazia do rebanho e da produção de carnes suínas.

Quanto às aves – frango, basicamente –, houve verdadeira revolução técnica e econômica desse segmento, transformando a antiga atividade rural em industrial, com rígido controle alimentar, veterinário e ambiental, e grande redução do tempo de engorda. Esse processo barateou sobremodo esse tipo de carne, tornando-o inclusive disponível para consumo nas redes de supermercados. Os dados da Tabela 2.3 mostram que a expansão foi alta em todas as regiões, mostrando que a desconcentração da produção, neste caso, também não prejudicou nenhuma das regiões.

Os demais produtos constantes dessa tabela mostram, como já apontamos acima, que os maiores crescimentos se deram nos exportáveis e energético, e menores nos demais, notadamente nos alimentos mais simples, como o arroz e o feijão não irrigados. Assim, ocorrem movimentos de desconcentração da agricultura mais avançada (São Paulo) em direção à fronteira ou à periferia nacional, dos produtos menos rentáveis e forte reconcentração de outros, como a cana e a laranja em São Paulo. A soja e a pecuária extensiva desconcentraram-se rumo à fronteira, em busca de terra barata, de crédito público barato e fácil e de infra-estrutura pública de apoio logístico.

Com a expansão da fronteira agrícola e o desemprego rural crescente, a reprodução da chamada *Agricultura Itinerante,* de que falou Celso Furtado, continuou, ocupando e concentrando mais terras e expulsando os ocupantes da pequena e média propriedade.[6] Ao mesmo tempo, nas regiões de agricultura mais capitalizada (São Paulo, Sul e parte do Centro-Oeste), essa expansão era acompanhada por forte introjeção de progresso técnico, com destaque para o aumento do número de tratores, que duplica no Sul, triplica para o total do Brasil (que passa de

---

6 Sobre esse tema, ver FURTADO (1972), GONÇALVES e SOUZA (1998) e CANO (2006, cap. 5).

165,9 mil para 545,2 mil) e São Paulo, quadruplica em Minas Gerais e quintuplica no Norte, Nordeste e Centro-Oeste. Cabe frisar que os efeitos dessa mudança técnica para as regiões de agricultura menos capitalizada foram localizados e de pouca expressividade no total, incapazes de quebrar as atrasadas relações produtivas e sociais rurais existentes em seu campo. Contudo, o efeito resultante dessa forte expansão da produção, em termos de emprego, foi negativo, com o emprego agrícola caindo 3%.

2.2 Indústria Extrativa Mineral

Embora neste período o setor tivesse peso inferior a 1% do PIB nacional (e cerca de 0,1% no de São Paulo), ele foi outro vetor importante para o processo de desconcentração. Dados os objetivos da política econômica do regime militar – o *Brasil Potência* –, o avanço da industrialização e a política de exportações exigiram rápida expansão do setor mineral e energético, em face da crise internacional do petróleo e do elevado crescimento da demanda de energia elétrica. Uma vez que a expansão mineral exigia enormes investimentos em infra-estrutura (transporte e energia, principalmente), nas regiões mineradoras, seus efeitos positivos eram, de alguma forma, ampliados, melhorando as condições econômicas locais.

Ou seja, além da desconcentração produtiva, também se desconcentrava espacialmente parte da infra-estrutura do país, gerando ainda pequenos efeitos de empregos diretos e efeitos mais importantes na urbanização adjacente à mineração. Como exemplos maiores podem-se citar as ferrovias no Pará, Maranhão, Minas Gerais, Espírito Santo e Rio de Janeiro, a eletricidade no Norte, e os portos e terminais marítimos no Maranhão, Bahia, Sergipe, Espírito Santo, Rio de Janeiro e São Paulo. Não resta dúvida de que boa parte dessa infra-estrutura desconcentrada também contribuiu para incentivar a alocação regional de outros investimentos industriais e em serviços. Contudo, é preciso advertir que muitos desses projetos foram apenas iniciados na década de 1970, mas concluídos nas seguintes, e alguns foram interrompidos, deixando, portanto, de gerar os efeitos positivos almejados.

A expansão de sua produção foi quase tão forte quanto a da Indústria de Transformação, com maior destaque para a extração (em Minas Gerais) e a pelotização (no Espírito Santo) de minério de ferro. Embora a extração de bauxita tenha-se concentrado no Pará (75% do total nacional) com os investimentos em Carajás, sua redução para o alumínio (*metal primário*) ainda se concentrava em Minas Gerais (mais de 90%). A produção do *metal primário* quadruplica no período, passando de 57 para 260 mil toneladas. A do minério de ferro (não beneficiado) triplica, subindo de 36 para 113 milhões de toneladas, com Minas Gerais também concentrando ainda mais de 90% da produção nacional.

As exportações do setor mineral, entre 1970 e 1980, passam (em milhões de toneladas) de 30,8 a 84,9 e de 296 a 2.216 US$ milhões. Em 1970, as exportações de minerais metálicos – em que predominava o ferro – participavam com 89% das exportações do setor, cifra que cai para 79% em 1980, em face do aumento das exportações de petróleo e combustíveis, que atingem 17% do setor em 1980, graças à forte elevação internacional do preço do petróleo.

Os investimentos em energéticos (álcool de cana, gás natural e petróleo) foram retardados, e, dado que sua maturação é longa, isso dificultou ainda mais a expansão de sua produção. Assim, a produção de gás natural cresceu 72%, mas a de petróleo, apenas 10%, com o agravante de que seu preço internacional era, em 1980, dez vezes maior do que o de 1970. Ambos os produtos, contudo, tinham ainda sua extração fortemente concentrada na Bahia (97% do gás e 81% do petróleo) e o álcool em São Paulo.

Embora os Censos industriais não discriminassem o valor da produção (ou o VTI) por estados para gás e petróleo, pode-se fazer uma estimativa do conjunto da produção mineral, atribuindo-se ao Nordeste o total de gás e petróleo em 1970, e 84%, em 1980, sendo os restantes 16% ao Rio de Janeiro, que iniciava sua promissora extração na Bacia de Campos.

Uma vez que a maior expansão física do setor se deu em minerais metálicos, os maiores beneficiados foram o Norte, cuja participação no VTI da indústria extrativa mineral do país, entre 1970 e 1980, sobe de 7 para 10,6%, Minas Gerais (de 27,4 para 29%) e o Espírito Santo (de

Desconcentração produtiva regional do Brasil: 1970-2005

1,8 para 13,4%).[7] O Nordeste, dado o menor desempenho do petróleo, sofre forte perda de posição (passa de 43,3 a 18,9%), mas o Rio de Janeiro conquista algum espaço, passando de 2,9 a 4,2%. As demais regiões, juntas, aumentam sua participação de 17,7 para 23,9%.

2.3 Setor Serviços

É difícil uma análise mais precisa desse setor, dada a grande heterogeneidade de suas atividades (comércio, finanças, transportes, governo etc.), diferentes afetações de preços de seus segmentos e diversidade de formas usadas para sua estimativa. Prefiro, neste livro, não deflacionar seus valores e, por isso mesmo, obrigo-me a usar apenas seus dados relativos. Como meio de ampliar a visão analítica do setor, utilizo também alguns dados de emprego obtidos nos Censos Demográficos de 1970 e 1980.

Lembro, de início, que em um país subdesenvolvido, tanto suas áreas menos como as mais urbanizadas e industrializadas ostentam uma alta participação (pouco acima de 50%) de seus setores terciários, nos respectivos PIBs totais.[8] Assim, esse parâmetro (Yiii/Y) pouco nos pode explicar além de informar que, nesse período, considerando que o setor industrial cresceu mais aceleradamente do que os demais, a participação do setor caiu de 52,6 para cerca de 49%.

Pelos Índices de Produto Real das Contas Nacionais e Regionais, pudemos estimar, de forma indireta, as taxas médias anuais do elevado crescimento da renda do setor, entre 1970 e 1980.[9] Por esse método,

---

7 Esse forte aumento no Espírito Santo, decorre, basicamente, da pelotização de pó de minério de ferro, no porto de Tubarão, que inicia suas atividades em 1966. Para a distribuição regional do VTI, ver Tabela 3.3, Cap. 3).

8 Em áreas mais subdesenvolvidas, ele tem alto peso, tanto por causa da menor presença da indústria quanto pela alta existência de subemprego em serviços; nas mais industrializadas, pelo menor peso da agricultura e pelo desenvolvimento da urbanização, que exige a ampliação e a diversificação da produção de serviços. No Brasil, mesmo nas áreas mais industrializadas, o terciário apresenta forte conteúdo de subemprego.

9 Utilizando esse índice nacional e tomando as variações relativas nas participações de cada região entre as décadas de 1970 e 1980. Contudo, o método não evita os efeitos decorrentes de diferentes mudanças estruturais e de preços relativos entre as regiões estimadas.

concluí que foi mínima a diferença entre as taxas médias anuais de São Paulo (7,9%) e a de B-SP (8%), de modo que sua participação no PIB terciário nacional praticamente se mantém (cai de 35 para 34,8%), com alguns estados perdendo alguns pontos, como o Rio Grande do Sul (que cai de 8,2 para 7,5%) e o Rio de Janeiro (20,6 para 18,2%). Contudo, mesmo as perdas desses estados não têm sentido absoluto, pois representam apenas diferenças entre taxas positivas de crescimento. No caso do Rio de Janeiro, ela espelha ainda o longo descenso relativo que sua economia sofre, desde a transferência da sede do governo federal em 1960 e a menor expansão de sua indústria.

A alta expansão da economia urbana que caracteriza o período, decorrente do acentuado crescimento desconcentrado da indústria e da agricultura, aumentou fortemente o emprego urbano em todas as regiões, ampliando a demanda e forçando a expansão da oferta de uma grande série de serviços públicos e privados. O aumento da participação relativa das demais regiões também foi pequeno, salvo a do CO-DF, que passa de 2,5 para 3,3%. (Tabela 6.1 no Apêndice Metodológico e Estatístico).

Em uma tentativa de ampliar esse conteúdo analítico, utilizei dois outros recursos: o primeiro, foi trabalhar apenas com as relações e proporções da estrutura produtiva do setor, dela eliminando, contudo, o segmento de *Instituições Financeiras*.[10] Assim procedi, uma vez que esse segmento teve comportamento distinto, por duas razões principais:

a) por ter a taxa anual de inflação crescido, de 19% em 1970 para 110% em 1980, colocando juros reais e nominais em patamares muito altos; e

b) por ter-se expandido em termos reais (número de agências, de funcionários, volume de operações etc.) em ritmo elevado e com expressiva diversificação produtiva, dado o desenvolvimento por que passou, para acompanhar as grandes transformações que se processavam na produção, no comércio e nas exportações. Como não se pode separar esses fatores de forma clara, sua participação relativa distorce a dos demais segmentos do terciário.

---

10 Ao final do item faço algumas considerações sobre esse segmento.

Desconcentração produtiva regional do Brasil: 1970-2005

Tabela 2.4 – PIB do segmento Instituições Financeiras (Yif) 1970-1980

	São Paulo		Região A (São Paulo + Rio de Janeiro + Minas Gerais + Rio Grande do Sul)		Brasil		Região B (Brasil – A)	
	1970	1980	1970	1980	1970	1980	1970	1980
% no PIB total respectivo	6,3	7,3	6,8	8,2	6,5	7,9	5,7	7,4
% no PIB Inst. fin. nacional	37,7	34,6	76,5	71,2	100	100	23,5	28,8

Fonte: (dados brutos) IBGE – Contas Nacionais e Regionais.

Examinando o segmento *Instituições Financeiras*, isoladamente, ele teve distinto crescimento, que foi quase igual ao da Indústria de Transformação (este, o mais alto) e acima dos demais setores produtivos, pelas razões antes apresentadas. Sua expansão deu-se em todas as regiões, aumentando sua participação nos PIBs nacional e regionais, mas a ritmo mais alto na região B do que na A e do que em São Paulo (ver Tabela 2.4), mostrando também certa desconcentração. Com isso, as regiões mais industrializadas perderam posições relativas para as demais.

O segundo recurso decorre de que, como o âmbito deste livro não me permite fazer uma exaustiva análise de *todas* as regiões do país, faço, para esse terciário ajustado, outra agregação territorial: somo os quatro estados mais urbanizados e industrializados (São Paulo, Rio de Janeiro, Minas Gerais e Rio Grande do Sul) e denomino essa área de A; deduzindo-a do total do Brasil, encontro, por diferença, uma área B.[11]

Assim, podemos dizer que sua estrutura se alterou positivamente, dado que os setores mais tradicionais (*comércio, aluguéis e administração pública*), embora também tenham tido alto crescimento, perdem importantes pontos percentuais tanto em São Paulo, em A, e mais ainda em B, para os demais segmentos, mais positivamente afetados pela forte

---

11 Esses estados, somados, representavam em 1970 e 1980, respectivamente, as seguintes porcentagens: na população total, 48,2 e 48,3; na população urbana, 61,0 e 58,2; no PIB total, 73,0 e 68,9 e na Indústria de Transformação, 79,0 e 68,5.

desconcentração produtiva (agrícola, mineral e industrial) e pela inversão regionalizada em infra-estrutura. Com isso se elevou a participação de *Transportes e Comunicações*, muito mais em B do que em A, e a de *Outros Serviços* (serviços de alimentação, hospedagem, domiciliares, de reparação e diversões, entre outros) que teve o maior crescimento, tanto em A como em B.

Isso decorreu, sobretudo, do maior emprego e assalariamento ocorrido no período, maior formalização no mercado de trabalho, maior presença da mulher no mercado de trabalho e do aumento do salário real médio. Cabe observar, em reforço ao argumento, que o crescimento da população urbana nessa década (54,4%) foi pouco menor do que o ocorrido na anterior – da "explosão urbana" – quando cresceu 66,4%. Contudo, calculada a expansão de cada uma dessas regiões, fica claro o efeito diferenciado: a da região A, de urbanização mais consolidada, cresceu 46,7% nesse período, contra 63,4% no anterior, mas as cifras respectivas da B foram 66,5 e 71,2%, mostrando a intensa urbanização periférica nos dois períodos.

Em termos da participação nacional em cada um dos segmentos terciários, São Paulo, isoladamente, teve pequenos ganhos em *comércio* e em *transportes e comunicações* e reduzidas perdas nos outros três seg-

Tabela 2.5 – PIB do Setor Serviços* – estrutura setorial – 1970-1980 – (%)

	Brasil (I)		São Paulo		Região A (São Paulo + Rio de Janeiro + Minas Gerais + Rio Grande do Sul) (II)		Região B (I – II)	
	1970	1980	1970	1980	1970	1980	1970	1980
Comércio	35,8	33,3	37,8	35,6	34,9	33,9	36,7	32,0
Transportes e comunicações	8,9	9,3	8,5	9,1	8,7	9,0	8,9	9,8
Administração pública	20,1	14,5	14,8	10,0	18,8	12,8	22,9	18,2
Aluguéis	20,2	15,4	21,3	15,8	20,7	15,6	18,4	14,8
Outros serviços	16,0	27,5	17,6	29,3	16,9	28,7	13,3	25,2

Fonte: (dados brutos) IBGE – Contas Nacionais e Regionais.
* Total, exclusive Instituições Financeiras = 100%.

Desconcentração produtiva regional do Brasil: 1970-2005

Tabela 2.6 – PIB do Setor Serviços – participação regional – 1970-1980 – (%)

	São Paulo		Região A (São Paulo + Rio de Janeiro + Minas Gerais + Rio Grande do Sul)		Região B (Brasil – A)	
	1970	1980	1970	1980	1970	1980
Terciário total	35,0	34,8	71,5	68,5	28,5	31,5
Comércio*	37,0	37,4	70,4	69,8	29,6	30,2
Transportes e comunicações*	33,4	34,0	71,0	66,6	29,0	33,4
Administração pública*	25,8	24,1	67,5	60,6	32,5	39,4
Aluguéis*	36,8	35,8	73,8	69,6	26,2	30,4
Outros serviços*	38,4	37,0	76,0	71,3	24,0	28,7

Fonte: (dados brutos) IBGE – Contas Nacionais e Regionais.
* % sobre o total, exclusive Instituições Financeiras = 100%.

mentos. A Região A teve perdas relativas (e a B, os respectivos ganhos), pequena em Comércio (-0,6%), maior em *transportes e comunicações, aluguéis e outros serviços* (entre -4,2% e -4,7%), e a mais alta, em *administração pública* de (-6,9%). Assim, também o Setor Serviços apresentou expressiva desconcentração espacial.

Os dados do Censo Demográfico também confirmam essa desconcentração, mas exigem algumas considerações adicionais para que a possamos entender melhor. A PEA não-agrícola, na Região A, teve alto crescimento (85,7%), ganhando alguns pontos, passando de 62,4 do total nacional para 63,6%, embora a da B também tivesse crescido muito (76%). Desse total, a PEA industrial cresceu 101 em A e 115% em B, com o que esta região aumenta sua participação nacional de 31,5 para 32,9%. Na PEA terciária, contudo, B, embora tenha tido alto crescimento (62%), perde posição relativa (de 40,4 para 38,3%), dado o maior aumento dessa PEA em A (76,8%).

Isto se deve ao fato de que a desconcentração industrial, rápida e intensa nessa década, ampliou fortemente o número das *Ocupações Administrativas* e das *Ocupações Técnicas, Profissionais e Científicas*, em B, com cifras respectivas de 73,8 e 114,3%, ao passo que em A, onde a industrialização já era concentrada e a urbanização muito mais densa e consolidada, ela também cresce, mas a taxas menores (respectivamente, 66,8 e 93,7%). Em A, a maior urbanização exigiu não só alto crescimento, mas também grande diversificação, sobretudo em *Prestação de Serviços,* que cresce 72,7, contra 54,6% em B.

Como não poderia ser diferente, uma das ocupações mais informais e precárias, a de *Domésticos Remunerados,* já amplamente disseminada em A, onde perfazia a elevada proporção de 11,6% da PEA não-agrícola, cresce apenas 33,6% na década, enquanto em B seu aumento foi de 64,9%! Este é, aliás, mais um indicador de que a desconcentração produtiva também alterava o mercado de trabalho em B, exigindo maior emprego dessa categoria, certamente pela grande expansão do emprego, em especial o das mulheres. O emprego feminino, para o total do Brasil, cresceu 108% para a PEA não-agrícola, 178% para a industrial e 98% para a terciária, enquanto as cifras masculinas respectivas foram de 70, 98 e 54%.

A PEA não-agrícola de São Paulo aumentou 82,5%, pouco acima da do Brasil (81,7%), mas a industrial, embora tenha tido o elevado crescimento de 100%, ficou pouco abaixo da do Brasil (105%). Na PEA terciária, ambas as regiões tiveram crescimento próximo a 71%, mas, no segmento das *Ocupações Administrativas,* o aumento em São Paulo (81,6%) foi bem maior do que o do Brasil (69%) ao passo que no das *Técnicas, Profissionais e Científicas* o aumento foi elevado em ambas (105 em São Paulo e 101% no Brasil). O emprego de *Domésticos Remunerados* cresceu 34% em São Paulo e 44% no Brasil e sua proporção na PEA não-agrícola: em 1970 e em 1980, passa, respectivamente, de 10 para 7,4% em São Paulo e de 10,8 para 8,5% no Brasil. Este último dado mostra bem a precariedade de bons empregos que persiste nos mercados de trabalho dos países subdesenvolvidos, mesmo em uma região industrializada.

2.4 Indústria de Transformação

O excepcional crescimento médio anual desse setor (9% para o Brasil) causou não só forte expansão física, mas também notável mudança na estrutura produtiva, transmitindo-se para todo o país:

enquanto São Paulo crescia a 8,1% o restante do Brasil o fez a 10,2%, mostrando acentuada desconcentração regional produtiva, com o que B-SP, que detinha 41,8% do total nacional, passou a 46,6%. Esse número, porém, é insuficiente para revelar a verdadeira dimensão desse processo.

Entre as unidades federadas, pelo que os dados permitem ver, apenas São Paulo, Rio de Janeiro e Pernambuco perderam posição relativa. Contudo, Pernambuco, que cai de 2,2 para 2%, teve taxa média de crescimento de 8%, praticamente a mesma de São Paulo; e mesmo a queda mais pronunciada do Rio de Janeiro (que cai de 15,5 para 10,6%) oculta seu crescimento médio de 4,8%, que também foi expressivo. Entre os que mais conquistaram pontos, estavam Espírito Santo, Paraná e Santa Catarina[12] (ver Tabela 3.8, Cap.3).

No entanto, a análise da estrutura produtiva e da concentração e desconcentração industrial exige vários tipos de desagregação para torná-la mais clara e objetiva. Um tipo de desagregação é a que agrupa os diferentes gêneros em termos de "uso ou destino da produção" e ela nos permite aquilatar uma série de informações importantes, como o tipo de demanda que mais atuou sobre o crescimento; o principal destino – se o mercado interno ou o externo; o principal uso interno dessa produção, se para consumo, insumo ou bem de capital; ou sobre como a indústria se integrou mais ou menos com as bases produtivas de cada região, e se induziu a amplificação de cadeias produtivas ou complexos industriais regionalizados.

Mas o sentido mais geral que ela nos fornece é sobre a intensificação e diversificação industrial, a qual, segundo os padrões de desenvolvimento econômico, mostra que, à medida que se avança para etapas maiores da industrialização, diminui o peso do segmento de bens de consumo não-duráveis e aumenta o dos bens de produção (insumos,

---

12 Os dados censitários, em face do sigilo estatístico, dificultam a análise para os estados do Acre, Amazonas, Amapá, Pará e Roraima, embora a região Norte como um todo tenha tido ganhos elevados. Para o Amazonas, os dados não sigilados e os da ZFM também apontam para a elevação dos ganhos. Da mesma forma, parece ter ocorrido com Mato Grosso, Mato Grosso do Sul e Distrito Federal.

máquinas e equipamentos). Ela mostra, ainda, o grau de absorção de ciência e tecnologia que o setor introjeta na economia.

Outro tipo de desagregação é em termos de gêneros, fechados a dois dígitos ou abertos a três ou mais dígitos. Ocorre que, até o Censo de 1980, todas as unidades federadas apresentavam seus gêneros abertos, inclusive a mais de três dígitos, embora muitos dados fossem sigilados. Com sua substituição pelas pesquisas anuais (PIA), a apresentação a três dígitos só é feita para Minas Gerais, Rio de Janeiro, São Paulo, Paraná, Santa Catarina e Rio Grande do Sul. O recurso a isso são tabulações especiais solicitadas ao IBGE, mas que acabam por introduzir um número considerável de dados sigilados, dificultando a análise.

Desde logo, as limitações metodológicas apontadas na introdução e, sobretudo, no Apêndice Metodológico mostram que, para essas análises, nosso aparato informativo tem sérias limitações. Por isso, o pesquisador se vê obrigado a restringir o escopo de sua análise e a se servir de outras informações além das oficiais. No Apêndice Metodológico, apresento a agregação de ramos que fiz, constituindo três grupos de indústrias *predominantemente* produtoras de: bens de consumo não-duráveis – BCND; bens intermediários - BI; e bens de consumo duráveis e de capital - BCD + BK. Ali também são discutidos vários problemas envolvidos nessa agregação e as definições arbitrárias ou não que tive de adotar.

Começo pela análise desagregada em termos dos três grupos. A Tabela 4.5 (Cap. 4) apresenta os dados da estrutura produtiva, mostrando o grande avanço obtido pelo Brasil, cuja indústria de BCND tem seu peso reduzido de 43,7 para 33,9%, ao mesmo tempo que as de BI e BCD + BK aumentam de modo expressivo suas participações. Contudo, ainda estávamos "a meio do caminho", em termos de um objetivo de desenvolvimento, cujo patamar exige uma participação de BK superior a 30%.

Das regiões apresentadas na Tabela 4.5, apenas Santa Catarina mostra aumento da participação das indústrias de BCND, mas isso apenas reflete o extraordinário crescimento de sua produção agroindustrial, para os mercados interno e externo, ao mesmo tempo que ampliou a participação de seu grupo BCD + BK.

Em contrapartida, a perda de participação do setor BCND na estrutura da maior parte das regiões oculta o que se viu no tópico 1 do Cap. 1

(Tabela 1.1) e no 2 do Cap. 2, ou seja, que isso ocorreu a despeito de que a agropecuária nacional e regional teve crescimento expressivo no período, mas suas taxas de crescimento foram muito menores do que as verificadas na indústria. Assim, embora a agroindústria – da qual a maior parte dos gêneros desse grupo pertencem – tenha tido forte crescimento no período, foi superada pelos ramos mais complexos, como os da química e da metal-mecânica, entre outros. O grupo BCND teve crescimento médio anual em torno de 6,3%, abaixo da média industrial (9%). A expansão decorrente do alargamento do mercado interno ocorreu graças às elevadas taxas médias de crescimento da população urbana e da PEA não-agrícola, de respectivamente 4,4 e 6,2%, do aumento da renda média e do crescimento dos salários médios reais. Também contribuiu para essa expansão o forte aumento das exportações desse grupo (têxteis, calçados e agroindustriais).

O grupo de BI teve elevado crescimento, com média anual de 10,6%, em decorrência dos principais projetos estimulados ou dirigidos pelo II PND, como os energéticos (petróleo, álcool e eletricidade), os de exportação (mineração, metalurgia e celulose) e os da química e petroquímica. Também esse grupo se beneficiou de forte aumento de suas exportações, como o aço, outros produtos metalúrgicos e celulose.

Neste grupo, apenas Norte e Santa Catarina não aumentam a participação desse setor em suas estruturas. Santa Catarina, pelas razões apontadas, mas a forte queda dessa participação na região Norte é explicada não pelo baixo crescimento do setor, mas sim pelo forte aumento que tiveram os ramos do setor BCD + BK, em especial na ZFM, como se verá adiante.

O grupo BCD + BK foi o que mais cresceu (11% anuais), ampliando sua participação em todas as regiões, salvo no Distrito Federal, onde teve pequena redução na participação de sua estrutura, embora o crescimento real do setor tenha sido alto, porém menor do que o verificado para o total de sua indústria de transformação. A reforma do sistema financeiro, alargando a concessão de crédito ao consumidor, a forte expansão da renda e a piora de sua distribuição expandiram a demanda interna de consumo durável, enquanto os bens de capital também foram beneficiados por novas modalidades de crédito e pelo ímpeto da expansão da taxa de investimento do país.

A despeito das importantes mudanças verificadas, cabe advertir que ainda mantinham elevadas participações de BCND, as regiões Sul (46,3%), CO-DF (51,7%) e Nordeste (43,8%), as duas primeiras, por terem ampla e moderna base agrícola; e o Nordeste, por ter escassa industrialização e pela ampla mas arcaica base agrícola. O Sudeste mantinha-a pouco acima de 30%, mas a baixa participação no Norte se devia à excepcionalidade da ZFM concentrar a maior parte de sua produção em bens do terceiro grupo.

Cabe lembrar, contudo, que parte substancial desse grupo é constituída por bens de consumo durável, os quais, por causa dos problemas apontados no Apêndice Metodológico, são praticamente impossíveis de serem desagregados. Uma estimativa grosseira que fiz, para 1980, com o que os dados possibilitam, aponta que cerca de 35% do VTI do grupo seria constituído por bens de consumo durável, algo em torno de 15% por bens intermediários e provavelmente 50% por bens de capital propriamente ditos.

A Tabela 4.7 (Cap. 4) mostra como se alterou a participação relativa de cada região em todos os três grupos. Rio de Janeiro e São Paulo foram as únicas unidades a perder participação nos três grupos: o primeiro, por ter tido taxas de crescimento, embora altas, bem abaixo da média nacional, mantendo sua tendência de retrocesso industrial relativo que vem desde o início do século XX;[13] o segundo, teve-as bem altas, mas ligeiramente abaixo da média nacional. *Grosso modo*, as demais unidades tiveram aumento na participação nacional, em todos os três grupos.

No Grupo BCDN, cabe ressaltar que os maiores aumentos foram os do Norte (de 1 para 1,8%), do Espírito Santo (0,5 para 0,9%) e de Santa Catarina (2,5 para 5,8%), mas também merecem destaque Paraná, e Rio Grande do Sul. A expansão de Santa Catarina deve-se ao avanço de sua agroindustrialização – notadamente em aves e suínos –, e a do Norte e do Espírito Santo foi fortemente estimulada pelo "sistema especial" de incentivos fiscais (a chamada "guerra fiscal"). As maiores perdas foram as do Rio de Janeiro (que passa de 16,2 a 11,2%) e de São

---

13 Sobre esse retrocesso, ver CANO (2007a, cap. 3; 2007b, cap. 3 e 5). Ver também SILVA (2004).

Paulo (52,9 para 46,1%), porém ambos tiveram taxas de crescimento positivas no período. No caso de São Paulo, lembro que no período houve grande avanço na produção metalúrgica e química, notadamente com a construção da maior refinaria de petróleo do país, em Paulínia.

No grupo de BI, os maiores avanços relativos foram os do Norte (de 1 passa a 1,8%), do Nordeste (de 5 para 9,1%) e do Espírito Santo (de 0,7 passa a 1,2%), graças à expansão de atividades mineradoras, metalúrgicas, celulose, químicas e petroquímicas. A maior perda relativa foi a do Rio de Janeiro, que mesmo assim alcançou taxas positivas de crescimento do grupo no período. Os estados mais beneficiados, no Norte, foram Amazonas e Pará; no Nordeste, Bahia e Pernambuco; no Sul, Paraná e Rio Grande do Sul; Goiás no Centro-Oeste; e Minas Gerais e Espírito Santo no Sudeste.

O grupo de BCD + BK ostentou em todas as regiões os mais altos crescimentos reais. Merecem destaque as mudanças nas participações relativas da região Norte (de 0,1 para 4,4%) e de Minas Gerais (de 2,8 para 6%), ambas decorrentes de enormes concessões de benefícios fiscais e de outra ordem. Para a ZFM houve grande transferência física da produção de aparelhos elétricos e eletrônicos de comunicação, som e imagem e de parte importante do setor de "duas rodas", causando perdas efetivas à indústria paulista. Para Minas Gerais, processo semelhante possibilitou a instalação, ali, da montadora Fiat e de algumas fábricas de autopeças. Essas perdas explicam pouco mais da metade da diminuição da participação paulista nesse grupo (de 76 para 66,4%). Os principais ganhadores, nesse grupo, foram Amazonas, Minas Gerais, os três estados do Sul, destacando-se, no Centro-Oeste, Goiás.

Cabe relembrar, contudo, que as bases produtivas periféricas ainda eram muito frágeis. Por exemplo, ao passo que o peso da indústria mecânica no VTI industrial de São Paulo era de 12,8%, ela era de 6,7% na média de Minas Gerais, Rio de Janeiro e Sul e de apenas 2,5% na média do restante do país. Em relação ao VTI do grupo, a mecânica perfazia 41% em São Paulo, 45% na média de Minas Gerais, Rio de Janeiro e Sul, e era de apenas 16% no restante do país. Ainda assim, a desconcentração produtiva foi generalizada, atingindo também alguns segmentos industriais mais complexos, como se verá adiante.

Dentro das possibilidades permitidas pelos dados, faço em seguida uma desagregação maior, tratando a indústria em termos de seus gêneros e, em alguns casos, tentando desagregá-la um pouco mais.

Em termos de gêneros, as mudanças estruturais regionais deram-se como as apresentadas nos três grupos, conforme se viu acima. Tanto para São Paulo como para B-SP, dos onze gêneros de BCND, só os de Vestuário e Diversas ganharam posição em suas estruturas. No grupo dos BI, todos os gêneros aumentaram sua participação em suas respectivas estruturas, salvo Minerais Não-metálicos para São Paulo e Madeira para B-SP. No grupo BCD + BK, o gênero Veículos perde participação em São Paulo, mas ganha no restante do Brasil, especificamente por causa da instalação da planta da Fiat em Minas Gerais. Os outros quatro gêneros do grupo aumentaram-nas em São Paulo e em B-SP.

A Tabela 2.7 mostra que, dos 25 gêneros ali arrolados, a indústria de São Paulo perdeu participação relativa na produção nacional em dezenove deles. Em 1970, São Paulo detinha mais de 50% da produção nacional em dezessete desses gêneros, número que se reduz a quinze em 1980, com as perdas em Mobiliário e Vestuário. Vejamos a distribuição dessas perdas e ganhos, segundo os três grupos já vistos.

Em **BCND**, houve ganhos em dois (Perfumaria, Sabões e Velas e Diversas) e perdas nos nove outros. A maior perda deu-se no gênero Fumo e decorre tão-somente de decisões do forte oligopólio que o comanda, aproveitando-se da "guerra fiscal". Graças a isso, Minas Gerais foi o grande receptor dessa desconcentração. As perdas dos demais decorrem de um conjunto de determinantes: expansão da fronteira agrícola, urbanização, exportações, o sistema de incentivos fiscais do Norte e Nordeste, além da "guerra fiscal", que já se iniciava em outros estados.

Alimentos, Bebidas, Têxtil, Vestuário e Calçados receberam forte estímulo da expansão da população e do emprego urbanos. Editorial e Gráfica certamente se beneficiou da expansão urbana, do aumento do Setor Serviços, da maior escolaridade e do início dos sistemas de gravação eletrônica no país. Os gêneros constituintes desse grupo, salvo poucos (como Fumo, Bebidas Alcoólicas e alguns segmentos da indústria alimentar), são menos afetados por economias de escala, sendo, portanto, mais factíveis suas instalações em maior número de áreas do país.

Desconcentração produtiva regional do Brasil: 1970-2005

Tabela 2.7 – Indústria de Transformação: participação de São Paulo no VTI do Brasil (%) – 1970-2004

Ramos industriais	1970	1980	1985	1996	2004
Minerais Não-metálicos	49,9	39,8	42,6	41,1	34,3
Metal básico	47,3	47,7	39,4	27,1	26,1
Produtos metal	63,1	64,3	61,0	54,8	49,7
Mecânica*	68,5	66,4	64,7	62,5	54,6
Máq. p/escrit. e informática	...	...	...	67,0	36,3
Equip.médico, automação e cine-foto[X]	74,1	59,7	59,4	52,7	55,3
Material elétrico de comunicações**	78,9	64,6	64,0	68,8	56,6
Mat. eletrônico	...	...	...	49,6	39,8
Veículos automotores e autopeças	89,3	80,9	81,9	74,2	56,8
Outros equip.transporte	38,0	31,8	42,7	37,2	59,5
Madeira	18,8	19,5	18,6	18,7	14,9
Mobiliário	54,9	44,8	45,3	39,2	28,1
Papel e celulose	65,2	53,4	57,5	59,1	48,7
Borracha	83,9	74,9	63,4	70,8	68,2
Matérias plásticas	68,3	59,6	57,0	61,7	51,3
Derivados de petróleo e álcool	38,9	51,7	54,9	52,5	46,3
Outros produtos químicos	66,6	60,5	55,0	49,3	41,7
Farmacêuticos e veterinários	66,4	65,2	65,0	71,9	71,0
Perfumaria, sabões e velas	68,3	69,5	67,3	71,1	72,1
Couros, peles e calçados	43,6	33,1	30,6	21,5	24,1
Têxtil	61,7	53,7	50,0	49,8	42,9
Vestuário, artefatos de tecidos	59,2	45,9	43,6	38,8	32,5
Alimentos e bebidas	...	...	...	39,6	33,4
Alimentares[XX]	44,0	38,0	37,4	41,2	34,8
Bebidas	41,7	33,2	38,4	33,6	24,9
Fumo	36,5	22,0	7,2	6,0	2,1
Editorial e gráfica[XXX]	53,6	51,6	50,0	58,7	56,1
Diversas	69,2	70,2	71,5	52,0	48,9
Reciclagem	...	...	...	43,5	36,3
Total	58,1	53,4	51,9	50,9	43,1

Fonte: IBGE: Censos Industriais e Tabulações Especiais 85.
X   Inclui Equipamentos antes incluídos em Diversas.
XX   Inclui Óleos Vegetais, antes incluídos em Química.
XXX Inclui Reprodução Discos e Fitas, antes incluídos em Diversas.
*   Em 1996 e 2004, exclui Maq. p/escrit. e informática.
**   Exclui Mat. eletrônico em 1996 e 2004.

Mesmo nesse grupo majoritariamente perdedor, São Paulo só teve uma perda absoluta, em Fumo, com taxa média de crescimento negativa menor do que 1%. Em Farmácia, ela foi positiva, em torno de 1,5%; em Perfumarias, em torno de 3%; e nos demais obteve taxas entre 5 e 6%, nada desprezíveis para esse estado. Obviamente, os ganhadores (perdedores) de São Paulo tiveram taxas mais altas (baixas) do que as verificadas em B-SP.[14] As diferenças maiores se deram nos gêneros Têxtil e Vestuário, que foram cerca de 5,5% em São Paulo e de 10,5% em B-SP.

No grupo de **BI**, São Paulo ganhou em quatro de seus nove gêneros: Metalurgia Básica e Produtos de Metal, Madeira e Derivados de Petróleo e Álcool. Este último cresceu à média de 17% (11,5% em B-SP) e os três primeiros, entre 9 e 10% (taxas próximas às de B-SP). A expansão metalúrgica está consoante a expansão de todo o complexo metal-mecânico; a da madeira, em razão do elevado crescimento da Construção Civil e a dos combustíveis, pela política de expansão energética do governo.

Embora os outros cinco tenham sido perdedores, suas taxas médias de crescimento em São Paulo foram elevadas: pouco mais de 6% para Minerais Não-metálicos, cerca de 9% para Papel e Celulose, e entre 10 e 12% para Matéria Plástica e Produtos Químicos. O de menor crescimento foi o da Borracha, produto que passava a sofrer crescente substituição pelos plásticos. Nestes, o crescimento em B-SP apresentou taxas bem mais altas: cerca de 11% em Minerais Não-metálicos (dada a expansão urbana que se manifesta em todas as regiões e aos grandes investimentos públicos) e em Petróleo e Álcool; em torno de 15% os de Papel, Química e Plásticos, ficando as dos demais em torno de 9%.

No grupo de BCD + BK, São Paulo foi perdedor em todos os cinco gêneros. O menor crescimento deu-se em Veículos Automotores (6%), o melhor foi em Mecânica (com taxa de 13%) e os demais ficaram em torno de 9%. As taxas em B-SP foram sensivelmente maiores, situando-se entre 13 e 16%.

---

14 Essas taxas foram estimadas indiretamente, mediante alterações nas participações relativas regionais e de gêneros em relação ao total nacional. Ver Apêndice Metodológico e Estatístico.

A Tabela 2.8 mostra o número de pontos porcentuais ganhos ou perdidos pelas regiões e principais unidades federadas. Por ela vê-se que dos 21 ramos ali apontados, São Paulo perdeu pontos em dezessete, e o Rio de Janeiro em vinte, enquanto o Norte (principalmente Amazonas e Pará) e Nordeste (principalmente Bahia, Pernambuco e o Ceará – este, basicamente em Têxtil, Vestuário e Calçados) ganharam praticamente em todos os gêneros. Minas Gerais, Paraná, Santa Catarina e Rio Grande do Sul, entre os maiores estados industrializados, tiveram também muitos ganhos e raras perdas. O CO-DF (sobretudo Goiás) aparece ganhando em cinco ramos, e o Espírito Santo, ganhos expressivos em três.

Algumas perdas (ou ganhos) regionais devem-se a esgotamentos de recursos naturais, às novas políticas de reflorestamento, à expansão da fronteira agrícola e mineral, que já iniciava sua trajetória no sentido Centro-Oeste e Norte, ao período de auge da vigência dos incentivos fiscais no Norte e em especial no Nordeste, ou à "guerra fiscal" (ZFM e Minas Gerais, mas não exclusivamente). Esses fatos modificaram o panorama regional da produção de muitos produtos, notadamente de couro, madeira, celulose, papel e beneficiamento de produtos agropecuários.

Em seguida, uso alguns dados mais desagregados que os Censos de 1970 e 1980 forneciam, tentando mostrar o que realmente se desconcentrou em alguns dos principais gêneros.

– em Minerais Não-metálicos, o que cresceu em B-SP foram os segmentos de cerâmica, tijolos, telhas e cimento, dada a grande urbanização e a intensidade da construção civil. Mas o setor mais complexo, do vidro, continuou fortemente concentrado em São Paulo, cuja participação nacional caiu de apenas 81 para 75%;

– em Metalúrgica, uma vez que os grandes projetos de metalurgia básica (aço e não-ferrosos) na periferia só maturam após 1980, a concentração paulista manteve-se, na década, em torno de 47%. Em Produtos Metálicos, a parte do gênero que envolve maior agregação de valor, incluindo alguns bens de capital, ela também se manteve, em torno de 64%;

– no de Papel, a desconcentração deu-se no segmento de Celulose, no qual, a despeito do alto crescimento também verificado em São Paulo,

Tabela 2.8 – Indústria de Transformação: principais ganhos ou perdas (-) entre 1970 e 1980 na participação nacional do VTI – (%)

Gêneros[x]	SP	RJ	SP + RJ	NO	NE	MG	PR	SC	RS	Outros
Alimentares	-4	-5	-9		1		2	2	1	CO1
Bebidas	-9	-5	-14	3	1	3	...	...	6	CO2
Fumo	-15	-21	-36	...	-8	9	3	10	18	...
Têxtil	-8	-4	-12	1	6	2	...	2	3	...
Vestuário	-15	-2	-17	...	3	2	...	10	2	...
Mobiliário	-10	-3	-13	1	1	...	3	5	6	...
Editorial	-3	-1	-4	1	2	...	...	...	-1	DF1
Diversas	-3	-1	-4	3	...	...	1	...	...	...
Farmacêutica	-1	3	2	...	...	...	...	...	1	...
Perf., sabões e velas	1	-7	-6	1	2	...	...	...	2	...
Couros e peles	-1	-8	-9	...	2	...	...	...	7	...
Min. não-met.	-10	-4	-14	...	...	4	2	4	...	CO2, ES1
Metalúrgica	1	-4	-3	1	1	...	...	1	...	...
Química	...	-12	-12	...	7	1	5	1	-1	...
Madeira	...	-3	-3	6	2	-1	-3	-1	-3	CO3, ES -1
Papel	-12	-5	-17	3	3	3	2	-2	1	ES6
Borracha	-9	-1	-10	1	2	3	...	...	3	...
Mat. plástico	-8	-3	-11	...	5	1	...	1	3	...
Mecânica	-3	-5	-8	1	2	...	...	1	1	...
Mat. elétrico	-14	-6	-20	13	...	2	2	...	...	...
Mat. transporte	-12	1	-11	2	...	6	...	...	1	...
Total	-5	-6	-11	2	2	1	1	2	1	CO1, ...

Fonte (dados brutos): Censos Industriais de 1970 e 1980.

X classificação anterior à Cnae 85.

Wilson Cano

Desconcentração produtiva regional do Brasil: 1970-2005

a concentração baixa de 60 para apenas 19%, graças aos amplos incentivos concedidos pelas políticas de exportações e de reflorestamento. Sua concentração declinou ligeiramente, de 66 para 62%;

– no de Madeira, em que a concentração paulista já era modesta (mantendo-se em torno de 19%), diminui nos segmentos mais simples de serraria, mas aumenta no de chapas e placas (passa de 32 para 37%);

– no de Borracha, a desconcentração de pneus, segmento mais complexo e que requer escalas mínimas, foi pequena (de 88 para 74%), sendo um pouco mais pronunciada em laminados e fios (de 89 para 67%);

– em Material Plástico, a concentração ainda manteve-se elevada, mas em seus segmentos mais simples, como o de embalagens, caiu de 75 para 65%;

– no de Alimentos e Bebidas, a despeito da expansão da fronteira agrícola, ela diminuiu pouco em praticamente todos os segmentos, em especial no de Beneficiamento (de 35 para 25%), mas manteve-a em açúcar (cerca de 50%);

– nos de Têxtil, Vestuário, Couro e Calçados, ramos cujas plantas não requerem maiores economias de escala, a desconcentração foi alta, como se viu nas Tabelas 2.7 e 2.8;

– no de Material Elétrico ocorreu desconcentração mais pronunciada nos segmentos de Aparelhos Receptores de Som e Imagem (que passa de 91 para 35%) e de Equipamentos de Comunicação (queda registrada de 71 para 66%), ambos praticamente transferidos para a ZFM). O segmento de Pilhas e Baterias também se desconcentrou (passa de 71 para 56%), ao passo que os segmentos mais complexos de Material Elétrico e Eletrônico, – como fios, cabos, placas, máquinas e aparelhos de transmissão sofreram pequena desconcentração, mantendo ainda em São Paulo cifras entre 75 e 90% da produção nacional;

– em Material de Transporte, ainda era pequena em Veículos Automotores e Autopeças (cai de 96 para 87%), com a instalação da Fiat em Minas Gerais; e pronunciada no de "duas rodas", que cai de 94 para 61%, graças à instalação da maior planta do setor na ZFM. Outros segmentos afetados foram os de Material Ferroviário (que cai de 67 para 40%) e o de Equipamentos Náuticos (de 12 para 5%), em razão dos fortes programas públicos e estatais (Petrobras e Companhia Vale do Rio Doce) realizados fora de São Paulo. No de Aviões, a concentração manteve-se em torno de 68%, mas sua produção ainda era modesta, pois a Embraer ainda dava seus primeiros passos.

Para finalizar a análise desse período, cabe levantar mais dois pontos. O primeiro é que a desconcentração sofrida por São Paulo teve dois vetores regionais: o do restante do Brasil, como se viu até agora, e outro, interno a São Paulo, representado pela acentuada diminuição da participação da Região Metropolitana de São Paulo (RMSP), que, de um total de 43,5% da produção nacional, passou a deter 33,6% entre 1970 e 1980, ao passo que o Interior paulista saltava de 14,7 para 19,8%. As principais razões que explicam esse fato foram:

- as *políticas de descentralização* de São Paulo e do governo federal, embasadas por importante conjunto de obras de infra-estrutura (principalmente rodoviárias) e de pesquisas (como a Unicamp, CPqD e CTI) e complementadas por sistema de informações regionalizadas;
- *políticas de atração municipal*, instauradas por muitos municípios do Interior, com subsídios fiscais, dotação de infra-estrutura local, distritos industriais etc.;
- os *custos (efetivos e imputáveis) da concentração na RMSP*, que se traduziam em aumento de custos de aglomeração, tempo de deslocamento espacial, combate à poluição industrial, aumento da insegurança pessoal e o surgimento de um novo sindicalismo moderno e organizado no ABCD. Acrescente-se a necessidade de expansão e reestruturação de grandes empresas, que optaram por instalar novas plantas adicionais, na maioria dos casos, no Interior;
- os *investimentos federais* implantados no Interior, que nesse período desempenharam papel crucial: a refinaria da Petrobras em Paulínia, os grandes Centros de Pesquisa (Telecomunicações, Informática e Agrícola, entre outros), que geraram grandes efeitos multiplicadores locais, atraindo a instalação de empresas e a formação de novas;
- as *políticas de incentivo às exportações e o Pró-Álcool*, que encontraram, na mais avançada agricultura do país, fértil espaço para modernização, diversificação produtiva e crescimento agro-industrial.

Em que pese a forte desconcentração ocorrida, a RMSP passou por profunda alteração em sua estrutura econômica de serviços, convertendo-se, no período, de "maior Centro Industrial da América Latina" em primeira metrópole nacional e, mais recentemente, em Metrópole de padrão internacional. Considere-se ainda que, a despeito de seu relativo "esvaziamento" industrial, também nela ocorreram transformações de modernidade, com o início da implantação, na própria RMSP, da maior parte da nova indústria de equipamentos, produtos e componentes para microeletrônica, informática, automação e telecomunicações, ainda pouco captadas nos Censos e Pesquisas Industriais, em face da permanência da classificação dos antigos "ramos industriais". Isso, obviamente, também representava algo novo: uma nova concentração no próprio processo de desconcentração.

O segundo ponto é que, em termos do total da Indústria de Transformação, a Tabela 2.7 mostra que as perdas de São Paulo, em pontos percentuais (-4,8), foram semelhantes às do Rio de Janeiro (-5,1), mas seus processos tiveram algumas determinações muito distintas: em São Paulo, perdas, mas com elevado crescimento; no Rio de Janeiro, crescimento moderado, mas com perdas generalizadas e algumas irreversíveis. As demais regiões foram todas ganhadoras.

3
A desconcentração durante a "década perdida" (1980-1989)

A análise deste período abrange os anos de 1980 a 1989, uma vez que, a partir de 1990, embora a crise continuasse, seu processo traria importantes diferenças, como veremos adiante. Como se viu nas Tabelas 1.1 e 1.2, o crescimento total, e particularmente o industrial, foi pífio. Seu início – 1980-83 – foi depressivo, com o PIB total caindo 14%.

Segundo a Tabela 2.1 (Cap. 2), há ganhos e perdas regionais no PIB total, durante a década de 1980, aparentemente contraditórios, e isso se deve ao fato de que, setorialmente, a economia passou por movimentos muito distintos, com crescimento elevado da mineração, moderado da agricultura e dos serviços e medíocre da Indústria de Transformação, a destacar a continuidade da forte melhoria do Norte e do CO-DF e ligeira recuperação de alguns pontos para o Nordeste.

Como vimos no Capítulo 1, o PIB total do Brasil cresceu à taxa média anual de 2,2%, pouco restando para aumento da renda média por habitante, dado que a população, no período, cresceu 1,9%. Para São Paulo, o quadro foi ainda pior, com a taxa do PIB sendo de 1,5% e a da população, 2,1%, caindo, assim, em termos absolutos, sua renda média.

Com isso, obviamente, a renda paulista teria de se aproximar mais da média nacional, dando uma falsa idéia de convergência. Assim, graças ao baixo crescimento positivo do restante do Brasil e ao crescimento negativo da renda paulista, a convergência da renda média regional por habitante (ver Tabela 2.2, Cap. 2) continuou, embora a ritmo menor. São Paulo, Rio de Janeiro e Distrito Federal continuaram a convergir em direção à média nacional; Paraná, Santa Catarina e CO-DF deram os maiores saltos;[1] Nordeste e Minas Gerais mostraram os menores aumentos. De todas as regiões, a Nordeste (e a maior parte de seus estados) ainda mantinha uma média inferior a 50% da renda média nacional.

3.1 Agricultura

Neste período, as CRs mostram que a diferença entre as taxas médias de crescimento do Brasil (3,2%) e de São Paulo (3,5%), embora pequena, fez que a participação nacional de São Paulo subisse ligeiramente, de 14,2 para 14,4% (Tabela 3.1). Além de São Paulo, o Sul e o Distrito Federal tiveram pequenos ganhos, mas os mais elevados foram os do Norte (que passam de 5 para 10,9%), graças à forte expansão de sua fronteira agrícola e extrativa, e do Espírito Santo (que sobem de 2,1 para 2,5%), graças à recuperação do café e à expansão da produção animal e da madeira. As perdas modestas do Nordeste e de Minas Gerais são apenas relativas e decorrem de diferenciais de taxas positivas de crescimento. A do Rio de Janeiro, contudo, espelha, além disso, sua longa trajetória de descenso relativo.

---

1 Advirta-se que a renda do Centro-Oeste foi positivamente afetada pelo desmembramento de Tocantins (um dos três mais pobres estados do Brasil), de Goiás, e sua inserção na região Norte, a partir da Constituição de 1988, embora o Censo Industrial de 1985 (publicado após 1988) já o tivesse transferido do Centro-Oeste para o Norte.

Desconcentração produtiva regional do Brasil: 1970-2005

Tabela 3.1 – PIB Agropecuário: participação regional (%) – 1939-2004

	1939	1949	1959	1970	1980	1985	1989	1995	2000	2004
Norte*	3,3	1,7	2,4	4,1	5,0	5,8	10,9	8,6	7,7	6,9
Nordeste	23,0	19,3	27,9	20,9	19,5	20,4	19,4	19,2	16,4	14,3
Minas Gerais	15,3	17,3	10,5	11,9	16,3	14,7	14,9	11,3	10,9	8,7
Espírito Santo	2,2	2,4	1,6	1,9	2,1	3,0	2,5	1,9	2,1	0,9
Rio de Janeiro	4,8	4,9	4,1	2,4	2,0	1,4	1,7	1,4	1,2	0,8
São Paulo	24,7	30,0	21,9	18,0	14,2	18,0	14,4	21,5	18,2	21,3
Paraná	4,9	6,9	11,6	12,1	11,7	12,7	8,5	6,4	10,9	12,0
Santa Catarina	3,7	3,9	4,1	5,4	5,2	5,2	8,1	6,3	7,1	5,7
Rio Grande do Sul	13,6	10,4	11,2	15,9	12,6	11,3	13,4	13,9	12,5	14,1
Centro-Oeste*	4,5	3,2	4,7	7,4	11,4	7,5	6,1	9,6	13,0	15,3
Distrito Federal	–	–	–	0,0	0,0	0,1	0,1	0,2	0,2	0,1

Fonte: FGV (1939-1980); IBGE-CR (1985-2004).
*Norte: inclui Tocantins a partir de 1990.
*Centro-Oeste: inclui Tocantins em 1939-1985; exclui Distrito Federal.

A enorme queda dos dados do CO-DF (de 11,4 para 6,1%) não espelha a realidade mostrada pelos fortes aumentos de área colhida e da produção física de vários produtos. No tópico 2.1 (nota 1) do Capítulo 2, adverti que a participação de 1980 me parecia excessiva. Além disso, Tocantins foi retirado dessa região e incorporado ao Norte, mas seu peso, em 1989, de apenas 0,4%, era incapaz de explicar a forte queda dos números.

Algumas dessas cifras decorrem do fato de que, embora o crescimento físico da produção tenha sido alto, a base (1980) também já havia crescido muito no período anterior, resultando em menores taxas de crescimento relativo. Como exemplos: o caso da soja e do trigo no Sul e do efetivo de bovinos no Centro-Oeste; em sentido contrário, a base ainda pequena do Norte, em 1980, proporcionou lhe elevadas taxas entre esse ano e 1989.

As transformações das estruturas produtivas regionais continuaram o processo iniciado na década anterior: a radical transformação do agro paranaense se consolida, resultando em enorme expulsão de trabalhadores rurais; Rio Grande do Sul e Santa Catarina esgotaram a expansão de suas fronteiras agrícolas; mantém-se alta a expansão da pecuária e de grãos no Centro-Oeste e no Norte; o agro paulista continuava sua reestruturação, substituindo áreas de culturas mais simples ou menos rentáveis e concentrando o uso dessas áreas em cana, laranja, milho e pastagens cultivadas.

A expansão da demanda foi estimulada pelas exportações, cujo volume sobe 33%, mas a forte queda internacional dos preços faz que, em valor, elas aumentassem apenas 3,7%, atingindo US$ 10,5 bilhões, ou 30% das exportações totais do país em 1989. Essas exportações, assim, perdiam um pouco do terreno, para as de manufaturados, que no período passam de 45 para 54% da pauta.[2]

Porém, o mercado interno também cresceu, muito embora as taxas de crescimento da população total e da urbana tenham diminuído, mas os aumentos absolutos de população foram maiores do que os verificados na década anterior: em milhões de habitantes, na população total, foram de 28 contra 26 na década de 1970 e na urbana, 30 contra 28. A expansão do mercado interno não foi maior pelo fato de que os salários se deterioraram, embora o emprego urbano tenha crescido 38%, mas já mostrando aumento da precarização e informalização no mercado de trabalho.

Ao contrário da década anterior, o setor foi atingido fortemente pela alta contração do crédito rural e pelo seu encarecimento, dada a retirada quase total de seus subsídios. Os estímulos que restaram ao setor foram, de um lado, as desvalorizações cambiais, que contornaram parte da perda dos preços externos, e, de outro, a reestruturação produtiva que sofreu. Essa reestruturação se fez com alta introjeção de progresso técnico, intensificando o uso de fertilizantes e agrotóxicos, notadamente nas culturas exportáveis e na cana. Com isso, elevou-se a produtividade e conteve-se a expansão da área cultivada, continuando a substituição de áreas com cultivos menos rentáveis (em geral, alimentos simples, que continuaram a sofrer deslocações para a periferia e

---

2 Essas exportações compreendem animais vivos, alimentos e bebidas, produtos vegetais, couros e peles, celulose, madeiras e fibras têxteis.

Desconcentração produtiva regional do Brasil: 1970-2005

para a fronteira agrícola). No período, os mais expressivos aumentos deram-se na cana para produção de álcool, na soja, milho e na laranja, estas últimas, basicamente exportadoras. É preciso dizer que essas mudanças não se restringiram às regiões de agricultura mais avançada, como São Paulo e o Sul, penetrando também em várias partes da periferia nacional.

A área colhida de lavouras no Brasil passou, entre 1980 e 1989 – em milhões de hectares –, de 49,4 para 52,9 ou um aumento líquido de 3,5. Houve fortes reduções (ou expansões) de áreas em determinados cultivos e regiões.[3] Vejamos o panorama regional com todas as cifras expressas em milhões de hectares. O Norte teria expandido 1,0 basicamente com culturas de alimentos simples (arroz e feijão não irrigados, mandioca, milho tradicional etc.) e um pouco de soja. Contudo, importante parte dessa expansão representa a simples incorporação do território de Tocantins, que antes pertencia ao estado de Goiás. O Centro-Oeste certamente absorveu o maior acréscimo (algo em torno de 2,5), com destaque para a soja (2,9), secundada pelo milho (0,6) e pela cana.

O Nordeste foi fortemente atingido pela crise do algodão arbóreo, que perde 1,7 e mandioca (-0,2), ao mesmo tempo, contudo, que amplia a área de cana (0,55), feijão e milho (0,8 cada) e soja (0,3), tendo uma expansão líquida de 1,0. Minas Gerais não teve expansão significativa, mas substituiu várias culturas de alimentos simples, com o que expandiu um pequeno plantio de soja e um grande de café (0,48).

São Paulo teve forte substituição de culturas de alimentos simples e pastagens naturais e fortes aumentos em cana (0,7), laranja (0,3) e pequenos em soja e trigo, que somaram 0,1. O aumento de produtivi-

---

3 Essa área foi por mim estimada, pois o último Censo do período é o de 1985. Usei os dados anuais do Depto. Agropecuário do IBGE publicados no Anuário Estatístico do Brasil, que envolve duplas contagens, como as de "lavouras casadas", ou daquelas que dão duas ou mais safras na mesma área. É óbvio que esta área estimada seria superior à do Censo, que toma em consideração a área dos estabelecimentos. Por sua vez, o acréscimo líquido também representa, em parte, substituição de cultivos ou de pastagens naturais por outras culturas mais modernas e mais rentáveis. Trabalhei apenas com as principais lavouras permanentes e temporárias, que representavam cerca de 90% da área plantada.

dade na maior parte de seus cultivos explica parte da redução de sua área colhida, sobretudo em arroz e feijão irrigados, milho, soja e trigo. A Região Sul teria tido redução líquida de 1,0, em parte pela diminuição da área de alimentos simples, mas também de reestruturação técnica com forte aumento de produtividade, como a da soja. Os principais aumentos de área deram-se em algodão e cana, notadamente no Paraná.

Os únicos Censos Agropecuários que compreendem o período são os de 1980 e de 1985, e o seguinte só foi feito para 1995, razão pela qual o exame da evolução do número de tratores fica prejudicado. Nesse período, constata-se que o aumento da frota foi bem menor do que o verificado no período anterior: para o Brasil, os novos tratores de 1980-85 (120 mil) somados aos de 1985-96 (138 mil) ficam bem abaixo dos 380 mil acrescidos na década de 1970. A diminuição atingiu também as regiões de agricultura mais capitalizada (São Paulo, Sul e parte do Centro-Oeste) e Minas Gerais foi uma das poucas regiões em que a frota cresceu mais entre 1980-95 do que na década de 1970, mas, se calculada a média anual dos dois períodos, Minas Gerais também mostra resultados inferiores. Em termos porcentuais, e tomado todo o período 1980-95, os maiores aumentos se deram na fronteira (Norte e Centro-Oeste), Minas Gerais e Espírito Santo. Ou seja, a mecanização, embora tenha crescido, foi contida pelas adversas condições econômicas do país, em particular com a contração do crédito público.

A Tabela 3.2 resume a evolução da produção física dos principais produtos e do efetivo dos rebanhos. Quanto ao efetivo de bovinos, as expansões mais altas se deram na fronteira e no Nordeste, com São Paulo tendo pequeno aumento, mas intensificando a atividade de engorda e de produção da carne. A participação de cada região no total nacional pouco mudou, salvo a do Norte, que passa de 3 para 9% do rebanho. O efetivo de suínos, dado o problema apontado no tópico 2.1 do Capítulo 2 – a *peste suína* –, prosseguiu sua reestruturação, com avanços veterinários, de alimentação e manejo, elevando sua produtividade e encurtando o tempo de engorda. Esses fatores positivos diminuíram a necessidade de aumento do rebanho, que teve a seu desfavor a retração da demanda externa e a baixa expansão do mercado interno. Assim, o rebanho suíno se reduziu em 3% para o Brasil, e em 14% no Centro-

Oeste, quedas compensadas pelas expansões mais altas no Norte e no Nordeste. A participação regional diminui fortemente no Sudeste e no Sul, subindo de 22 para 29% no Nordeste e duplicando no Norte (de 5 para 11%).

O efetivo de aves teve crescimento alto, de 28% no Brasil, porém, ainda mais alto na fronteira e no Nordeste, que aceleravam sua urbanização, e no Sul que consolidava a concentração regional desse segmento. As melhorias técnicas introduzidas culminaram também com elevação da produtividade e redução do tempo de crescimento e abate, reduzindo, também, a necessidade de expansão maior de seu efetivo. O processo de desconcentração reduz as participações do Sudeste, beneficiando mais o Norte (de 3 para 5%) e o Nordeste (de 15 para 18%), o CO-DF e o Sul, que passou a concentrar 40% do total nacional.

Tabela 3.2 – Variação da produção física vegetal e de efetivos animais entre 1980 e 1989 (% arredondada)

	Brasil	Norte	Nordeste	Minas Gerais	São Paulo	Sul	Centro-Oeste
Bovinos	22	235	21	4	5	4	32
Suínos	-3	110	30	0	5	1	-14
Aves	28	89	53	1	-6	43	43
Algodão	26	...	-35	18	6	28	190
Arroz	13	200	18	-9	16	43	-42
Café	44	500	-10	180	-43	61	-10
Cana	70	100	46	100	73	100	500
Feijão	17	190	50	-20	15	-4	52
Laranja	63	130	32	16	75	8	15
Milho	30	240	-5	11	60	8	146
Mandioca	1	54	-11	-51	10	26	26
Soja	59	...	...	5	32	50	1.300
Trigo	106	–		...	89	100	240

Fonte (dados brutos): Censo Agrícola de 1980 do Ministério da Agricultura e Departamento Agropecuário do IBGE.

Os produtos vegetais constantes da Tabela 3.2 mostram, como ocorreu na década anterior e como apontamos acima, que os maiores crescimentos se deram nos exportáveis e energético; nos demais, em particular nos alimentos mais simples, como o arroz e feijão não irrigados e na mandioca, ocorre menor crescimento. Assim, ocorrem movimentos de desconcentração da agricultura mais avançada (São Paulo e Sul) em direção à fronteira ou à periferia nacional, e dos produtos menos rentáveis; e forte reconcentração de outros, como a cana e a laranja em São Paulo, que, respectivamente, passam a 50 e 83% do total nacional. A soja e a pecuária extensiva desconcentraram-se rumo à fronteira, em busca da terra barata, do crédito público barato e fácil e da infra-estrutura pública de apoio logístico. O Sul continuou a concentrar altas porcentagens de arroz irrigado (44%), soja (50%), trigo (86%) e algodão (44%), este basicamente no Paraná. O CO-DF expandia o cultivo da soja, já concentrando 37% do total nacional.

A expansão da produção na fronteira agrícola e nas agriculturas do Sudeste e do Sul não foi suficiente para conter o desemprego líquido rural de cerca de 700 mil pessoas na década. O aumento da produção exportável se fez principalmente na grande propriedade, e com mecanização crescente. Nos cultivos mais rentáveis em que predomina a pequena e média propriedade crescente, a intensificação tecnológica foi outro fator de desemprego. Esses fatos e mais o desmatamento e as queimadas estimularam ainda mais a *Agricultura Itinerante*.

3.2 Indústria Extrativa Mineral

As cifras das CRs mostram que o setor extrativo mineral, que em 1980 perfazia apenas 0,7% do PIB nacional, saltava para 3,4% em 1985, em face não só da expansão física da produção e das exportações, mas, principalmente, dos preços internacionais, notadamente do petróleo, que, porém, não se sustentariam. Com efeito, sua participação no PIB, em 1989, se reduziria a 1,1%, uma vez que os preços do petróleo caíram de US$ 37 o barril em 1980 para US$ 18 em 1989.

A expansão física da produção foi elevada, mas o comportamento cadente de vários de seus preços internacionais conteve sua taxa de

Desconcentração produtiva regional do Brasil: 1970-2005

crescimento real, a qual, ainda assim, atingiu a média anual de 7% no período. Vejamos o comportamento de alguns de seus principais produtos. A Tabela 3.3 mostra a participação das principais regiões produtoras, entre as quais o Norte tem modestos ganhos, graças à expansão da produção de minerais metálicos, ao passo que o Rio de Janeiro ganha importantes pontos porcentuais, devido à forte expansão do petróleo e gás, produtos cujo crescimento também foi alto no Nordeste, atenuando a perda de participação relativa dessa região.

A extração de petróleo cresceu 127%, e a de gás natural, 76%, graças, principalmente, ao forte crescimento da produção da Bacia de Campos, no Rio de Janeiro, a partir de 1983-84. A produção de petróleo desse estado cresceu 12 vezes e a de gás, 13, fazendo que sua participação nacional na produção do primeiro subisse de 15,7 para 58,9%, e a de gás, de 8 para 39,2%. A do Nordeste também cresceu (58% no petróleo e 74% no gás), com o que sua anterior liderança caía, de 82,8 para 39,8% em petróleo e de 90 para 56,6% em gás. O Norte e o Espírito Santo, minoritários nesse segmento, também tiveram importantes crescimentos, mostrando que, nessa área, a desconcentração foi virtuosa, não causando perdas absolutas a nenhuma região produtiva.

A produção de minério de ferro beneficiado cresceu 61% atingindo 158 milhões de toneladas, aumentando 27% a de Minas Gerais, cuja parti-

Tabela 3.3 – Brasil – Indústria Extrativa Mineral: participação regional no VTI (%) 1970-2004

Regiões	1970*	1980 *	1985	1989	1996	2004
Norte	7,0	10,6	6,0	11,1	6,5	4,4
Nordeste	43,2	18,9	25,0	19,9	17,6	10,9
Minas Gerais	27,4	29,0	12,6	23,5	15,4	4,5
Espírito Santo	1,8	13,4	2,0	1,7	1,5	0,8
Rio de Janeiro	2,9	4,2	50,5	40,2	54,6	78,3
Demais	17,7	23,9	3,9	3,6	4,4	1,1

Fonte: Censos Industriais 1970 e 1980; Contas Regionais 1985-2003.

* Dados para Setor Petróleo só existiam para Brasil. Com os dados estaduais da produção física, estimei os VTIs correspondentes às duas principais regiões produtoras (Nordeste e Rio de Janeiro).

cipação nacional cai, de quase 100 para 79%, dado o ingresso da produção de Carajás (Pará), que atingiria 27 milhões de toneladas em 1989.

O crescimento da atividade de garimpagem, em várias regiões, teve papel importante na notável expansão da extração de ouro, que quadruplica, saltando de 13,8 para 54,5 toneladas. Contudo, a rápida exaustão do garimpo de Serra Pelada conteve a expansão da produção no Norte, que, ainda assim, passa de 9,4 para 28,7 toneladas, passando a representar 53% da produção total nacional. Minas Gerais, que participava, em 1980, com 29%, mais que triplica sua produção (sobe de 4,1 para 14,1 toneladas), mas sua participação cai ligeiramente para 26%. Também no Centro-Oeste cresce essa atividade, produzindo 7,9 toneladas em 1989, ou 14,5% do total nacional.

A de bauxita (bruta) cresceu 79%, atingindo a quantidade de 12 milhões de toneladas, com a liderança do Pará, passando de 72% para 78% do total nacional, secundado por Minas Gerais, praticamente com o restante da produção. Este segmento deu um passo importante no período, fazendo que a produção de alumínio (metal primário) saltasse de 260,6 mil para 900 mil toneladas, e as exportações desse produto, de 12,5 mil para 533 mil toneladas. Cabe lembrar que o encarecimento dos preços de energia no mundo na década de 1970 alterou a localização do segmento de redução mineral (bauxita convertida em alumina e esta em alumínio), que se transferiu, dos países consumidores (desenvolvidos) para os produtores, notadamente as áreas subdesenvolvidas.

As exportações do setor mineral, entre 1980 e 1989, passam (em milhões de toneladas) de 85 a 131 e em (valor de milhões de US$) de 2.216 a US$ 3.442. Em 1980, as exportações de minerais metálicos – em que predominava o ferro – participavam com 79% do valor do total exportado pelo setor, cifra que cai para 71% em 1989, em face do aumento maior das outras exportações minerais, em especial as de petróleo e combustíveis, que atingem 25% do setor em 1989, graças à forte elevação das quantidades exportadas, que quadruplicam.

3.3 Setor Serviços

Neste tópico, uma vez que não se pode separar o Tocantins da região Centro-Oeste em 1980, optei por mantê-lo nessa região tanto em

1989 (dados de renda, das CRs) quanto em 1991 (dados de emprego, do Censo Demográfico). Assim, Tocantins não é incluído na região Norte. A razão metodológica para isso é que o peso demográfico de Tocantins no período girava em torno de 10% em ambas as regiões, podendo desequilibrar, portanto, a análise.

Como procedi no Capítulo 2, neste também não deflaciono os valores do PIB terciário, usando apenas seus dados relativos. Para ampliar um pouco mais a análise do setor, e também para contornar o problema das distorções causadas pela exacerbação inflacionária do período, utilizo alguns dados de emprego obtidos nos Censos Demográficos de 1980 e 1991. Lembro ainda que a relação entre PIB terciário e o PIB total (Yiii/Y) pode muito pouco além de nos informar que, nesse período, dado que o setor industrial cresceu bem menos do que os demais, a participação do Setor Serviços subiu de 49 para 50,3%. Renovo ainda as advertências que fiz nas Tabelas 1.1 e 1.2 (Cap. 1) sobre a possível subestimação deste setor. Desdobro sua análise, examinando-o, primeiro, pela ótica da renda por ele gerada, e mostrada pelas Contas Regionais. Depois, uso dados de emprego dos Censos Demográficos, os quais em alguns segmentos mostram situações um pouco distintas das apontadas pela ótica da renda.

– O terciário visto pelas Contas Regionais

Os Índices de Produto Real das Contas Nacionais e Regionais nos permitem estimar as taxas médias anuais do crescimento da renda do setor, entre 1980 e 1989, que foram de 3,1 para o Brasil e de 2,2% para São Paulo. Contudo, a participação de São Paulo no Brasil aumenta no período, de 34,8 para 36,1%, o que parece uma séria contradição.[4] Contudo, se examinarmos a Tabela 3.4, encontraremos uma explicação plausível: retirado o segmento financeiro de São Paulo e do Brasil, a participação paulista cai (de 34,8 para 33%), com o que entendemos que é a exacerbação daquele segmento, em um período altamente inflacionário, que distorce aquela participação, a preços correntes.

Assim, a Tabela 3.4 mostra que, em termos do terciário total, entre 1980 e 1989, só o Distrito Federal obteve elevados ganhos de participa-

---

4 Ver advertência metodológica na nota 4 do Capítulo 1.

ção nacional (salta de 3,5 para 9,5%) devido, basicamente, à exorbitância do setor financeiro, em face da elevada inflação. Entre as demais regiões, apenas o Norte, o Centro-Oeste + (Tocantins-Distrito Federal) e São Paulo obtêm alguns pequenos ganhos. Os do Norte e Centro-Oeste se explicam tanto por terem reduzida base de serviços quanto pela elevada expansão urbana, que gerou estímulos para o crescimento e a diversificação de serviços, ampliando a demanda e forçando a expansão da oferta de uma grande série de serviços públicos e privados. Isso decorreu da forte expansão da fronteira agro e mineral e de sua incipiente industrialização. Contudo, as perdas das demais regiões não têm sentido absoluto, pois representam apenas diferenças entre taxas positivas de crescimento. No caso do Rio de Janeiro, que sofreu a maior queda, ela espelha ainda o longo debilitamento relativo de sua economia, já tratada no Capítulo 2. Dados regionais mais detalhados podem ser vistos na Tabela 6.1, no Apêndice Metodológico e Estatístico. Entretanto, quando se separa o segmento financeiro, o conjunto dos demais segmentos – ver, na Tabela 3.4, a linha *Terciário*, exclusive *Instituições Financeiras* – sofreu forte desconcentração, com Norte, Nordeste, Centro-Oeste (+ Tocantins-Distrito Federal) e Distrito Federal sendo os maiores ganhadores, e Rio de Janeiro e São Paulo os maiores perdedores.

A expansão da economia urbana, que caracteriza esse período, decorre não só do crescimento desconcentrado da indústria, mineração e da agricultura. Há que considerar que o êxodo rural cresceu muito, fazendo que a população rural de 1991 (35,8 milhões) fosse menor do que a de 1980 (38,6 milhões). Além disso, o fraco desempenho da economia industrial fez que seu emprego aumentasse apenas 19%, ao passo que a população urbana aumentava 38%. O Censo de 1991 mostra que a diferença entre a PEA total e a ocupada atingiu 3,2 milhões de pessoas, cifra muito acima da verificada pelo Censo de 1980, que era de 964 mil pessoas. Assim, além do forte aumento da desocupação aberta, também aumentou o desemprego urbano oculto. A "válvula de escape" foi, como de costume, o emprego do terciário, que passou de 18,8 milhões em 1980 para 29,7 milhões em 1991, já dando mostras de fenômenos que se intensificariam no período do neoliberalismo, como a precarização do mercado de trabalho e expansão da economia informal.

Tabela 3.4 – Participação regional no PIB do Setor Terciário (Brasil = 100%) 1980-2004

	Norte				Nordeste				Centro-Oeste + (Tocantins-Distrito Federal)				Distrito Federal				Minas Gerais			
	1980	1985	1989	2004	1980	1985	1989	2004	1980	1985	1989	2004	1980	1985	1989	2004	1980	1985	1989	2004
Total Terciário	2,8%	3,2%	3,0%	4,7%	12,4%	13,2%	11,0%	15,0%	3,2%	3,9%	3,5%	4,6%	3,5%	5,5%	9,5%	5,0%	8,4%	7,9%	7,6%	9,5%
Terciário, exclusive Instituições financeiras	3,1%	4,2%	4,6%	5,1%	13,0%	15,7%	14,3%	16,0%	3,3%	4,4%	4,7%	4,8%	2,5%	3,0%	3,8%	4,9%	8,6%	8,5%	9,1%	9,9%
Comércio	3,3%	4,5%	4,8%	4,9%	12,2%	15,9%	16,0%	15,3%	3,1%	4,6%	4,9%	5,6%	0,9%	0,6%	0,9%	1,4%	8,8%	9,5%	10,5%	11,7%
Alimentos e alojamentos[1]	...	3,5%	4,4%	3,1%	...	19,7%	17,5%	16,7%	...	4,5%	6,5%	5,4%	...	2,3%	2,0%	1,2%	...	11,6%	11,6%	9,2%
Transportes	2,7%	4,3%	4,7%	5,9%	12,2%	13,2%	16,1%	16,8%	3,8%	4,5%	6,1%	4,3%	1,6%	1,8%	1,5%	2,6%	10,9%	10,0%	10,4%	12,0%
Comunicações[2]	...	1,9%	1,6%	3,8%	...	9,4%	9,0%	14,8%	...	2,8%	2,8%	5,7%	...	3,2%	3,8%	2,2%	...	8,1%	9,3%	10,2%
Financeiro	1,3%	0,9%	0,7%	1,8%	9,0%	7,1%	5,9%	8,1%	2,6%	2,5%	1,4%	3,4%	8,8%	11,6%	18,5%	6,2%	7,0%	6,5%	5,3%	7,4%
Aluguéis	3,1%	3,1%	2,7%	2,9%	13,8%	14,3%	10,3%	10,1%	3,0%	4,1%	3,1%	2,6%	1,7%	2,2%	1,9%	2,0%	9,6%	7,3%	6,7%	9,6%
Adm. pública	4,0%	5,1%	5,7%	6,7%	16,3%	17,9%	15,2%	20,0%	4,0%	4,4%	4,8%	4,9%	7,5%	6,9%	8,5%	10,0%	7,5%	7,3%	8,5%	8,9%
Saúde e educação	...	3,0%	3,3%	4,9%	...	14,6%	13,6%	15,1%	...	5,7%	5,5%	6,4%	...	2,2%	2,4%	2,6%	...	9,6%	8,8%	9,7%
Outros serviços	2,4%	6,0%	6,9%	7,4%	12,0%	12,2%	14,5%	17,5%	3,3%	3,8%	4,7%	9,2%	2,7%	0,4%	0,3%	0,4%	7,7%	6,3%	10,3%	10,3%
Serviços domésticos[3]	...	2,1%	2,7%	3,1%	...	10,8%	12,6%	12,7%	...	5,4%	6,7%	5,9%	...	2,4%	2,5%	2,4%	...	9,6%	9,3%	10,3%

Tabela 3.4 – Continuação

	Espírito Santo				Rio de Janeiro				São Paulo				Sul			
	1980	1985	1989	2004	1980	1985	1989	2004	1980	1985	1989	2004	1980	1985	1989	2004
Total Terciário	1,5%	1,5%	1,1%	1,9%	18,2%	16,5%	14,5%	12,2%	34,8%	33,4%	36,1%	31,5%	15,1%	14,9%	13,6%	15,6%
Terciário, exclusive Instituições financeiras	1,6%	1,8%	1,6%	2,1%	17,4%	16,1%	13,1%	12,6%	34,8%	30,1%	33,0%	29,0%	15,6%	16,1%	15,9%	15,8%
Comércio	1,6%	2,0%	1,8%	2,1%	14,8%	9,2%	7,1%	8,7%	37,4%	36,1%	35,5%	29,2%	18,1%	17,6%	18,4%	21,0%
Alimentos e alojamentos[1]	...	1,4%	1,8%	1,8%	...	21,5%	19,0%	14,3%	...	21,4%	21,7%	30,8%	...	14,1%	15,5%	17,4%
Transportes	3,5%	4,1%	3,6%	4,8%	14,1%	15,9%	11,3%	11,5%	34,2%	26,0%	24,3%	25,0%	17,0%	20,1%	21,9%	17,0%
Comunicações[2]	...	0,7%	1,1%	2,0%	...	28,3%	25,8%	10,9%	...	36,2%	35,6%	35,2%	...	9,4%	10,9%	15,2%
Financeiro	1,0%	0,8%	0,5%	1,1%	22,9%	17,4%	16,8%	9,3%	34,6%	41,3%	41,0%	48,1%	12,7%	11,9%	9,9%	14,5%
Aluguéis	1,2%	1,5%	0,8%	1,8%	16,9%	16,1%	16,1%	13,1%	35,8%	34,6%	44,5%	42,5%	14,0%	16,8%	13,9%	15,5%
Adm. pública	1,3%	1,3%	1,4%	1,9%	21,4%	19,8%	13,2%	14,3%	24,1%	23,3%	28,2%	20,0%	13,9%	14,0%	14,4%	13,3%
Saúde e educação	...	1,8%	1,4%	1,9%	...	12,3%	11,2%	10,2%	...	34,0%	37,9%	30,6%	...	16,9%	15,8%	18,8%
Outros serviços	1,2%	1,1%	1,5%	2,8%	19,8%	31,4%	25,6%	15,8%	37,0%	23,1%	21,5%	23,5%	13,9%	15,8%	14,7%	13,2%
Serviços domésticos[3]	...	1,2%	1,4%	1,6%	...	16,5%	15,6%	13,7%	...	35,9%	32,3%	34,9%	...	16,1%	17,1%	15,4%

Fonte: Contas Regionais/IBGE.

Nota: em 1980:

[1] estava inserido em Comércio;

[2] em transportes;

[3] Outros serviços.

Desconcentração produtiva regional do Brasil: 1970-2005

Como no Capítulo 2, trabalho apenas com as relações e proporções da estrutura produtiva do setor, dela separando, de início, e em alguns cortes analíticos, o segmento de *Instituições Financeiras*, que intensificou seu comportamento distinto, já observado no período anterior, pelas seguintes razões principais:

a) por ter a taxa anual de inflação crescido, de 110% em 1980, para 1.320% em 1989, elevando ainda mais os juros reais e nominais;

b) por ter-se expandido em termos reais, em número de agências, volume de operações e início de um processo de automação, em ritmo elevado;

c) mas essa expansão já esboçava a característica básica que mostraria no período pós-1990: crescente desintermediação financeira, contração do crédito ao sistema privado e aumento de operações com a dívida pública; e

d) esta última seria mais um desequilibrador da estrutura deste setor, dado o crescente aumento da dívida pública mobiliária que, em termos do PIB, passa de 5 para quase 29% ao final do período, gerando enormes gastos com juros.

Assim, como esses fatores distorcem claramente o sentido e o peso desse segmento na economia, isto recomenda, a meu ver, seu tratamento em separado. Vejamos, portanto, seus principais movimentos.

Examinando os dados da Tabela 3.5 que trata do segmento *Instituições Financeiras* isoladamente, eles mostram um forte aumento de sua participação nos respectivos PIBs regionais, triplicando-a em São Paulo (passa de 7,3 para 21,3%) e mais do que a duplicando no Rio de Janeiro (passa de 12,8 para 28,1%) e nas demais regiões, com exceção da Norte + Nordeste + CO-DF. Nesta última, chega mesmo a cair (passa de 9 para 8,4%), mas isso se deve a duas razões principais: a) o crescimento real dos demais setores produtivos foi maior do que o verificado nas demais regiões do país e maior do que o desse segmento na própria região; e b) as operações de mercado financeiro se concentravam preponderantemente nas áreas mais urbanizadas, notadamente em São Paulo (41%), Rio de Janeiro (17%) e, por ser sede do governo federal, no Distrito Federal (19%), somando essas três áreas 77% do total nacional.[5]

---

5 Para o conjunto do Brasil, o peso desse segmento no PIB total passou, entre 1980 e 1989, de 7,2% para 19,5%.

Tabela 3.5 – PIB do Segmento Intermediação Financeira (Yif) – 1980-2004

% do Yif no PIB total da região	1980	1985	1989	1995	2004
• São Paulo	7,3	15,1	21,3	10,6	9,6
• Brasil–Distrito Federal	7,2	11,9	16,7	6,7	6,0
• Sul + (Minas Gerais + Espírito Santo + Rio de Janeiro)	8,3	11,8	16,3	5,3	4,8
• Norte + Nordeste + CO-DF	9,0	6,8	8,4	3,6	3,4
• Distrito Federal	35,2	57,4	73,2	34,1	15,0

% do Yif no Yif Brasil-Distrito Federal	1980	1985	1989	1995	2004
• São Paulo	38,0	46,8	50,3	56,4	51,3
• Sul + (Minas Gerais + Espírito Santo + Rio de Janeiro)	47,9	41,4	40,0	32,1	34,5
• Norte + Nordeste + Centro-Oeste–Distrito Federal	14,2	11,8	9,7	12,0	14,2

Fonte (dados brutos): Contas Regionais – IBGE.

Em seguida, estimei as taxas de crescimento de São Paulo e BR-SP, mediante as participações relativas, para o PIB terciário, exclusive segmento financeiro, e encontrei cifras de 2,5% para São Paulo e 3,4% para BR-SP. Isto faz sentido, uma vez que a urbanização na periferia alcançou as mais altas taxas de crescimento do país, decorrentes de seu maior crescimento agrícola e industrial, expandindo a demanda de serviços tradicionais e estimulando o surgimento de novos. Lembremos, contudo, que as taxas maiores também decorrem dos menores graus da urbanização periférica.[6] Em contrapartida, dada a crise que atinge a indústria do país, e em especial a de São Paulo, seria de se esperar que o terciário periférico – exclusive o segmento financeiro, fortemente concentrado em São Paulo – apresentasse maiores taxas de crescimento do que a média do Sul+Sudeste.

---

6 As taxas médias anuais (1980-1991) de crescimento da população urbana foram de 5,4% no Norte, 3,5% no Nordeste e 4,8% no Centro-Oeste-Distrito Federal, e de 3% para a média nacional.

Desconcentração produtiva regional do Brasil: 1970-2005

Pelas dificuldades já apontadas, refiz a agregação regional que apresentei no capítulo anterior, dividindo agora o país nas seguintes regiões: São Paulo; Sul + Minas Gerais + Espírito Santo + Rio de Janeiro; Norte; Nordeste; Centro-Oeste + (Tocantins-Distrito Federal) e Distrito Federal. Este reagrupamento se deve ao fato de que, embora as regiões Norte e Nordeste apresentassem taxas elevadas de crescimento da população urbana, a relação entre suas populações urbanas e as totais, em 1991, ainda permaneceriam em torno de 60%, ao passo que, em Minas Gerais, Espírito Santo e Sul, já ultrapassavam os 75%. A separação do Distrito Federal do Centro-Oeste deve-se não só à urbanização, mas principalmente porque essa UF é a sede do governo federal, ali apresentando rendas que são, na verdade, federais e não regionais. Além disso, as regiões Sul e Sudeste, somadas, perfaziam pouco mais de 65% da população urbana do Brasil, e de renda mais alta, e cerca de 85% do VTI nacional da Indústria de Transformação.

O exame das mudanças da estrutura produtiva do terciário, *em cada região,* é muito mais relevante do que o exame de sua distribuição regional, salvo para serviços altamente qualificados e especializados, que em geral se concentram em grandes centros urbanos. Para examinar este último aspecto, porém, as limitações deste livro não me permitem ir além do exame das informações de que disponho. Com isso, vejamos primeiro as principais modificações estruturais do setor e, mais adiante, sua distribuição regional.

Não são muitas as conclusões que se pode tirar do exame da Tabela 4.2 (Cap. 4) para esse período. Contudo, ela mostra que algumas atividades tradicionais perderam peso relativo nas estruturas de praticamente todas as regiões, dado o ímpeto da urbanização ocorrida na periferia e as maiores transformações qualitativas que ocorreram nas áreas mais urbanizadas e industrializadas. O exemplo maior é o da forte diminuição do *Comércio,* a mais tradicional de todas as atividades terciárias. Entretanto, enquanto ele perde posição em termos de renda gerada, como veremos mais adiante, ganhou posições importantes em termos de emprego. Certamente, isso se deu graças à crescente precarização do emprego e do salário. Para a média do Brasil, ele perde 9 pontos porcentuais; 10 pontos, em São Paulo, no Distrito Federal e no Sul e demais estados do Sudeste, enquanto na área Norte + Nordeste + Centro-

Oeste, que tem uma estrutura terciária menos desenvolvida, cai apenas 5 pontos, revelando a menor presença dos segmentos mais importantes.

O item *Transportes e Comunicações,* que, se o período fosse de crescimento mais alto, teria de ganhar maiores pesos, praticamente mantêm suas posições, no máximo acompanhando o crescimento médio do setor. Ainda assim, cresceu acima do aumento do PIB total, por certo graças à expansão urbana e à expansão do comércio exterior. A piora da situação fiscal e financeira do Estado obviamente deve ter contribuído para conter o crescimento das Comunicações e de seus serviços, além da reestruturação técnica que já vinha se processando, com a introdução de novos equipamentos poupadores de mão-de-obra.

O agravamento da acelerada urbanização, ampliando fortemente a demanda por moradias, mais o problema inflacionário, seguramente responde, em parte, pelo forte aumento do peso relativo de *Aluguéis* nos maiores centros urbanos, como mostram os dados: aumenta fortemente em São Paulo e moderadamente no Sul, no Sudeste, bem como na média do país. Cabe, entretanto, advertir que os aluguéis de bens móveis – em especial o automóvel – é fenômeno fortemente concentrado nos maiores centros urbanos. O segmento de *Alojamento e Alimentação* apresenta-se próximo ao crescimento médio de cada região, sendo pequenos seus ganhos e perdas, em que pese o forte aumento de seu emprego.

O segmento de *Administração Pública* teve o maior aumento de participação estrutural em todas as regiões: 28 pontos porcentuais no Distrito Federal e entre 16 e 18 nas demais regiões e na média do país. Isso não decorreu de aumento da carga tributária, que na verdade caiu nesse período, mas sobretudo do aumento dos gastos correntes do governo, em particular de juros e do aumento de receitas e de gastos estaduais e municipais, decorrentes de mudanças da legislação tributária no período.

Já o de *Saúde e Educação,* por causa dos efeitos acumulados pela intensa urbanização passada e presente, tem sua demanda fortemente ampliada, seja em decorrência do desemprego maior, da piora dos salários ou do débil saneamento básico. Mas ela se choca com a crescente corrosão financeira do Estado, que, incapaz de atender todo o aumento da demanda, abre uma excepcional brecha que foi ocupada pelo setor privado. Foi, digamos assim, o início da grande *mercantilização da saúde e da educação* no país.

Outros Serviços, segmento que contém serviços dos mais diversos (reparação, conservação, higiene pessoal, diversões, cultura etc.), foi um dos que tiveram pequenos ganhos e perdas regionais, acompanhando a diversificação terciária da economia. No entanto, como seus dados em 1980 contemplavam outros segmentos que a partir de 1985 foram dele separados, só é possível comparar sua participação estrutural entre 1985 e 1989. Os *Serviços Domésticos*, da mesma forma, estavam até 1984 contidos em *Outros Serviços*, razão pela qual só se conhecem seus dados entre 1985 e 1989, período em que perdem participação em todas as regiões. Esse comportamento parece estranho, dadas as transformações vistas no mercado de trabalho a partir da década de 1970.

Vejamos os dados da Tabela 3.4, sobre as participações regionais em cada um dos segmentos terciários. No segmento de *Comércio*, pelas razões acima apresentadas, as regiões mais urbanizadas perderam posição, com o Rio de Janeiro perdendo 8 pontos porcentuais; São Paulo, 2 (cai de 37,4% do total nacional para 35,5%); Sul e Distrito Federal com pequenas modificações; sendo os grandes ganhadores o Norte, o Nordeste e o Centro-Oeste + (Tocantins-Distrito Federal), com ganhos entre 2 e 4 pontos.

Tanto por força do maior crescimento relativo da urbanização na periferia quanto porque os poucos investimentos públicos federais ali se concentraram, em *Transportes*, São Paulo (-10 pontos porcentuais) e Rio de Janeiro (-3) foram os grandes perdedores, e, salvo Minas Gerais e Distrito Federal (com posições inalteradas), as demais regiões foram as ganhadoras, sobretudo o Sul (5 pontos) e o Nordeste (4 pontos). Em *Comunicações*, São Paulo manteve inalterada sua posição, mas o Rio de Janeiro perdeu 2 pontos com pequenos ganhos nas demais regiões.

Em *Instituições Financeiras*, tanto a questão da exacerbação da dívida e dos gastos públicos quanto a concentração do sistema financeiro privado em São Paulo promoveram forte concentração regional, com altos ganhos de São Paulo (5 pontos) e no Distrito Federal (10 pontos); a contínua perda relativa da economia do Rio de Janeiro proporcionou-lhe a maior perda nesse segmento (-6 pontos), e perdas generalizadas nas demais regiões, notadamente em Minas Gerais (-2) e Sul e Nordeste (-3 cada um).

Em *Aluguéis,* pelas razões já apresentadas, São Paulo conquistou 9 pontos, passando a concentrar 44,5% do total nacional. Essa maior concentração também se explica pelo fato de que esse segmento inclui também o aluguel de bens móveis – em especial veículos –, itens que têm maior presença nas grandes aglomerações urbanas do país. Minas Gerais e Nordeste apresentaram as maiores perdas, de cerca de 3 pontos cada um. No segmento de *Administração Pública,* os perdedores foram o Rio de Janeiro (-8 pontos) e o Nordeste (-2 pontos) e os maiores ganhadores, São Paulo (4 pontos) e Norte (2 pontos). São Paulo também concentrou os maiores ganhos (4 pontos) em *Saúde e Educação,* ao passo que todas as demais regiões tiveram reduzidos ganhos ou perdas em torno de 1 ponto cada uma. Em *Outros Serviços* e em *Serviços Domésticos,* São Paulo e Rio de Janeiro tiveram consideráveis perdas relativas, uma vez que esses segmentos cresceram mais no restante do país, e também porque já tinham posições mais consolidadas nesses itens.

– O terciário visto pela ótica do emprego

O Censo Demográfico permite-nos desagregar um pouco mais esses dados, como em *Outros Serviços,* desdobrado em: *Serviços de Apoio às Atividades Econômicas* (ligados às empresas), *Serviços Domésticos Remunerados,* e um resíduo que denomino *"Outros Serviços Diversos"*.[7] Permite ainda outra forma de desagregação que nos dá uma idéia de geração de empregos mais qualificados, com os conjuntos de empregos em *Serviços Administrativos* e *Serviços Técnico-profissionais.*

Entre 1980 e 1991, para o Brasil, a PEA agrícola teve crescimento praticamente nulo; a industrial aumentou 2,3 milhões de pessoas (16,7% do aumento total); e a terciária 10,9 milhões (83,3% do aumento). Para o Brasil, a taxa de aumento do emprego terciário foi de 57,6%, mas as do Norte, Nordeste e Centro-Oeste + (Tocantins-Distrito Federal) foram, em média, cerca de 90%. O segmento que mais contribuiu nessa expansão foi o *Comércio,* com 2,8 milhões. A aparente contradição deste dado com o da renda, visto mais acima, talvez resida na maior criação

---

7 Nesse item agreguei os segmentos de *reparação e conservação; serviços pessoais; serviços domiciliares (exclusive domésticos remunerados); diversões, esporte e cultura; outras atividades não declaradas ou mal definidas.*

Desconcentração produtiva regional do Brasil: 1970-2005

de empregos de menores salários e mais precários. Em segundo lugar, a notável expansão de *Saúde e Ensino*, que gerou mais 1,8 milhão. O terceiro maior gerador foi o segmento *Outros Serviços Diversos*, na maioria precários e de baixos rendimentos, que gerou 1,7 milhão e o quarto maior foi o de *Domésticos Remunerados*, com 1,2 milhão.

Esses quatro segmentos juntos foram responsáveis por 70% do aumento total de empregos terciários e por 58% do emprego total. Em linhas gerais, e com pequenas diferenças de grau, todas as regiões apresentaram movimentos similares. O quinto maior gerador de empregos foi o segmento *Administração Pública*, que adicionou mais 855 mil empregos, em especial nas Regiões Norte, Nordeste e Centro-Oeste + (Tocantins-Distrito Federal), onde o aumento relativo médio foi de 95%.

Comunicações teve pequena queda (-2,3%) no emprego para o Brasil e *Instituições Financeiras* e *Aluguéis* tiveram as menores taxas de crescimento, bem abaixo da média em cada região.

Mas essa expansão não se constituiu apenas de empregos precários, haja vista que, em outro corte analítico, os agregados *Serviços Administrativos* e *Serviços Técnico-profissionais* geraram (não só no terciário, mas em toda a economia nacional), respectivamente, 2,6 milhões e 1,8 milhão, respondendo juntos por 34% do aumento do emprego total.

Em termos de estrutura, as principais modificações, segundo os segmentos, foram:

a) aumentos expressivos e em praticamente todas as regiões, em *Comércio, Ensino* e *Serviços Médicos* e *Alojamento e Alimentação*, este último apresentando a taxa média de 96% de aumento do emprego, porém ocupando apenas cerca de 5% da PEA terciária;

b) *Transportes, Comunicações, Administração Pública* e *Domésticos Remunerados* tiveram quedas de participação em todas as regiões, salvo o Centro-Oeste-Distrito Federal, em *Administração Pública*, com pequeno crescimento; e

c) *Instituições Financeiras* apresentou pequenas quedas em todas as regiões, salvo no Sul, onde teve pequeno aumento. As pequenas variações no emprego em parte são decorrência do início de um processo mais amplo de automação e escondem a exacerbação do fenômeno inflacionário e dos juros reais, como se viu mais acima, em sua análise específica.

Tabela 3.6 – Estrutura do emprego terciário: 1980 e 1991

	Brasil		Norte		Nordeste		Minas Gerais		Espírito Santo		Rio de Janeiro		São Paulo		Sul		Centro-Oeste + (Tocantins-Distrito Federal)		Distrito Federal	
	1980	1991	1980	1991	1980	1991	1980	1991	1980	1991	1980	1991	1980	1991	1980	1991	1980	1991	1980	1991
Comércio	21,4%	23,0%	24,8%	25,2%	19,5%	24,1%	19,6%	21,9%	20,5%	22,6%	17,8%	20,5%	21,8%	22,9%	22,9%	24,3%	21,4%	23,7%	14,1%	17,0%
Transportes	8,4%	7,1%	9,1%	7,2%	8,3%	6,2%	8,9%	7,1%	10,0%	7,9%	8,9%	7,4%	8,4%	7,5%	8,6%	7,4%	7,7%	6,2%	5,1%	5,0%
Comunicações	1,2%	0,7%	1,1%	0,6%	0,9%	0,5%	1,0%	0,7%	1,2%	0,7%	1,6%	1,0%	1,6%	0,9%	1,1%	0,6%	0,9%	0,6%	2,1%	1,2%
Instituições financeiras	4,2%	4,5%	2,5%	2,2%	2,7%	2,5%	3,2%	3,2%	3,0%	2,6%	4,7%	4,6%	5,9%	5,7%	4,3%	4,5%	3,0%	2,4%	5,2%	5,1%
Alojamentos e alimentação	4,7%	6,1%	4,2%	5,1%	4,3%	5,6%	5,5%	6,8%	5,5%	7,1%	5,0%	6,6%	5,1%	6,3%	4,5%	5,7%	4,7%	6,5%	3,8%	5,6%
Aluguéis	1,0%	0,7%	0,4%	0,3%	0,5%	0,4%	0,7%	0,5%	1,0%	0,4%	1,2%	0,9%	1,6%	1,1%	0,9%	0,8%	1,0%	0,7%	0,9%	0,8%
Adm. Pública	9,1%	8,7%	13,0%	12,3%	10,2%	9,9%	7,6%	7,6%	9,2%	8,5%	10,5%	8,5%	7,1%	6,6%	8,8%	8,6%	9,4%	9,9%	23,6%	18,7%
Serviços médicos e ensino	13,3%	14,5%	13,9%	15,4%	15,4%	17,8%	14,7%	14,4%	13,7%	14,2%	12,5%	14,1%	12,0%	12,8%	13,9%	13,4%	12,5%	13,9%	10,8%	13,5%
Domésticos remunerados	13,1%	12,4%	9,0%	10,5%	12,8%	12,4%	17,0%	16,0%	12,4%	12,2%	13,1%	12,1%	13,3%	11,4%	12,5%	12,1%	14,7%	14,1%	12,4%	12,6%
Serv. apoio ativ. Econômicas	5,6%	5,9%	5,0%	4,1%	4,1%	3,8%	4,6%	5,5%	5,5%	6,2%	6,1%	6,4%	7,0%	7,6%	5,7%	6,6%	5,2%	5,0%	5,9%	4,7%
Outros serviços diversos[x]	18,6%	17,5%	17,0%	16,6%	21,3%	17,3%	17,2%	16,4%	18,0%	17,5%	18,6%	18,8%	16,2%	18,2%	16,8%	17,0%	19,5%	13,6%	16,1%	16,8%

Fonte (Dados Brutos): Censos Demográficos de 1980 e 1991.

X Calculado por Resíduo.

Tabela 3.7 Participação regional no emprego terciário: 1980 e 1991 (Brasil = 100%)

	Norte		Nordeste		Minas Gerais		Espírito		Rio de Janeiro		São Paulo		Sul		Centro-Oeste + (Tocantins-Distrito Federal)		Distrito Federal	
	1980	1991	1980	1991	1980	1991	1980	1991	1980	1991	1980	1991	1980	1991	1980	1991	1980	1991
Total	3,6%	4,6%	17,1%	21,6%	10,6%	10,5%	1,6%	1,8%	14,6%	12,1%	26,9%	25,7%	16,1%	15,5%	5,0%	6,2%	2,0%	1,9%
Comércio	4,1%	5,1%	15,6%	22,7%	9,7%	10,0%	1,5%	1,7%	12,1%	10,8%	27,3%	25,6%	17,2%	16,4%	5,0%	6,4%	1,3%	1,4%
Transportes	3,9%	4,8%	16,9%	18,9%	11,2%	11,3%	1,9%	2,0%	15,5%	12,6%	27,0%	27,5%	16,4%	16,2%	4,6%	5,4%	1,2%	1,3%
Comunicações	3,5%	4,0%	14,0%	16,0%	9,6%	9,9%	1,6%	1,6%	20,6%	16,2%	27,2%	31,0%	14,7%	13,1%	3,9%	5,1%	3,6%	3,3%
Instituições financeiras	2,1%	3,2%	10,9%	13,3%	8,2%	8,4%	1,2%	1,3%	16,3%	13,7%	38,1%	36,3%	16,4%	17,2%	3,5%	4,4%	2,5%	2,2%
Alojamentos e alimentação	3,2%	3,8%	15,5%	20,0%	12,3%	11,7%	1,9%	2,1%	15,4%	13,1%	28,9%	26,6%	15,3%	14,5%	5,0%	6,6%	1,6%	1,7%
Aluguéis	1,4%	1,8%	9,0%	10,6%	7,4%	7,7%	1,6%	1,0%	17,3%	15,2%	41,3%	38,7%	14,0%	16,6%	4,8%	6,0%	1,7%	2,0%
Adm. pública	5,1%	6,6%	19,1%	24,6%	8,8%	9,2%	1,6%	1,7%	16,8%	11,9%	20,9%	19,5%	15,6%	15,3%	5,2%	7,1%	5,2%	4,0%
Serviços médicos e ensino	3,7%	4,9%	19,8%	26,5%	11,7%	10,4%	1,6%	1,7%	13,7%	11,8%	23,9%	22,8%	16,8%	14,3%	5,1%	5,9%	1,6%	1,7%
Domésticos remunerados	2,5%	3,9%	16,6%	21,4%	13,6%	13,6%	1,5%	1,7%	14,6%	11,7%	27,1%	23,7%	15,3%	15,0%	5,6%	7,0%	1,9%	1,9%
Serv. apoio ativ. econômicas	3,3%	3,3%	12,3%	14,1%	8,7%	9,9%	1,6%	1,9%	16,0%	13,3%	33,9%	33,3%	16,5%	17,5%	4,7%	5,2%	2,1%	1,5%
Outros serviços diversos[x]	3,3%	4,4%	16,6%	21,3%	9,8%	9,8%	1,5%	1,8%	14,6%	13,0%	23,4%	26,8%	14,6%	15,1%	5,3%	4,8%	1,7%	1,8%

Fonte (Dados Brutos): Censos Demográficos de 1980 e 1991.

X Calculado por Resíduo

Os dados demográficos também confirmam a desconcentração regional do setor, mostrando maiores ganhos do que os apontados nos dados de renda: fortes ganhos em pontos porcentuais do emprego terciário total nas regiões Nordeste, com 4,5%, Norte e Centro-Oeste + (Tocantins-Distrito Federal), com cerca de 1% em ambas, e modesto no Espírito Santo (0,2%). As demais regiões, a despeito de que todas ampliaram o emprego, perdem participações, porque já tinham uma urbanização mais consolidada, e no caso do Rio de Janeiro, por também estar passando por um momento de débil crescimento de sua economia. Este estado, além de perder posição relativa em todos os segmentos terciários, registra perdas no total do setor que ficaram em torno da média de 2,5 pontos porcentuais.

Norte, Centro-Oeste + (Tocantins-Distrito Federal) e Nordeste ganharam importantes pontos porcentuais na quase totalidade de seus segmentos terciários. Minas Gerais, Espírito Santo e Distrito Federal tiveram pequenos ganhos na maioria dos segmentos e pequenas perdas em poucos. São Paulo e Sul tiveram perdas em vários segmentos e pequenos ganhos em apenas três. O Rio de Janeiro, como já apontamos, teve perdas acentuadas em todos os segmentos.

3.4 Indústria de Transformação

Para este período, os problemas metodológicos são maiores, pois o último Censo Industrial foi o de 1985, deixando uma grave lacuna só em parte superada pelas PIAs a partir de 1996. Dessa forma, faremos a análise em dois movimentos: o primeiro, examinando as principais mudanças entre 1980 e 1985, quando, além de questões de crescimento e participação regional, pode-se examinar as mudanças estruturais; e, o segundo, usando outras fontes (como as séries da produção física), para todo o período deste tópico.

– O período 1980-1985

Contudo, a análise do período 1980-85 será breve, por uma série de fatos que inibiram transformações estruturais de monta:

a) por envolver apenas cinco anos;

b) por ter sofrido uma depressão, entre 1980 e 1983, que reduziu sua produção em 16%;

c) pelo conturbado processo inflacionário, que recrudesce a partir da depressão, inibindo ainda mais o investimento; e

d) pela crise vivida pelo Estado, que paulatinamente vai se tornando cada vez mais incapaz de criar e implementar políticas de crescimento e de desenvolvimento nacional e regional, além de reduzir o investimento público.

No período, a Indústria de Transformação caiu 3,1% para o Brasil, 7,1% para São Paulo, e teve variação numericamente insignificante para B-SP. A Tabela 3.8 mostra que apenas Rio de Janeiro, São Paulo e Santa Catarina (este com pequena queda) perdem participação relativa no total do VTI nacional do setor. Vejamos o comportamento dos três grupos de gêneros definidos no texto do período anterior.

Para o grupo de BCND, a taxa média anual de crescimento pode ser estimada em cerca de -1%, e isso é explicado pela contração do mercado interno, atenuada parcialmente pelo aumento das exportações agroindustriais e de manufaturas leves, como têxteis, confecções e calçados (ver Tabela 4.5, Cap. 4).

Assim, a diminuição de seu peso relativo, diferentemente do período anterior, não decorre de avanço da estrutura industrial, mas sim da crise. Salvo no Paraná e em Santa Catarina – praticamente os únicos a ter expansão positiva da produção, as demais UFs e regiões apresentaram perdas desse grupo em suas respectivas estruturas regionais.

BI, cuja taxa de crescimento teria sido próxima a zero, ganha posições na maior parte nas estruturas regionais, notadamente em Minas Gerais, Espírito Santo, Rio de Janeiro e Rio Grande do Sul, e esse desempenho é explicado, em grande parte, pelo aumento das exportações de produtos como aço, celulose, minerais não-metálicos (rochas trabalhadas) e madeira. Para o mercado interno, o gênero mais bem-sucedido foi o de Derivados de Petróleo e Álcool, graças à imprescindível manutenção de parte da política energética. Ao contrário, ramos como Minerais Não-metálicos, Outros Produtos Químicos e Metalurgia defrontaram-se com a violenta contração da construção civil e da produção de bens finais da metal-mecânica.

Tabela 3.8 Indústria de Transformação: participação regional 1970-2004 – (%)

Região	1970	1980	1985	1996	2004
BRASIL	100,0	100,0	100,0	100,0	100,0
Norte	0,8	2,4	2,5	4,2	5,0
Rondônia	0,0	0,1	0,2	0,1	0,1
Acre	0,0	0,0	0,0	0,0	0,0
Amazonas	0,3	1,5	1,7	3,4	3,6
Roraima	0,0	0,0	0,0	0,0	0,0
Pará	0,4	0,7	0,6	0,7	1,1
Amapá	0,2	0,0	0,0	0,0	0,0
Tocantins	-	-	0,0	0,0	0,0
Nordeste	5,7	8,1	8,6	7,3	8,5
Maranhão	0,2	0,2	0,3	0,3	0,5
Piauí	0,1	0,1	0,1	0,1	0,1
Ceará	0,7	0,9	1,0	1,2	1,2
Rio Grande do Norte	0,2	0,3	0,4	0,3	0,2
Paraíba	0,3	0,4	0,4	0,4	0,4
Pernambuco	2,2	2,0	2,0	1,6	1,2
Alagoas	0,4	0,4	0,4	0,6	0,4
Sergipe	0,1	0,2	0,3	0,2	0,3
Bahia	1,5	3,5	3,8	2,6	4,2
Sudeste	80,7	72,6	70,8	68,5	62,7
Minas Gerais	6,5	7,7	8,3	8,4	9,9
Espírito Santo	0,5	0,9	1,2	1,1	1,6
Rio de Janeiro	15,7	10,6	9,5	8,1	8,1
São Paulo	58,1	53,4	51,9	50,9	43,1
Sul	12,0	15,8	16,7	17,9	20,2
Paraná	3,1	4,3	4,9	5,4	7,0
Santa Catarina	2,6	4,1	3,9	4,6	5,0
Rio Grande do Sul	6,3	7,3	7,9	7,9	8,2
CO-DF	0,8	0,9	1,2	2,0	3,4
Mato Grosso do Sul*	-	0,2	0,2	0,4	0,6
Mato Grosso*	0,3	0,1	0,2	0,5	1,2
Goiás	0,4	0,6	0,7	1,1	1,6
Distrito Federal	0,0	0,2	0,2	0,2	0,2

Fonte: Censos Industriais – IBGE; PIAS 1996 e 2004.

* Em 1970, Mato Grosso do Sul e Mato Grosso ainda estavam juntos.

Desconcentração produtiva regional do Brasil: 1970-2005

No grupo de BCD + BK, cuja taxa média anual foi negativa (-1,2%), só houve ganhos estruturais significativos na Região Norte, em termos do avanço da transferência da produção de bens na ZFM, principalmente de consumo durável. O grupo também conquistou expressivos pontos no Paraná, em parte graças à "guerra fiscal", que possibilitaria importante diversificação industrial nesse estado, e no Distrito Federal, cuja diminuta dimensão industrial é fortemente suscetível de grandes alterações, mesmo em virtude de pequenas variações setoriais absolutas (ver Tabela 4.7, Cap.4).

O exame das mudanças nas participações regionais também mostra apenas resultados tímidos nos três grupos. No de BCND, destaque para os estados sulinos e o CO-DF, que, graças à expansão da fronteira agroexportadora, aumentam sua participação nacional. Nos do Sul, o aumento ainda contou com a ampliação da participação de outros gêneros, como Têxtil, Vestuário, Fumo e Mobiliário. São Paulo era o estado que tinha a maior perda, caindo de 46,1 para 43,9% do VTI nacional desse grupo.

O grupo de BI, como já vimos, foi o de desempenho menos ruim. Os aumentos mais expressivos de participação regional foram: do Nordeste, graças à maturação de vários projetos aprovados na Sudene no período anterior, como metalúrgicos, químicos e de plásticos; em Minas Gerais e no Espírito Santo, os de celulose, derivados de petróleo e metalúrgicos; os do Sul, em derivados de petróleo, celulose e produtos metálicos. São Paulo, embora tenha tido ganhos importantes em celulose e derivados de petróleo, estes foram menores do que as perdas relativas nos demais gêneros, que estavam em expansão mais acelerada na periferia, dentro dos marcos das políticas de incentivos às exportações e da maturação de projetos do II PND.

Em BCD + BK, os ganhos mais expressivos se deram na ZFM, com eletrônicos de consumo (som, imagem e cine e foto) e de veículos "duas rodas"; e no Sul, com material de transporte, graças à instalação de novas plantas no Paraná e no Rio Grande do Sul (em especial autopeças, carrocerias, ônibus e caminhões), máquinas agrícolas e equipamentos eletrônicos de informática e computação. O Rio de Janeiro teve perdas expressivas em todos os segmentos e Minas Gerais foi perdedor, tanto em máquinas e equipamentos elétricos ou não quanto em razão da queda do setor de veículos. São Paulo teve maior resistência neste grupo, com perdas relativas inexpressivas e ganhos expressivos na produção aeronáutica.

A Tabela 2.7 (Cap. 2) mostra que, entre 1980 e 1985, a concentração em São Paulo reduziu-se dos 53,4 para 51,9% do VTI nacional da Indústria de Transformação, diminuindo a velocidade de desconcentração em relação à década de 1970. Dos 25 gêneros ali arrolados, a indústria de São Paulo perdeu participação relativa na produção nacional em dezessete deles. Em 1980, São Paulo detinha mais de 50% da produção nacional em dezessete desses gêneros, número que se mantém em 1985. Vejamos a distribuição dessas perdas e ganhos, segundo os três grupos já vistos.

Em BCND, houve ganhos em três (Bebidas, Mobiliário e Diversas) e perdas nos oito outros. A maior perda deu-se no gênero Fumo, e decorre da continuidade de processo decisório de seu oligopólio em reestruturar e relocalizar suas fábricas, priorizando Minas Gerais e o Sul. Entre as demais perdas, as mais expressivas deram-se em Couros, sendo o principal ganhador o Rio Grande do Sul, e Têxtil, em que os principais ganhadores foram Ceará, Paraná, Santa Catarina e Rio Grande do Sul. Os principais determinantes das perdas continuaram a ser o sistema de incentivos fiscais do Norte e Nordeste, além da "guerra fiscal", que crescia em vários estados.

Neste grupo, todos os gêneros foram negativamente afetados pelo impacto da crise sobre o mercado interno. Entre os poucos que tiveram comportamento positivo, cabe citar Farmacêutica, Perfumarias e Alimentos, este último com crescimento medíocre. A maior parte dos segmentos dos gêneros deste grupo, como já dissemos, prescinde de grandes economias de escala, o que facilita sua desconcentração espacial em maior número de regiões do país.

No grupo de BI, São Paulo ganhou em três de seus nove gêneros: Minerais Não-metálicos, Papel e Celulose e Derivados de Petróleo e Álcool. O primeiro, apenas porque a produção paulista caiu menos do que a da periferia, sendo portanto um ganho meramente estatístico; Papel e Celulose, pela expansão das exportações e o terceiro pela continuidade da política energética de petróleo e álcool de cana, segmentos em que São Paulo detinha a maior concentração.

No grupo de BCD + BK, São Paulo foi perdedor em três (Mecânica, Material Elétrico e Eletrônico e Equipamentos Médicos, de Precisão, Automação e de Cine e Foto), dos quais o mais grave foi o de Mecânica, seriamente afetado pela depressão e os outros dois, em decorrência da ZFM, como já visto anteriormente. Dos dois ganhadores, o de Veículos foi inexpressivo, decorrente do medíocre aumento de sua produção; o de Outros Equipamentos de Transporte teve importante contribuição do setor de Aviões, com a expansão da Embraer em São José dos Campos.

A Tabela 3.9 revela o número de pontos porcentuais ganhos ou perdidos pelas regiões e principais estados. Dos 25 ramos ali apontados, São Paulo perdeu pontos em dezenove e o Rio de Janeiro, em 22, dando continuidade à sua trajetória de longo retrocesso industrial relativo.

Os que ganharam no maior número de gêneros foram o CO-DF, Espírito Santo, Paraná e Rio Grande do Sul. O Nordeste, Minas Gerais e Santa Catarina apresentaram grande número de ganhos, preponderantemente no grupo de BCND, mas o Nordeste e Santa Catarina tiveram perdas em vários gêneros dos outros dois grupos, em maior número que Minas Gerais. A Região Norte teve ganhos em oito gêneros, em particular em Madeira (no Pará) e, na ZFM, em Equipamentos de Precisão e de Cine Foto e em bicicletas e motocicletas. Mesmo na crise, a continuidade dos incentivos fiscais no Norte e sobretudo no Nordeste, e a "guerra fiscal" (agora territorialmente mais extensiva) deram guarida a boa parte dessa desconcentração.

Com alguns dados mais desagregados dos Censos de 1980 e de 1985, pode-se tentar o exame mais minucioso de alguns segmentos industriais mais importantes.

– em Minerais não-metálicos, o que mais desconcentrou foi o segmento de Cimento e Concreto, com a participação paulista caindo de cerca de 30 para 24%; em produtos Cerâmicos, a desconcentração prosseguiu em várias partes desses segmentos, e em Vidro continuava a deter 85% da produção nacional, pois este segmento, como se sabe, requer maiores escalas de produção e tem sua estrutura controlada por um oligopólio internacional.

– em Metalúrgica, dado que os grandes projetos de Metalurgia Básica (aço e não-ferrosos) na periferia só maturam após 1980, cai a con-

Tabela 3.9 – Indústria de Transformação: principais ganhos ou perdas (-) entre 1980 e 1985 na participação nacional do VTI – (%)

Gêneros (x)	SP	RJ	SP+RJ	NO	NE	MG	PR	SC	RS	CO-DF	Outros
Alimentares	-0,6	-1,6	-2,2	-0,2	0,4	-1,6	3,5	1,3	...	0,2	...
Bebidas	5,2	-3,9	1,3	...	0,1	-0,9	1,8	-0,4	-2,0	...	...
Fumo	-14,8	-1,0	-15,8	...	3,8	20,0	0,5	3,0	-2,8	...	ES 0,5
Têxtil	-3,7	-0,6	-4,3	-0,4	1,4	2,0	1,0	0,4	-0,9	...	...
Vestuário	-2,3	-4,5	-6,8	-0,6	1,9	4,3	0,4	-2,3	2,1	0,3	...
Mobiliário	-3,5	-1,2	-4,7	-0,2	0,3	0,7	-0,1	6,4	0,4	0,1	ES -0,2
Editorial	-1,6	-0,4	-2,0	0,8	0,4	0,2	0,4	0,1	0,7	1,1	ES -0,5
Diversas	-2,1	-3,8	-5,9	1,3	0,7	0,2	2,8	-1,1	1,8	0,1	...
Farmac.	-0,2	-0,6	-0,8	...	...	0,1	...	0,1	-0,1	0,4	...
Perf., sabões e velas	-2,2	-1,4	-3,6	-1,5	2,1	1,0	1,7	-0,3	0,7	...	ES 0,1
Couros e peles	-2,5	-2,6	-5,1	...	1,1	-3,7	0,1	0,8	1,7	0,1	ES 0,5
Min. Não-Met.	2,8	-2,8	0,0	1,0	...	-2,5	0,3	-0,3	-0,4	1,0	ES 0,8
Metalúrgica Básica	-8,3	-0,4	-8,7	...	3,2	4,0	0,0	-0,4	-0,7	0,6	DF 0,2
Prod. Metal	-3,3	...	-3,3	0,4	-1,8	1,3	-0,3	-0,5	1,7	...	...
Derivados de Petróleo e Álcool	3,2	3,5	6,7	-0,4	-14,2	4,5	1,1	-0,3	1,6	1,4	ES 0,1
Outros Prod. Químicos	-11,8	-0,6	-12,4	-0,1	11,5	-0,3	-0,8	0,1	0,9	0,2	ES 0,7
Madeira	-0,9	...	-0,9	7,6	-0,8	0,3	-3,1	-2,2	-0,5	-0,5	...
Papel	4,1	-3,1	1,0	-2,1	-1,0	-0,6	0,6	1,3	0,9	...	ES -0,4
Borracha	-0,9	0,6	-0,3	-0,6	-1,3	-0,8	-0,4	-0,2	3,2	-0,2	...
Mat. Plástico	-2,6	-0,3	-2,9	0,9	-0,3	2,2	0,8	-0,7	...	0,1	ES -0,2

Desconcentração produtiva regional do Brasil: 1970-2005

Tabela 3.9 – Continuação

Gêneros (x)	SP	RJ	SP+RJ	NO	NE	MG	PR	SC	RS	CO-DF	Outros
Mecânica	-1,7	-2,3	-4,0	0,9	-0,2	-1,1	1,0	0,5	2,9	-0,2	...
Equip. Médicos, Automação e Cine-Foto	-0,3	-8,5	-8,8	10,5	-0,3	1,8	-0,3	-3,7	0,7	0,0	...
Mat. Elétrico	-0,6	-1,2	-1,8	-1,0	1,0	-0,8	1,5	0,6	0,1	0,0	DF 0,3 ES 0,2
Veículos Automotores	0,5	-1,6	-1,1	-0,2	-0,2	-0,6	2,2	-0,8	0,0	0,2	ES -0,2
Outros Equip. Transporte	9,4	-3,6	5,8	2,0	1,2	-0,8	-0,8	0,6	-4,6	0,1	ES -0,8
TOTAL	-1,5	-1,1	-2,6	0,1	0,5	0,6	0,6	-0,2	0,6	0,2	ES 0,3

Fonte (Dados Brutos): Censos Industriais de 1980 e 1985.

(x) Classificação anterior à CNAE 1985.

(...) variação < 0,1.

centração paulista, de 48 para 39%, praticamente se mantendo (cerca de 66%) a de Produtos Metálicos, segmento que envolve a produção de maior valor agregado do gênero;

– no de Papel, São Paulo acompanhou a expansão nacional da produção de celulose, incentivada pelas exportações, aumentando ligeiramente sua concentração (de 19 para 20%), mas o aumento maior se deu nos segmentos produtores de papel e papelão, que passam de 62 para 66% do total nacional;

– no de Borracha, a desconcentração prosseguiu, em particular com a implantação de fábricas de pneumáticos no Nordeste e no Rio Grande do Sul, e de pequenas fábricas de artefatos de borracha em vários estados;

– Material Plástico foi bastante afetado pela crise, e sua desconcentração foi pequena, com a participação de São Paulo caindo de 59,6 para 57%, mas essas cifras decorrem de quedas reais da produção paulista e da periférica, e não da expansão do gênero;

– no de Material Elétrico e Eletrônico, foram poucas as mudanças: em fios e cabos elétricos a concentração cai de 74 para 45%, com a implantação de novas fábricas em alguns estados. Houve reconcentração forte em pilhas e baterias (passa para 78%) e em Equipamentos de Comunicação (volta a 71%). Nos demais segmentos, permaneceram as cifras de concentração já verificadas em 1980. Uma vez que a crise também afetou a demanda e a produção da ZFM, isso provavelmente foi a principal causa das poucas mudanças do período;

– em Material de Transporte, a concentração manteve-se alta (85 a 90%) em Veículos Automotores e Autopeças, certamente por causa da crise que afetou seriamente esse segmento. Mas em Outros Equipamentos de Transporte aumenta fortemente em Aviões (de 69 para 81%) e em Equipamento Ferroviário (de 40 para 69%), diminuindo fortemente (de 61 para 35%) em Veículos de "duas rodas", segmento que se consolidaria na ZFM;

– no de Alimentos e Bebidas, a despeito da continuidade da expansão da fronteira agrícola, a concentração diminuiu pouco, em praticamente todos os segmentos, certamente em virtude do maior desenvolvimento tecnológico do agro e da agroindústria paulista; e

Desconcentração produtiva regional do Brasil: 1970-2005

– nos de Têxtil, Vestuário, Couro e Calçados, em geral constituídos de plantas médias e pequenas, a desconcentração prosseguiu, rumo ao Nordeste e Minas Gerais, nos dois primeiros, e ao Sul, no de Couros, como se pode ver na Tabela 3.9.

– **Exame das séries disponíveis para todo o período 1980-1989**

Embora a segunda metade deste período tenha sido menos ruim do que a primeira, o resultado para o período como um todo foi sofrível: para o Brasil, a taxa média anual de crescimento da Indústria de Transformação foi de 0,9%, para São Paulo, de 0,2% e para B-SP teria sido em torno de 1,5%. Mas esse crescimento na periferia nacional foi muito diferenciado: para o Nordeste, a taxa (algo em torno de 1%) deve ter sido próxima à do Brasil, tendo o agregado das demais regiões [B-(Nordeste + São Paulo)] tido algo em torno de 1,5%, e pouco acima disso, no Norte e CO-DF.

São vários os fatores responsáveis pelo arrefecimento da desconcentração industrial no período, e tento abaixo apontar os principais:

– a crise fiscal e financeira do Estado nacional inicia um processo de desmantelamento de suas estruturas, notadamente nas de planejamento e formulação de políticas de desenvolvimento nacional e regional. Com isso, se iniciava a deterioração de vários órgãos regionais (Sudene e Sudam, por exemplo) e do sistema de incentivos fiscais regionais, em conformidade, aliás, com a forte queda do investimento privado, diminuindo, assim, seus impactos adicionais na periferia;

– o debilitamento gradativo fiscal e financeiro do governo federal foi sendo transmitido aos governos estaduais, acentuando a queda nos investimentos de infra-estrutura econômica e social, restringindo, assim, a necessária geração de economias externas na periferia nacional; e

– a despeito da perda de participação de São Paulo, ali se localizaram, nesse período, os principais investimentos nos novos segmentos de microeletrônica. Apesar disso, algumas linhas de produção desses novos segmentos também se localizaram na ZFM, impedindo com isso o aumento maior de sua concentração, com o que colaborou o Rio de Janeiro, que perde importantes pontos percentuais nesse segmento.

Em sentido contrário, os principais fatos que contribuíram para o aumento da desconcentração foram:

– a alocação de grandes investimentos petrolíferos de extração (Nordeste e Rio de Janeiro), de refino no Paraná e petroquímicos no Rio Grande do Sul;

– a continuidade da desconcentração agrícola e mineral, induzindo novos projetos agroindustriais nos cerrados e em algumas "manchas" irrigadas nordestinas, além de algumas pequenas plantas metalúrgicas em alguns estados;

– algumas políticas estaduais – notadamente as de "guerra fiscal" – combinadas com projetos privados de novas localizações para suas novas plantas, desconcentraram – de São Paulo, em direção principalmente à ZFM, Minas Gerais e Sul –, no período, cerca de 8 a 10% da indústria nacional de material de transporte, em particular para Minas Gerais; 15 a 20% da de material eletrônico de consumo, basicamente para a ZFM; 7 a 10% da metalúrgica (em especial para Minas Gerais e Rio de Janeiro) e da mecânica (para o Sul, a maior parte) e cerca de 10% da indústria do vestuário e calçados (estas para o Nordeste, principalmente) e da de fumo, para Minas Gerais e Rio Grande do Sul;[8]

– dado que São Paulo foi o epicentro da crise, o movimento migratório inter-regional, provavelmente, viu-se inibido de continuar tendo esse estado como destino principal, colaborando com o "inchaço urbano" em várias capitais e grandes cidades periféricas do país, além do conhecido fenômeno que ocorre com o notável crescimento de cidades médias brasileiras entre 1980 e 1991. Essa expansão urbana periférica, por mais "improdutiva" que tenha sido, certamente provocou aumento do emprego em serviços, gerando ainda novas oportunidades de inversão para indústrias "leves"; e

---

8 Os índices da produção física da Indústria do Vestuário e Calçados são, no mínimo, inquietantes: em 1980 =100, Brasil e São Paulo atingem 89,1% e 76,7% em 1989, muito afastados da média do setor industrial. Como as exportações do ramo passam de US$ 400 milhões em 1980 a US$ 1 bilhão em 1985 e, então, a US$ 1,5 bilhão em 1992, essa queda de produção parece irreal. Contudo, temos informações de que a informalização e terceirização de empresas e precarização do trabalho no setor teria crescido muito, o que poderia causar essa queda, mas só em termos formais. Os números se tornam ainda mais críticos a partir de 1989, como se verá mais adiante.

Desconcentração produtiva regional do Brasil: 1970-2005

– embora ainda tímidas, as poucas políticas de incentivo ao turismo nacional – em particular para o Nordeste – geraram igualmente efeitos positivos, como os apontados anteriormente.

Do balanço que se pode fazer do período 1980-89, e de novo advertindo sobre os problemas estatísticos, infere-se que, se havia uma "tendência" reconhecidamente desconcentradora entre 1970 e 1985, que se prolongaria, ela já não era tão clara com os dados do período 1985-89. No período 1980-89, ao se variar anualmente os coeficientes de ponderação (atualizando-os pelas variações do crescimento da produção física), a participação paulista cairia dos 51,9% de 1985 para 50,2% em 1989.

Na Tabela 4.6 (Cap. 4), que mostra a participação regional no VTI nacional do setor, o leitor notará que os dados para 1989 – dada a ausência de Censo ou pesquisa equivalente –, foram estimados por mim, com base na Pesquisa Mensal da Produção Física (PimPf), com os dados conhecidos, a cada momento, das participações nacionais constantes dos Censos. Mas o leitor poderia indagar por que razões não utilizei os dados das Contas Regionais (CRs), disponíveis para o período posterior a 1985. No Apêndice Metodológico, exponho as razões que entendo impeditivas a tal uso e limito-me aqui a apontar algumas:

a) as CRs usam o conceito de Valor Agregado Bruto (VAB) e os Censos e PIAs o de VTI. O primeiro, conforme definições de Contas Nacionais, decorre de eliminações de alguns resíduos tributários e de insumos não depurados no segundo;

b) os dados das CR referem-se ao total do setor, impedindo qualquer exame de mudanças estruturais da produção, por gêneros, segmentos, e outros cortes analíticos necessários;

c) as duas séries, como se pode ver na Tabela 6.2, no Apêndice Metodológico e Estatístico, no caso da participação nacional de São Paulo, são muito próximas até 1989, mas daí em diante a queda de São Paulo aumenta muito nas CRs e menos nas PIAs, sem que o pesquisador possa conhecer as razões disso. Isto me soa estranho, pois os dados estimados por mim para 1989 e 1995 não colidem com o sentido da série anterior nem com os da PIA (pelo menos até 1999); e

d) observada a relação VTI/VAB, ela era maior que 1, mas, a partir de 1996 (o início das PIAs), ela é inferior a 1 (sem que haja explicações metodológicas oficiais para isso), para o Brasil e a maior parte de suas unidades. Para São Paulo e uns poucos estados, ela tem oscilado em torno de 1, o que torna ainda mais estranha a acentuada queda da participação de São Paulo.

Em termos de estrutura produtiva, os gêneros de BCD + BK tiveram o pior desempenho (com queda real), e, dado que a demanda para o mercado interno se debilitou, o crescimento das exportações evitou o pior para os dois outros grupos. Para São Paulo, o quadro foi ainda mais grave, pois a queda real do grupo BCD + BK foi maior do que a verificada no país. Assim, a estrutura nacional e a paulista regrediram, no sentido de interromper o aumento e diversificação da produção de bens de capital.

Em termos de participação das regiões no VTI do setor, graças ao péssimo desempenho de São Paulo e ao fraco do Nordeste, as demais regiões aumentaram-na, como se pode depreender do exame da Tabela 4.6 (Cap. 4). Ou seja, a "desconcentração" continuou, mais por efeito estatístico de pequenos diferenciais nas taxas de crescimento (positivas ou negativas) do que propriamente por um crescimento vigoroso ou mesmo moderado.

Mas a PimPf daquela época não divulgava dados para o Norte, Centro-Oeste e Espírito Santo, o que me obrigou a estimá-los de forma residual e agregada, resultando que a participação desse agregado regional teria passado de 5,1 em 1985 para 6,1% em 1989.[9] Essas regiões foram as que mais cresceram, graças à expansão da fronteira agro e da mineral, das exportações e da "guerra fiscal", esta em particular na Região Norte.[10] O estado do Amazonas aumentava fortemente sua participação nos segmentos eletrônicos de som e imagem e de alguns bens de informática, além de material de transporte de "duas rodas". Em contrapartida, a desconcentração só não foi maior graças às tarifas de

---

9 As respectivas cifras, pelas CRs, foram 5,3% e 6,3%, sendo que, em 1989, a do Norte foi de 3,7% e as do Espírito Santo e do Centro-Oeste, de 1,3% para cada um desses estados.

10 Na ZFM, os dados de 1988 e 1989 mostram que, para cada 3 unidades fiscais devidas de ICMS, 2 eram restituídas às empresas devedoras, e apenas 1 era efetivamente paga. Cf. SUFRAMA (2005).

Desconcentração produtiva regional do Brasil: 1970-2005

importação então vigentes, que davam maior proteção à produção nacional, fazendo a relação insumos importados do exterior/faturamento na ZFM ser muito pequena, de 5 a 10% em produtos eletrônicos, metalúrgicos e termoplásticos, de 25% em "duas rodas", e quase nula em brinquedos, ótica, química e mecânica.[11]

O Nordeste sofreu os percalços da crise, quando o investimento privado caiu, mesmo com o sistema de incentivos regionais, que, aliás, iniciava um processo de deterioração. Além da crise do investimento, também foi afetado pela demanda de insumos industriais que, a partir de meados da década anterior, lhe fazia São Paulo. Na região, os estados mais afetados foram Pernambuco e Bahia. Ainda assim, entre 1980 e 1989, sua participação teria-se mantido em torno de 8,1%.

Minas Gerais e Espírito Santo teriam aumentado as suas, com a expansão da produção de bens intermediários para exportação, além da consolidação do segmento mineiro automotivo. O Sul foi beneficiado pela instalação do terceiro pólo petroquímico, nova refinaria de petróleo, novas plantas de material de transporte, pelo aumento das exportações agroindustriais alimentares e de celulose e pela expansão da produção de máquinas e implementos para a agricultura. O Paraná foi o que mais cresceu, secundado pelo Rio Grande do Sul, ao passo que a expansão de Santa Catarina retornava à posição de 1980 (4,1%).

Examino, em seguida, com o que os dados da PimPf possibilitam, a evolução dos dezesseis gêneros que então eram pesquisados, centrando a análise em São Paulo e Brasil, fazendo algumas referências a outras regiões, quando possível.[12] Esses dados encontram-se na Tabela 3.10.

A Tabela 3.10 mostra a debilidade do crescimento médio verificado nos vários períodos nela apresentados: entre 1980 e 85, Brasil e São Paulo caem, respectivamente 3,1 e 7,1%; em 1985-89 sobem 11,7 e 8%. Computado todo o período de 1980-89, a produção industrial do

---

11 Ver a mesma fonte da nota anterior.

12 Embora o número de gêneros pesquisados fosse dezesseis, os outros cinco (Madeira, Mobiliário, Editorial, Couros e Diversas) participavam com apenas 9,4% do total do VTI nacional. O de Madeira constitui o grupo de BI e os demais o de BCND, afetando menos a análise dos grupos de BI e de BCD + BK.

Tabela 3.10 – Índices do crescimento da produção industrial do Brasil e do estado de São Paulo – 1980-2005

	1980-85 (1980 = 100)		1980-89 (1980 = 100)		1980-2005 (1980 = 100)		1989-2005 (1989 = 100)	
	B	SP	B	SP	B	SP	B	SP
Bens de Consumo não Durável								
Farmacêutica	109,2	120,4	123,4	131,3	201,0	229,1	133,6	174,5
Perfum. s. velas	122,0	127,3	168,8	183,2	275,0	377,0	162,9	205,8
Têxtil	88,6	92,6	94,4	93,0	68,8	61,6	72,9	66,2
Vestuário e calçados	96,7	92,8	89,1	76,7	42,9	44,2	48,1	57,6
Alimentação	106,9	105,9	113,3	119,1	157,5	121,6	139,0	102,1
Bebidas	94,6	93,7	132,2	138,7	175,2	210,0	132,5	151,4
Fumo	123,0	50,0	143,2	52,7	190,3	...	132,9	...
Bens Intermediários								
Materiais plásticos	90,1	92,5	109,5	114,4	102,6	123,4	93,7	107,9
Minerais Não-metálicos	83,1	86,5	99,2	104,1	105,6	117,1	106,5	112,5
Metalúrgica	95,1	88,5	108,6	95,0	130,8	111,1	120,4	116,9
Papel	115,5	115,5	137,4	128,6	220,1	198,0	160,2	154,0
Borracha	97,5	99,8	115,0	111,1	140,3	132,2	122,0	119,0
Química	122,4	124,3	126,8	126,0	149,8	155,1	118,1	123,1
Consumo Durável e Bens de Capital								
Mecânica	75,5	66,3	92,0	75,2	116,7	74,7	126,8	99,4
Material elétrico	93,9	85,5	113,6	89,1	156,1	202,6	137,4	227,4
Material de transporte	81,6	79,1	87,5	83,4	146,3	121,6	167,2	145,8
Total Ind. de Transformação[a]	96,9	92,9	108,2	102,8	132,0	123,7	122,0	120,3

Fonte: FIBGE – Produção Industrial Física.

[a] Inclui os ramos não computados acima.

Brasil aumentou 8,2% e a de São Paulo pífios 2,8%. Por pequena que seja a diferença entre esses números, ela revela a inflexão do processo de desconcentração. Vale dizer: a "locomotiva" parou e, assim, os "vagões" pouco andaram...

Examinemos, de início, os gêneros que fazem parte do grupo de BCND, tomando por referência seus índices de produção, com base em 1980:

– no período, dos sete gêneros ali presentes, a produção de Farmácia, Perfumaria, Sabões e Velas, Alimentos e Bebidas tiveram em São Paulo crescimento maior do que no Brasil e, obviamente, ainda maior do que o de B-SP, reconcentrando, portanto, a produção desses gêneros. Eles representavam, em 1980, 45% do VTI do grupo paulista de BCND e 15% do VTI total;

– a indústria do Fumo teve alta desconcentração, em face das decisões desse oligopólio, em "relocalizar" (para Minas Gerais e Sul) suas plantas em razão de fumiculturas regionais, dos incentivos fiscais e financeiros estaduais que agravaram ainda mais a "guerra fiscal" e, ainda, provavelmente, pela necessidade de reestruturação tecnológica de suas principais e antigas plantas, antes localizadas em São Paulo e também no Rio de Janeiro;

– Têxtil e Vestuário e Calçados aparentemente aceleram sua desconcentração, em que pese o fato de que a forte (e inexplicada) redução de seus índices de crescimento possa ocultar alta informalização, dado o deslocamento regional de parte da produção. Caberia ainda indagar se as mudanças técnicas (máquinas mais novas e mais produtivas, substituição de insumos, produtos mais leves etc.) efetuadas pelo gênero teriam sido consideradas pela metodologia da construção de seus índices. Neste caso, portanto, o fenômeno poderia ser muito mais de caráter estatístico do que efetivo.

Nas indústrias predominantemente produtoras de bens intermediários:

– o gênero de Minerais Não-metálicos teve queda de 1% no Brasil, e crescimento de 4% em São Paulo, praticamente não havendo desconcentração no período, mas São Paulo ainda mantinha 85% da produção do segmento de Vidro. O baixo desempenho do gênero se deve, fundamentalmente, à queda do investimento público e da construção civil;

– na Química, Brasil e São Paulo cresceram, ambos, cerca de 26%, com o que os movimentos de desconcentração foram modestos, em Derivados de Petróleo e Álcool, com as maiores expansões no Norte, Nordeste, Espírito Santo, São Paulo (com a continuidade do Pró-Álcool e a instalação da refinaria de São José dos Campos), e notadamente no Rio de Janeiro; já no segmento de Outros Produtos Químico houve pequenos aumentos, tanto em São Paulo como no Rio de Janeiro, e reduzidos decréscimos nas demais regiões produtoras;

– a Metalúrgica teve efetiva desconcentração, em face da maturação dos investimentos regionalizados do II PND (não-ferrosos e aço), fortemente estimulados pelas exportações. A do ferro e aço expandiu-se mais no Norte, Nordeste, Espírito Santo e Rio de Janeiro e a de não-ferrosos no Norte. São Paulo perde importantes pontos tanto em Metalurgia Básica quanto em Produtos de Metal, uma vez que sua metal-mecânica e automobilística foram seriamente afetadas pela crise; e vários estados do país, ao contrário, tiveram seus novos projetos amadurecidos, fossem para exportação ou para algumas atividades complementares recentemente desconcentradas;

– a desconcentração em Papel se deve a que cresceu um pouco mais no Brasil (37%) do que em São Paulo (29%), fortemente impulsionado pelas exportações de celulose, cuja produção estava concentrada em São Paulo (19%) e no Norte e Nordeste (16% cada uma). São Paulo ainda conseguiu reconcentrar poucos pontos em papel e papelão e seus produtos;

– Material Plástico e Borracha também tiveram crescimento positivo mas modesto, em torno de 12% para o Brasil e para São Paulo. Apenas o Norte e o Paraná aumentam ligeiramente suas participações nacionais em Borracha, mas em Material Plástico a desconcentração foi mais dispersa, tendo como maiores perdedores Minas Gerais e Rio de Janeiro.

Nas indústrias predominantemente produtoras de bens de consumo durável e de capital:

– a Indústria Mecânica foi a segunda mais afetada no Brasil, recuando 18% e a primeira em São Paulo, caindo 25%, e foi um caso óbvio de "desconcentração estatística", em razão de duas variações negativas em suas taxas de crescimento. Ao que tudo indica, apenas o Paraná (e menos intensamente o Amazonas), com sua política industrial fortemente incentivada, consegue ampliar sua participação, tanto no item de equipamentos agrícolas quanto no dos eletrodomésticos (item 29.8 da Cnae) que compõem este gênero; e

– o gênero de Material Elétrico e Eletrônico, segundo a PimPf, teria crescido 13,6% no Brasil e caído 11% em São Paulo, mas seus principais segmentos tiveram comportamentos distintos, tanto em termos espaciais quanto de crescimento. Cresceram bem acima da média os de Equipamentos de Informática e Computação e o de Material Eletrônico, neste preponderando bens de consumo durável, ambos amparados pela Lei de Informática, e os demais, como os de Material Elétrico Básico, Equipamentos Elétricos e Peças Elétricas para Veículos, certamente tiveram fraco desempenho para o conjunto do Brasil, e, em São Paulo, ainda pior.

São Paulo teve bom desempenho na área de informática e computação, obtendo o maior aumento na concentração nacional, secundado pela ZFM, ainda incipiente nesta área, e por Minas Gerais, tendo os demais sofrido perdas, das quais as maiores foram as do Rio de Janeiro e do Paraná. Na área de Eletrônica, São Paulo teve melhor desempenho em material básico e equipamentos de transmissão de comunicações, onde ainda mantinha cerca de 75% da produção nacional. Contudo, a ZFM consolida no período a transferência da produção de aparelhos de recepção (som e imagem), aumentando um pouco sua concentração, pouco acima de 65% e baixando a de São Paulo (para cerca de 30%);

– o antigo gênero de Material de Transporte teve péssimo desempenho: caiu 12,5% no Brasil e 16,6% em São Paulo; e aqui de novo se manifesta um aumento da "desconcentração estatística". Examinemolo em seus dois principais segmentos. No de Veículos Automotores (automóveis, utilitários, caminhões, ônibus e autopeças), em que São Paulo e Minas Gerais concentravam 90% da produção, o único movimento de desconcentração foi a consolidação e a expansão da produção em Minas Gerais, com o que a participação desse estado deve ter passado de 8% em 1980 para algo em torno de 10%, e a de São Paulo dos 82% para algo como 75%.

No segmento de Outros Equipamentos de Transporte, o item "Construção Naval", em que o Rio de Janeiro concentrava 87% da produção e

São Paulo, 3%, as poucas informações de que disponho indicam pequena queda no Rio de Janeiro e aumento no Amazonas, na ZFM. No de Equipamento Ferroviário, em que São Paulo concentrava cerca de 70 e Rio de Janeiro, 22%, este último teve fortes perdas em sua participação, ao contrário de Minas Gerais, que teria aumentado substancialmente a sua. No item de produção de Aviões, São Paulo parece ter mantido, ou mesmo aumentado, sua concentração (75% em 1980), o que parece também ter acontecido com o Rio de Janeiro, com cerca de 20%. No item "duas rodas", em que São Paulo concentrava 55% em 1980 e o Amazonas 35%, a situação ao final do período provavelmente tenha invertido as posições desses dois estados.

A ausência de dados entre o Censo de 1985 e a PIA de 1996 impede-nos de pesquisar os ganhos e as perdas regionais em termos de participação nacional nos diversos ramos industriais. Contudo, elaborei a Tabela 4.8 (Cap. 4), que confirma a inflexão da desconcentração entre aqueles anos, quando as perdas de São Paulo, para o total da Indústria de Transformação, teriam sido de apenas 1%, sofrendo perdas em 21 segmentos dos 32 apresentados na referida tabela. Como se verá no Capítulo 4, a partir da abertura comercial, e mais precisamente, de 1998 – auge da enxurrada importadora –, a desconcentração apontada nas PIAs e nas CRs retoma com mais intensidade.

Para finalizar a análise deste período, e da mesma forma como o fizemos no anterior, cabe lembrar que a desconcentração sofrida por São Paulo continuou a ter dois vetores regionais (B-SP e Interior de São Paulo), centrando suas perdas relativas na diminuição da participação nacional da RMSP. Esta, neste período, teria caído dos 33,6% de 1980 para 28,8% em 1989, enquanto o Interior paulista teria subido para 21,4%, diminuindo um pouco sua participação que se elevara a 22,5% em 1985. As principais razões que explicam esse fato foram:

- as *políticas de descentralização* dos governos de São Paulo, fortalecidas por importantes investimentos de infra-estrutura, tiveram ainda alguma continuidade (sobretudo em termos rodoviários), arrefecendo, porém, ao final do período. Contudo, seus efeitos positivos amadureceram neste período;

Desconcentração produtiva regional do Brasil: 1970-2005

- as *políticas de atração municipal*, ao contrário, tentaram se tornar mais agressivas, em vários municípios do Interior, com subsídios fiscais, dotação de infra-estrutura local, distritos industriais etc.;
- os *custos (efetivos e imputáveis) da concentração na RMSP*, que ampliavam os chamados custos de aglomeração, o maior rigor normativo e de fiscalização do órgão ambiental paulista (a Cetesb) e o crescimento da criminalidade e da insegurança pessoal. Acrescente-se a necessidade de reestruturação de grandes empresas, que optaram por remodelar e relocalizar algumas e instalar novas plantas adicionais, na maioria dos casos, no Interior;
- os *investimentos federais em São Paulo*, como já visto, arrefeceram, mas também amadurecem no período, desempenhando importante papel na economia paulista, notadamente em seu Interior. Cabe citar a instalação de mais uma refinaria de petróleo (em São José dos Campos) e a ampliação de alguns órgãos federais de pesquisa, como a Embrapa; e
- as *políticas de incentivo às exportações e o Pró-Álcool*, tiveram alguma continuidade, estimulando cruciais transformações no agro e na agroindústria paulista.

A acentuada desconcentração havida na RMSP não impediu que essa região metrópole avançasse ainda mais em sua diversificação terciária. O avanço industrial da década de 1970 e a implantação de novos setores mais complexos, como os de informática, computação e microeletrônica, até aqui mais concentrados no estado de São Paulo, e mais especificamente, em sua RMSP e na região de Campinas, exigiu importantes modificações na estrutura produtiva de serviços da metrópole.

A inflação da década de 1980, a crise financeira do Estado nacional e a elevação das taxas de juros, de um lado, e a queda do investimento privado, de outro, estimularam o rentismo do sistema financeiro, das empresas e das famílias de altas rendas, promovendo elevada concentração desse setor, em particular na cidade de São Paulo, tornando-a a "capital financeira" do país. Esse fenômeno, mais a expansão do mercado financeiro e de capitais, ali mais concentrado, fez que, a partir de meados da década de 1970, grandes bancos e instituições financeiras, antes sediados em outros estados – em especial em Minas Gerais e no Rio de Janeiro –, fossem gradativamente transferindo suas sedes e centros de operações para a capital paulista.

O interior paulista, pelo que se viu da pequena elevação de sua participação na indústria nacional, também sofreu os efeitos negativos da crise nacional. Mas é preciso dizer que, no período, ele passa por acentuada reestruturação e modernização de seu espaço agrícola e agroindustrial, além de também se beneficiar da implantação dos novos segmentos industriais modernos, em particular nas regiões de Campinas e do Vale do Paraíba.[13]

---

13 Para o exame das principais transformações ocorridas no estado de São Paulo e suas principais regiões, no período, ver CANO et al. (2007).

4
A desconcentração no período neoliberal (1990-2005)

No Capítulo 1, apresentei as linhas gerais do movimento da economia e da política econômica neoliberal implantada a partir de 1990, limitando-me aqui, tão-somente, a discutir as principais questões atinentes ao tema da desconcentração produtiva. O período foi fértil em discussões sobre a Questão Regional brasileira, em especial diante das vicissitudes da crise do Estado, da globalização e dos efeitos das políticas neoliberais.[1]

Este período também teve um péssimo início, com a forte recessão entre 1989 e 1993, quando o PIB brasileiro tem crescimento acumulado de apenas 2,7% (em São Paulo foi negativo: -2,4%), em decorrência da hiperinflação e dos draconianos e fracassados planos ortodoxos implantados naqueles anos. Depois, veio o Plano Real, que ancorou a política de estabilização na valorização do câmbio, na abertura abrupta da

---

1 Entre os principais trabalhos publicados, cabe citar: AFFONSO e SILVA (1995), ARAÚJO (1999; 2000), CANO (1998, cap. 6) e DINIZ (2005). Nos aspectos da inovação diante da questão regional, GALVÃO (2004) faz uma profícua discussão sobre as políticas regionais da União Européia.

economia e no colossal avanço da dívida pública interna, criando a ilusão de que assim poderíamos retomar um crescimento elevado.

As Tabelas 1.1 e 1.2 mostram o contrário: entre 1989 e 2004, o PIB cresceu à média anual de 2,4% para o Brasil, e 1,8% para São Paulo, ambas um pouco acima do pífio crescimento do período anterior. Como se verá ao longo do texto, os vetores principais do crescimento foram as exportações e, em segundo plano, a expansão mais recente do crédito ao consumidor. Juros elevados, câmbio valorizado e política econômica contracionista só poderiam resultar em baixo crescimento e, acima de tudo, na queda da taxa de investimento público e privado. Tanto cresceram as exportações de produtos básicos – agrícolas e minerais – quanto as de semimanufaturados e manufaturados industriais, predominantemente de baixo e médio valor agregado.

É preciso enfatizar que a deterioração fiscal e financeira do Estado aumentou, transmitindo-se aos demais governos subnacionais. Com isso, os investimentos públicos estaduais e municipais também caíram, assim como feneceram as políticas nacionais e regionais de desenvolvimento, crescendo então a famigerada "guerra fiscal". Ao longo desse processo, aumentou também a deterioração técnica, política e econômica dos órgãos regionais de fomento (Sudam e Sudene), que acabaram por ser extintos.[2] Há que registrar que o principal órgão do desenvolvimento regional – o Ministério da Integração Nacional – tem-se empenhado desde 2004 na formulação de planos regionais de desenvolvimento, os quais, a despeito de sua boa qualidade, estão completamente desgarrados do contexto macronacional, pela ausência de uma política nacional de desenvolvimento.[3]

A Tabela 2.1 (Cap. 2) espelha esse resultado, mostrando que as regiões que mais pontos porcentuais ganharam em termos do PIB foram as da expansão das fronteiras agro e mineral: Norte e CO-DF. Outro grande ganhador foi o Rio de Janeiro, dada sua notável expansão na extração petroleira, seguido pelo Espírito Santo – graças à expansão da pelotização,

---

2 Foram extintos em 2001, e sua reabilitação foi pleiteada por movimentos sociais regionais durante a campanha presidencial de 2002. Só no início de 2007, esses órgãos foram recriados pelas Leis Complementares nº 124 e 125, de 3.1.2007.

3 Para uma síntese crítica desses Planos, ver GUIMARÃES (2006).

Desconcentração produtiva regional do Brasil: 1970-2005

de metalurgia, celulose e petróleo. O Distrito Federal foi outro ganhador, provavelmente pelo fato de sediar o governo federal, cujo gasto cresceu muito acima da expansão média da economia. O Nordeste recuperou parte do terreno perdido nos últimos trinta anos, atingindo 14%, índice porcentual próximo aos que havia obtido em 1959 e em 1985. Das regiões mais ganhadoras, o único estado que perdeu alguns pequenos pontos foi o do Pará, contudo, seu crescimento foi positivo no período.

Os três estados do Sul e Minas Gerais tiveram perdas em torno de apenas 0,1%, mas registraram crescimento positivo, ao passo que o maior perdedor foi São Paulo, que no período perde cerca de sete pontos percentuais. Fiz um simples exercício prospectivo, mantendo a ponderação de 1989 (quando São Paulo detinha 37,8% do PIB) e usando as taxas apontadas na Tabela 1.1 (Cap. 1), para o Brasil e para São Paulo, e ele resultou em uma participação estimada, para 2004, de 34,7%, muito acima do resultado apontado pelas Contas Regionais, de 31,1%. Não consigo perceber as razões para isso, salvo se profundas mudanças na estrutura dos preços relativos e da produção tivessem ocorrido, aumentando fortemente as diferenças entre São Paulo e o restante do país. No Apêndice Metodológico, faço algumas considerações sobre essas gritantes diferenças entre as CRs, de um lado, e outros indicadores principais de atividade, de outro.

Entre a década de 1980 e a seguinte, a taxa de crescimento da população do país caiu de 1,9 para 1,6% (em São Paulo, de 2,1 para 1,8%), com o que a renda média por habitante, que tivera o medíocre crescimento médio anual de 0,3%, passou a crescer à de 0,8%. Destino pior teve a de São Paulo, com taxa negativa de crescimento no primeiro período e nula durante o segundo. A Tabela 2.2 (Cap. 2), por isso, não poderia mostrar cifras melhores de convergência entre as rendas médias regionais no período. Há que lembrar, ainda, que as taxas demográficas do Norte e do Centro-Oeste-Distrito Federal continuaram sendo as mais altas do país, diminuindo, assim, parte do crescimento da renda média por habitante dessas regiões. Assim, e apesar de tudo, as diferenças diminuíram, mas, há que relembrar a forte influência da diminuição regional diferenciada do movimento demográfico e do desempenho econômico pior de vários estados, como mostrei anteriormente.

O Nordeste consegue, no período, atingir e ultrapassar ligeiramente a média do país, mas em parte isso se deve a seus enormes fluxos emigratórios, que resultam na menor taxa de crescimento populacional do país. O Norte e o CO-DF, pelas razões já apontadas, tiveram avanços modestos e os melhores resultados foram os do Espírito Santo e do Rio de Janeiro. O avanço da renda do Distrito Federal certamente decorre, em maior medida, mais de um efeito estatístico, por ser sede local do governo, do que por uma grande expansão real produtiva. Enfim, os dados mostram, cruamente, que o tema da convergência/divergência em termos regionais não pode ser analisado apenas pelos dados da renda média, salvo quando a economia cresce vigorosamente por todo o território nacional, e não como tem ocorrido nestes últimos 25 anos de crise!

A seguir examino sucintamente o movimento na Agropecuária, na Extrativa Mineral e no Setor Serviços, para em seguida aprofundar um pouco mais a análise do setor da Indústria de Transformação.

4.1 Agricultura

Os quinze anos que abarcam este período foram muito problemáticos para esse setor. Ele se inicia com uma hiperinflação seguida de mais um fracassado Plano de Estabilização – o Plano Collor –, recrudescendo a inflação até a metade de 1994. Daí, até janeiro de 1999, a valorização cambial e liberalização das importações colocaria em grande desvantagem a produção nacional de vários produtos ("importáveis") como algodão, trigo, arroz e leite, entre outros, afetando negativamente a produção interna e barateando sobremodo os preços para o consumidor interno. Para os "exportáveis" (soja, café, carnes etc.) os efeitos negativos do câmbio valorizado, dos altos juros e do curto crédito interno foram em parte compensados pela eliminação de impostos, forte diminuição dos preços dos insumos importados, pelo acesso internacional de crédito mais barato e pelo afrouxamento das restrições anteriores à liberalização das exportações agrícolas.

Tomado o período 1992-98, enquanto as exportações de produtos agropecuários e agroindustriais aumentaram 55% (passam de US$ 13,5 para US$ 20,1 bilhões) as importações cresceram 145% (de US$ bilhões, de 3,3 para 8,5), e, no caso de alguns produtos – notadamente laticínios, algodão e produtos alimentares industrializados –, o efeito foi drástico. Com a abertura, passamos de segundo maior exportador de algodão para importador dessa fibra! Somente após a desvalorização cambial de janeiro de 1999, e mais precisamente, a partir de meados de 2001, é que conseguimos reajustar nosso comércio externo desses produtos.[4]

Esta situação obrigou a agricultura a uma reestruturação produtiva, aumentando a concentração fundiária, introjetando mais progresso técnico, adensamento de áreas, intensificação do uso da terra em vários cultivos, elevando a produtividade média do setor. Em contrapartida, a desvalorização do câmbio a partir de janeiro de 1999 traria forte estímulo de preços para os exportáveis (e o contrário para os importáveis), culminando, a partir de 2002, com a elevação da demanda externa e de seus preços, graças ao "efeito China".

A partir da década de 1990, a agricultura familiar no Brasil passou a ser mais bem assistida, com programa especial de crédito (Programa Nacional de Fortalecimento da Agricultura Familiar – Pronaf), dada a importância econômica e social que representa (cerca de três quartos do emprego rural, menos de um terço da área e 38% do valor da produção, basicamente de alimentos). Em 2006, foi atendido 1,5 milhão de famílias, cifra ainda baixa diante do total de famílias do meio rural, estimado em cerca de 4 milhões.[5] As regiões Norte, Nordeste e Sul perfaziam, em 1996, 81% do número desses estabelecimentos, 70% da área por eles ocupada e 72% do valor da produção neles obtida.

Na análise desse período, não usarei a Tabela 3.1 (Cap. 3) de CR, pois essas contas apresentam contradições não explicadas. Por exemplo, estados ou regiões que tiveram, pelas CRs, crescimento do volume do valor agregado superior ao do Brasil, como Minas Gerais, perderam

---

4 Os dados citados excluem produtos químicos e equipamentos para a agropecuária, e estão nas p.344-5 de CONCEIÇÃO e GASQUES (2001), trabalho que contempla ampla análise sobre o setor nesse período. Para a agricultura de São Paulo, ver GONÇALVES et al. (2007).

5 Dados obtidos em DELGADO (2004).

participação relativa na mesma variável; e outros, como São Paulo, ganharam. Assim, limito-me aqui ao exame dos dados dos efetivos de rebanho e das lavouras constantes na Tabela 4.1.[6]

Para o conjunto do Brasil, o efetivo de bovinos (204,5 milhões) e o de aves (759,5 milhões) tiveram aumento em torno de 42%, mas o de suínos (33 milhões) foi nulo. Contudo, lembro as observações feitas na análise do período anterior, sobre aumento do progresso técnico, que torna desnecessária parte do aumento do efetivo, dadas as expressivas melhorias ocorridas em termos de raças, manejo, nutrição, saneamento, menor tempo de desmama e menor tempo de engorda, entre outros. O aumento da produção de carnes, em termos de peso das carcaças dos animais abatidos no período, comprova largamente isso: 115% na dos bovinos, 190% na dos suínos e 402% na das aves.

Na produção de lavouras, a área colhida (em milhões de hectares – ha) passou de 55,2 para 62, com aumento de 16% nas lavouras temporárias e redução de 12% nas permanentes. Das dezoito lavouras apresentadas na Tabela 4.1, aumentaram suas áreas (em 1.000 ha), apenas as de banana (8), cana (1.557), coco (87), fumo (173), soja (9.328) e sorgo (766). Como se vê, entre elas está a da produção do álcool de cana e produtos exportáveis, direta ou indiretamente (caso do sorgo). Essa forte expansão de área em cana e soja se deve não só ao forte incremento da produção física, mas também ao fato de o crescimento de suas produtividades ter sido modesto. A soma das áreas colhidas com café, cana, laranja, milho e soja, que concentravam 61% da área colhida total em 1989, passaram a concentrar 69% dela em 2004: em São Paulo, essas cifras passaram de 77 para 83%.

A expressiva redução das áreas das demais culturas tem várias explicações: a crise do algodão arbóreo e do cacau no Nordeste, o aumento da prática de adensamento de certas culturas permanentes e a forte elevação das produtividades em quase todas, onde despontaram aumentos acima de 70% para algodão, café e coco; em torno de 70% no arroz, feijão, milho e sorgo; 49% na laranja; em torno de 20 a 30% no fumo e

---

6 As dezoito lavouras constantes dessa tabela representam 97% da área total de lavouras e 83% de seu valor de produção.

trigo; e entre 15 e 20% na cana e soja, e de apenas 8% na mandioca. Dessas culturas, as que mais perderam áreas (em 1.000 ha) foram arroz (1.517), feijão (1.202), café (658), algodão arbóreo (612), milho (520), trigo (474) e algodão herbáceo (356).

A Tabela 4.1 mostra taxas de crescimento expressivas, como as de café, cana, milho e soja, em torno de 60%, e laranja, em 39%; e mais modestas em arroz (20%) e feijão (28%), estas pouco abaixo da taxa demográfica de crescimento do período. As elevadas do sorgo não são mostradas, dada sua pequena base produtiva em 1989. As poucas culturas que tiveram redução foram o algodão arbóreo (-94%), cacau (-42%), sisal (-18%), todas no Nordeste, além da banana (-3%).[7] Como se vê, os maiores crescimentos se deram em exportáveis, cana e produtos para ração animal.

Também nesse período predominaram os produtos exportáveis, os produtos para rações (soja, milho e sorgo) e cana para álcool e açúcar, tendo os alimentos simples (basicamente arroz e feijão) um crescimento moderado. Isso em parte decorre de a valorização cambial e as importações terem barateado vários produtos protéicos, em especial carne de aves, certamente alterando a dieta alimentar de grande parte da população, compensando o menor crescimento demográfico, o alto desemprego e a precarização do mercado de trabalho. Como se sabe, entre os produtos que mais cresceram, predominam aqueles que mais introjetaram progresso técnico e reduziram o emprego agrícola, o qual, tomados os anos censitários de 1991 e 2000, se reduz em 30% para o Brasil, sendo a redução nas regiões situada entre 40% no Nordeste e 22% na Região Norte.[8]

A expansão da demanda foi fortemente estimulada pelas exportações, entre 1989 e 2005, cujo volume passou de (em milhões de toneladas) 24,3 para 85,2, aumentando em 250%, e seu valor passando de US$ 10,5

---

7 Embora as quantidades físicas de banana tenham apresentado essa redução, é preciso advertir que houve muitas alterações nessa produção, crescendo tipos mais leves (*prata, maçã* etc.) e mais caros do que a tradicional *nanica*, que teve sua produção reduzida.

8 Os dados se referem à PEA Agrícola Restrita. Ver Cap. 5.

para US$ 32,4 bilhões, crescendo 207%, em virtude das melhorias de preços nos anos mais recentes: nelas se realçam as de produção animal, cujo valor (6,3) decuplica no período, a de alimentos (8,9), matérias-primas (12,5), celulose (1,7), e couros e madeiras (1,3 cada uma).[9]

Tabela 4.1 – Variação da produção física vegetal e de efetivos animais entre 1989 e 2004 (% arredondada)

	Brasil	Norte	Nordeste	Minas Gerais	São Paulo	Sul	Centro-Oeste
Bovinos	42	204	0	6	12	11	64
Suínos	0	-45	-26	9	-15	39	18
Aves	43	-31	-17	27	26	82	183
Algodão arbóreo	-94	–	-94	–	–	–	–
Algodão herbáceo	109	-70	304	73	-56	-90	1215
Arroz	20	38	-34	-72	-78	56	54
Banana[1]	-3	41	31	73	-24	-20	-41
Cacau	-42	2	-59	–	–	–	–
Café[2]	61	39	63	112	10	-45	10
Cana-de-açúcar	64	9	-6	44	90	156	183
Castanha-de-caju	31	1000	29	–	–	–	–
Coco	205	232	145	...	...	...	...
Feijão	28	9	7	76	-14	48	130
Fumo	106	...	-35	–	–	122	–
Laranja[3]	39	210	68	98	33	109	161
Mandioca	1	58	-26	-7	104	6	15
Milho	57	42	61	79	24	52	85
Sisal	-18	–	-18	–	–	–	–
Soja	67	676	489	128	37	37	172
Sorgo	800	(x)	600	(x)	250	-26	(x)
Trigo	5	–	–	...	-60	11	...

Fonte (dados brutos): Censo Agrícola de 1980 do Ministério da Agricultura.

(x) Taxas muito altas, dada a pequena base inicial.

1, 2 e 3: O IBGE informava a produção desses produtos, até 2000 para 1 e 2 e até 2001 para 3, respectivamente, em 1.000 cachos, café em coco e em 1.000 frutos, que passaram a ser informados em T.

Como o IBGE não informa oficialmente como converter essas unidades, consultei técnicos do IEA-SAA-SP, que me forneceram os seguintes conversores:1: SP e SC: 26 k/cacho e demais UFs 9 k/cacho; 2: café em coco/beneficiado: 2:1; 3: SP e NE 6,716 frutos/k e demais UFs 7,015 frutos/k.

---

9 Exportações de produtos brutos e semimanufaturados, não incluindo os fios têxteis.

Vejamos um balanço regional resumido do setor. O Norte teve pequena expansão de área, em parte obtida por substituição de áreas que cultivavam arroz, feijão e algodão, com os maiores aumentos se dando em soja, mandioca, milho, banana e café. Ainda assim, o desmatamento prosseguiu, tanto pela expansão da pecuária quanto da soja e da extração de madeira. Os maiores ganhos de produtividade foram registrados em soja, arroz e cana. A produção de sorgo cresceu 10 vezes, a de soja, 7, e a de coco, 3 vezes. As de banana, café, mandioca, arroz e milho cresceram em torno de 40% cada uma e apenas a de algodão caiu (-70%). Os efetivos de bovinos (40 milhões) triplicou, com a participação regional subindo de 9,5 para 19,5%. Mas o de aves (18,6 milhões) se reduziu (-31%) e o de suínos (2,1 milhões) também (-45%), com o que a participação da região passou de 5 para 2,4% no de aves e de 15 para 6,7% no de suínos. A redução desses dois efetivos também ocorreu no Nordeste, certamente em virtude de condições regionais desfavoráveis a essa produção moderna.

O mau desempenho agrícola do Nordeste pode ser visto pela redução líquida de sua área colhida, em cerca de 2 milhões de ha, e com expansão de área apenas em castanha-de-caju, coco, laranja, soja e sorgo. A região, além de ter sofrido as secas de 1993 e de 1998-99, foi fortemente atingida pelas crises do algodão arbóreo, que praticamente destruiu essa cultura e pela do cacau (doença "vassoura-de-bruxa") que reduziu a produção em 59%. Além dessas, também a produção do sisal entrou em crise, pela substituição de sintéticos, reduzindo a produção em 18%. Sua tradicional e atrasada cultura de cana também não resistiu à modernização do restante do país, caindo sua produção em 6%, fato similar ao que ocorreu com o fumo, cuja produção se reduz em 35%.

Também a tradicional mandioca, que o Nordeste detinha 50% da produção nacional, parece ter sofrido a competitividade adversa, caindo 26%, e no arroz de sequeiro, cuja produção se reduz em 34%. Seus dados positivos ficaram com o sorgo, que aumenta 7 vezes, a soja, que cresceu 5 vezes, com o algodão herbáceo, que quadruplica a produção, o coco, que a duplica, com fortes aumentos também nas culturas de café (63%), milho (61%), laranja (68%), banana (31%) e castanha-de-caju (29%). Nessas culturas, a produtividade cresceu, como no restante do país. Ali também os exportáveis tiveram melhor sorte. Os maus números também figuram com relação ao efetivo de rebanhos, em que o bovino tem crescimento nulo, e os de suínos e de aves caem, respectivamente, de -26% e -17%.

Minas Gerais também acompanhou a modernização nacional, apresentando aumentos fortes de produtividade praticamente em todas as culturas aqui analisadas e pequena redução líquida de área colhida. Sua produção só se reduziu em fumo, mandioca e arroz de sequeiro (nesta, em -72%). Nas demais, mostrou aumentos expressivos, em sorgo, café e soja (duplicam), laranja (98%), feijão, milho e algodão (75%), banana (73%) e cana (44%). Seus efetivos de rebanhos mostraram aumentos pequenos em bovinos e suínos e mais expressivos em aves (27%). No Espírito Santo, embora a redução de área colhida continuasse, ainda se preservou a do café – cuja produção duplica – e ampliou-se a da cana e de reflorestamento. O Rio de Janeiro continuou reduzindo suas áreas, diminuindo ainda mais a posição de sua agricultura no cenário nacional. Nestes dois estados, a produção de alimentos simples (arroz, feijão e banana) e do milho sofrem acentuada redução de área e de produção, mostrando aumentos de produção basicamente em cana e café (além de laranja, no Espírito Santo).

São Paulo continuou sua reestruturação, substituindo áreas de culturas menos rentáveis e produtivas, ou por forte elevação de produtividade ou ainda por maior adensamento. Assim (em 1.000 ha), as perdas foram altas em algodão (185), arroz de sequeiro (220), café (430), feijão (180), laranja (110), milho (250) e trigo (150), somando o total de 1,5 milhão de ha. As que mais expandiram a área foram a cana (1.250), a soja (190) e o sorgo (85). Isso se refletiu em fortes reduções da produção de algodão (-56%), arroz (-78%), banana (-24%), feijão (-14%) e trigo (-60%). Os maiores aumentos de produção foram registrados em sorgo (200%), cana (90%), mandioca (104%), soja (37%), laranja (33%), milho (24%) e café (10%).

Seus efetivos de rebanhos, pelas razões de aumento de produtividade já apontadas, cresceram em 12% o de bovinos e 27% o de aves, com forte redução no de suínos (-15%).[10] Comprovando essa questão,

---

10 No caso da carne bovina, a elevada produtividade decorre do fato de que São Paulo cada vez se especializa mais na fase de "terminação" do processo produtivo, para o abate.

Desconcentração produtiva regional do Brasil: 1970-2005

lembro que, em 2004, a produção de carne bovina em São Paulo, de um milhão de toneladas, era a maior do país e representava 18,2% do total nacional. A de aves, no total de 1,2 milhão de toneladas, era a terceira maior do país, representando 16,6% do total nacional e a de carne suína, de 97 mil toneladas, representava 5,2% do total nacional, e era a sexta maior do país.

A Região Sul teve fortes reduções de área em algodão, café, feijão e trigo, expandindo as áreas de cana, fumo e a soja, que incorporou mais 1,8 milhão de ha. Com a elevação de produtividade em quase todas as culturas, teve fortes incrementos de produção em cana (150%), laranja (109%), arroz (56%), milho (52%), feijão (48%) e soja (37%), sofrendo as maiores reduções em algodão e café, sobretudo no Paraná, e banana. Seu efetivo de rebanhos cresceu: 11% o de bovinos, 39% o de suínos e 82% o de aves. Com isso, passou a representar 44% do efetivo nacional de suínos, produzindo 1,3 milhão de toneladas dessa carne (70% do total nacional), e 50% do efetivo de aves, cuja produção de carne totalizou 4,2 milhões de toneladas, ou 60% do total nacional.

O Centro-Oeste teve elevação expressiva da produtividade em quase todas as suas culturas. Foi a região de maior expansão líquida de área (7,3 milhões de ha), com redução expressiva apenas em arroz (-270 mil ha). As maiores expansões se deram na soja (5.7 milhões de ha), seguida pelas do milho (655 mil ha), do sorgo e do algodão (560 mil ha cada) e da cana (310 mil ha). O crescimento da produção foi elevado, com a do algodão crescendo 12 vezes, a da soja e da cana aumentando cerca de 180% cada uma, a do feijão (130%), a do milho (85%) e a do arroz (54%). Com esses resultados, passou a concentrar grandes frações da produção nacional de algodão (63%), sorgo (62%), soja (48%), milho (23%) e arroz (21%). Seu efetivo de rebanhos apresentou os maiores incrementos: 64% em bovinos, 18% em suínos e 183% em aves, com o que passou a representar, respectivamente, 35, 12 e 10% do total nacional. Avançou também na produção de carnes, detendo 39% do total nacional de carne bovina, 12% da suína e 10% da de aves.

Infelizmente, os dois últimos Censos Agropecuários são os de 1985 e 1995, razão pela qual o exame da evolução do número de tratores fica prejudicado. Contudo, como já apontamos no Capítulo 3, a frota sobe, entre esses dez anos, de 665 mil unidades para 804 mil, aumento pequeno, se comparado com o ocorrido entre os cinco anos de 1980 a 1985. As maiores expansões deram-se no Norte (54%), que passou a contar com 18,5 mil tratores; Minas Gerais (48%), com frota de 89,8 mil tratores; e no Nordeste e no Centro-Oeste (33% cada um), cujas frotas passaram a, respectivamente, 55,5 mil e 114,7 mil tratores. O Sul aumentou-a em 17%, atingindo 335 mil tratores e São Paulo, embora com pequeno aumento (7%), já contava com a expressiva frota de 170,6 mil tratores.

O aumento da produção exportável, como no período anterior, ocorreu sobretudo na grande propriedade, e com mecanização crescente. Nos cultivos mais rentáveis da pequena e média propriedade, a intensificação tecnológica foi também outro fator de desemprego. Esses fatos e mais o desmatamento e as queimadas estimularam ainda mais a *Agricultura Itinerante*.

4.2 Indústria Extrativa Mineral

As CRs mostram que este setor, que em 1989 perfazia apenas 1,1% do PIB nacional (total), saltava para 4,6% em 2004, graças não só à expansão física da produção e das exportações, mas, principalmente, dos preços internacionais, sobretudo do petróleo e de vários minerais metálicos, particularmente a partir de 2002, graças, em grande parte, ao "efeito China".[11] Nesse período, essa participação nas principais regiões mineradoras também se alterou fortemente:

a) o AP foi um dos poucos estados em que ela caiu (dos 15% até meados da década de 1980) para apenas 3% neste período, e isso se deve à exaustão da mineração do manganês;

---

11 Embora esses preços tenham crescido em termos nominais, em termos reais, comparados com os de 1980, eles eram menores em 50%, no caso do alumínio, 39% no do ferro, 30% no de cobre e 5% no de petróleo. É verdade que os preços aumentaram ainda mais em 2005 e 2006, anos que ultrapassam a análise deste tópico. Ver CANO (2007d).

Desconcentração produtiva regional do Brasil: 1970-2005

b) em Minas Gerais, ela também cai de 2,8% em 1989 para 2,2% em 2004, em virtude de dois fatos principais: as maiores taxas de crescimento dos demais setores e, em particular, o baixo crescimento de seu principal minério, o ferro;
c) no Espírito Santo, ela sobe, de 1,3 para 2,1%, graças à expressiva expansão do segmento petrolífero e de pelotização; e
d) ela sobe fortemente no Rio Grande do Norte (de 6,8 para 17,8%), em Sergipe (de 9,2 para 19,8%) e no Rio de Janeiro (de 3,7 para 28,2%), graças à expansão petrolífera. Nesses três estados, essa participação ultrapassou, nesse período, o peso da Indústria de Transformação, que continuou a ter crescimento medíocre, em particular no Rio de Janeiro.

A expansão de seu PIB real, pelas CRs, mostra uma taxa média anual, para o Brasil, de 5,4%, pouco acima das do Norte e do Espírito Santo, 4,3% para ambos, sendo a do Rio de Janeiro a mais elevada (8,6%). A do Centro-Oeste foi pequena (1,5%) e negativas as do Sul (-1,7%) e do Nordeste (-0,1%), neste em face do mau desempenho da Bahia.

A forte mudança da participação do PIB setorial das principais regiões produtoras sobre o PIB setorial nacional (Tabela 3.3) merece esclarecimentos adicionais, em face da altíssima participação do Rio de Janeiro (sobe de 40,2 para 78,3%), que, estatisticamente, diminui a das demais regiões. A rigor, de todas as regiões constantes naquela tabela, apenas a de Minas Gerais (que cai de 23,5 para 4,5%) representa perda efetiva na participação nacional, pelas razões acima apontadas.

Embora os níveis de produção tenham tido acentuados aumentos, dado que esse período abarca quinze anos (1989-2004), e o anterior (1980-89) apenas nove, é preciso levar isso em conta, para não se iludir com as variações acumuladas no período. Para o conjunto do Brasil, a extração de petróleo passa de 34,6 para 86 milhões de m^3, um aumento de 149%, mas sua taxa média anual neste período (2,7%) foi substancialmente menor do que a do período anterior (14,1%), obrigando-nos a refletir mais sobre as possibilidades de manter auto-suficiência nessa área. A recente informação (novembro/2007) sobre descoberta de grandes reservas na Bacia de Santos parece afastar esse risco, para pelo menos 15 a 20 anos. Embora a maior expansão relativa tenha sido a do

Norte e a do Espírito Santo, suas produções, que respectivamente passam de 0,2 para 2,5 e de 0,2 para 1,9 são pequenas no contexto nacional (3 e 2,2%). A do Rio de Janeiro triplicou, subindo de 20,4 para 70,5, mas a do Nordeste cai 22,7%, graças, em especial, às fortes reduções em Sergipe (-50%) e na Bahia (-41%).

Em gás natural, ela passou de 6,1 para 17 bilhões de m³, resultando na elevada taxa média anual de 7%, que, entretanto, é inferior à do período anterior (12%). A maior expansão foi a do Rio de Janeiro, cuja produção passa de 2,4 para 6,8 bilhões de m³ com taxa média anual de 7,2% e aqui, pelo que consta, há possibilidades de que a produção continue tendo crescimento alto. A segunda maior região produtora foi a do Nordeste (passa de 3,4 para 5,6 bilhões de m³), e a do primeiro maior crescimento relativo foi a do Norte (Amazonas), que passa de 0,05 para 3,6 bilhões de m³. Neste segmento, a desconcentração foi virtuosa, não causando perdas absolutas a nenhuma região produtiva.

A produção de minério de ferro beneficiado cresceu 25%, cifra bem menor do que a do período anterior, atingindo 197 milhões de toneladas. Mas, enquanto o Pará mais que duplicava sua produção, a de Minas Gerais crescia apenas 1,7%, passando-a, de 124,4 para 126,6 milhões de toneladas. As cifras dos anos recentes mostram um baixo crescimento em Minas Gerais, em decorrência, em parte, da nova estratégia da Companhia Vale do Rio Doce, que, após a privatização, transferiu para o Pará boa parte do aumento das exportações. Com isso, a participação de Minas Gerais no total nacional caiu de 79 para 64%.

A produção de ouro caiu de 54,5 toneladas para 48,5 e, destas, 19,2 toneladas são constituídas de ouro secundário (certamente de garimpo), que infelizmente o governo não informa em que regiões ocorreu. Pelos dados de anos anteriores, contudo, 60% dessa produção deve ter ocorrido no Norte e boa parte do restante em Minas Gerais. A produção de ouro primário (de empresas mineradoras) atingiu 29,2 toneladas, cujos principais produtores foram Minas Gerais (54%), Goiás (32%) e Nordeste (8%).

A de bauxita (beneficiada) cresceu 178%, passando de 7,4 para 20,5 milhões de toneladas, e, como os acréscimos relativos foram semelhantes nos dois maiores produtores, suas participações relativas (85% para o Pará e 15% para Minas Gerais) praticamente se mantiveram. As exportações de alumínio (semimanufaturados e manufaturados) passaram de 533 mil para 1 milhão de toneladas e de US$ 1.102 para US$ 1.868 milhões, com o que o Brasil passou a ser o quinto maior produtor e exportador mundial do metal.

As exportações do setor mineral, entre 1989 e 2004, passam de 131 a 247 milhões de toneladas e, em valor, de US$ 3.442 a US$ 10.135 milhões. Em 1989, as exportações de minerais metálicos participavam com 71% do valor do total exportado pelo setor, cifra que cai para 52% em 2004, em face não só do maior aumento físico das demais exportações minerais, mas também do maior aumento de seus preços, notadamente do petróleo, com o que o segmento de petróleo e combustíveis tem sua participação aumentada de 25 para 44%. A participação das exportações de minerais, no total das exportações do Brasil, pouco mudou, passando de 10 para 10,5% no período.

4.3 Setor Serviços

Mantenho aqui o mesmo procedimento metodológico de não deflacionar os valores do PIB terciário, somente usando seus dados relativos. Igualmente, para ampliar o conteúdo analítico do setor, uso alguns dados de emprego das PNADs de 1989 e de 2004. Pela impossibilidade de retirar (da PNAD de 1989) os dados demográficos de Tocantins da região Centro-Oeste e agregá-los ao Norte, mantenho neste tópico, desse período, a mesma agregação regional, com Norte (exclusive Tocantins) e Centro-Oeste + (Tocantins-Distrito Federal).[12] Para compatibilizar as análises de emprego e renda, também procedi da mesma forma com os dados das CRs.

Ao contrário do período anterior, em que este setor crescera bem acima do PIB total, neste suas taxas são semelhantes, sendo, entretanto, maiores do que as verificadas no setor industrial. Mas, ao contrário do período anterior, o peso do terciário no PIB total cai ligeiramente, de

---

12 Ver nota 17, adiante.

50,3 para 46,6% no Brasil, e de 48,2 para 47,2% em São Paulo. Aqui também renovo as advertências que fiz nas Tabelas 1.1 e 1.2 (Cap. 1) sobre a subestimação deste setor.

– O terciário visto pelas Contas Regionais

Com os Índices de Produto Real das Contas Nacionais e Regionais calculei as taxas médias anuais do crescimento da renda do setor, entre 1989 e 2004, que foram de 2,5% para o Brasil e de 1,8% para São Paulo. Com isto, a participação de São Paulo no Brasil cai de 36,1 para 31,5%, queda demasiada, se a confrontarmos com o diferencial das taxas de crescimento de ambas as regiões.[13] Contudo, a ocorrência de alguns fatos marcantes poderia ser responsável por parte dessa queda: a estabilização monetária a partir de meados de 1994, contraindo o sistema financeiro, e as privatizações de vários serviços públicos, que alteraram a localização regional de várias sedes de empresas e de várias plantas.

A Tabela 3.4 (Cap. 3) mostra que, em termos do terciário total, entre 1989 e 2004, apenas as regiões de urbanização mais consolidada perderam pontos porcentuais na participação nacional: São Paulo (-4,6), Rio de Janeiro (-2,3) e Distrito Federal (-4,5), em decorrência de que foi nas demais regiões que ocorreram as maiores taxas de crescimento da produção agrícola e industrial, assim como as maiores taxas de expansão urbana se deram na maioria delas, causando forte ampliação da demanda de uma grande série de serviços públicos e privados. É preciso esclarecer que a forte queda do Distrito Federal, em grande parte, se explica pela estabilização monetária e contração financeira, além de outros fatores, como as privatizações ocorridas no período, que retiraram de Brasília algumas centralidades de antigas empresas estatais. O Espírito Santo foi o maior ganhador em termos relativos, quase dobrando sua participação, que passa de 1,1 para 2,1%.[14]

---

13 Ver advertência metodológica na nota 4 do Cap. 1.

14 Além da expansão da demanda de serviços decorrente do crescimento industrial, no caso do Espírito Santo, também as terceirizações das estatais privatizadas (CST, CVRD, Aracruz e Escelsa certamente ampliaram o emprego do setor, mas, neste caso, à custa da equivalente redução nos setores de origem. Agradeço a meu colega Fernando Macedo, do IE-Unicamp, esta e outras observações que fez sobre o texto.

Mas a expansão periférica da economia urbana que caracteriza este período decorre não só do crescimento desconcentrado da indústria, mas também da mineração e da agricultura. Há que considerar que o êxodo rural cresceu ainda mais, diminuindo mais uma vez a população rural, que, no Censo de 2000, somava 31,8 milhões de pessoas. Recordemos que as reformas neoliberais reduziram fortemente as taxas de crescimento da indústria. Ambos os efeitos – o rural e o industrial – precarizaram e informalizaram ainda mais o mercado de trabalho urbano, dobrando a taxa de desemprego aberto no setor urbano e multiplicando as subocupações urbanas, as quais, ainda que de baixa produtividade, também estimulam o crescimento da economia dos serviços.

Como fiz nos capítulos anteriores, utilizo neste apenas as relações e proporções da estrutura produtiva do setor, tratando em separado, de início, o segmento de *Instituições Financeiras*, e retirando o Distrito Federal do cômputo nacional – que passa a ser Brasil-Distrito Federal –, dado que ali se concentra parte substancial do movimento financeiro do governo federal. Esse segmento teve profundas alterações em sua estrutura e funcionamento, das quais apontamos as que julgamos mais relevantes para esta matéria:

a) após o fracassado Plano de Estabilização de 1989, a inflação recrudesce, e, em que pese outros dois planos em 1990 e 1992, marchamos para a hiperinflação, que só foi contida em julho de 1994 pelo Plano Real;

b) contudo, a política de estabilização teve como base o câmbio valorizado, elevados juros reais e contração do crédito interno, mas sua maior sustentação se deu pela colossal expansão da dívida pública mobiliária;

c) as políticas neoliberais, além disso, privatizaram ativos públicos e implantaram uma abrupta abertura comercial e financeira;

d) como resultado, além da estabilização, houve grande desintermediação financeira, contração do crédito ao sistema privado e aumento de operações com a dívida pública, cujo estoque chegou a atingir cerca de 50% do PIB;

e) houve profunda reestruturação do mercado financeiro, com a proliferação de fundos de investimento e outras formas de aplicação, em que imperaram os títulos públicos, mas em que também cresceram as aplicações em títulos privados; e

f) os elevados juros reais foram (e continuam sendo) excepcional atrativo para a entrada de capitais internacionais de caráter especulativo, com o que os negócios bursáteis ganharam extraordinária expansão, concentrada, porém, na Bolsa de Valores de São Paulo.

Um dos principais efeitos dessas transformações foi o de estimular e popularizar – pelo menos para as classes médias –, o ato de fazer aplicações em fundos de investimentos, além das antigas e tradicionais cadernetas de poupança – que continuariam a ser o principal veículo das classes de baixa renda. O maior estímulo residia na diferença entre a modesta remuneração das cadernetas e os juros mais altos oferecidos pelos fundos. Em contrapartida, o desenvolvimento da informática e da internet "trouxe o banco para dentro de casa", estimulando ainda mais essas atitudes.

A modernização dessas operações fez que essas aplicações se disseminassem pelas distintas regiões, deixando de ser uma espécie de privilégio de pessoas e empresas de São Paulo e do Rio de Janeiro, que eram as duas principais praças financeiras do país. Assim, embora a estabilidade tenha sustado a exacerbação dos preços, o desordenado crescimento da dívida pública e dos juros reais impediu que o segmento financeiro retornasse a níveis "normais", o que nos obriga a tratá-lo com especificidade neste livro.

A Tabela 3.5 (Cap. 3) mostra que o segmento *Instituições Financeiras*, entre 1989 e 1995 – após a estabilização de 1994 –, teve forte contração de sua participação nos respectivos PIBs regionais, fenômeno que diminuiria um pouco mais entre 1995 e 2004, a despeito da continuidade da prática de juros reais elevados.

No Rio de Janeiro, a transferência da sede do governo federal para Brasília foi aumentando gradativamente (desde a década de 1960) o "esvaziamento" financeiro daquela UF, fato ainda mais agravado por causa de seu retrocesso industrial relativo. Ao mesmo tempo, a concentração industrial e terciária em São Paulo converteu sua capital na maior praça financeira do país, promovendo uma concentração – a financeira – ainda maior do que aquelas citadas. Ainda assim, em São Paulo, o peso desse segmento no PIB total paulista cai de 21,3 para 9,6%, mas a concentração financeira acima citada faz que sua participação nacional (sobre a região Brasil-Distrito Federal) aumente ainda mais, passando de 50,3% em 1989 para 51,3% em 2004, embora São Paulo concentre, nesse ano, apenas 31% do PIB nacional total. Também apresentam aumentos expressivos em suas participações nacionais (sobre Brasil-CO-DF), Norte, Centro-Oeste, Espírito Santo e Nordeste em face do maior crescimento econômico dos três primeiros e das maiores taxas de urbanização dos quatro.

No Distrito Federal, a contração do segmento financeiro foi ainda maior, caindo sua participação nacional de 73,2% em 1989 para apenas 15%, cifra ainda alta para a densidade econômica dessa região, mas que é explicada por ser hospedeira do governo federal e ter, assim, computadas nessa cidade várias operações de caráter federal. As participações nacionais das demais regiões, dado o menor desenvolvimento de seus segmentos financeiros, situam-se pouco abaixo de suas participações nos demais setores produtivos.

Contudo, essas participações do segmento financeiro nos PIBs regionais – salvo em São Paulo – é hoje bastante inferior às que vigiam em 1980, denunciando a forte contração do crédito em relação à economia produtiva.

Vejamos as principais mudanças da estrutura produtiva do terciário, em cada região, advertindo mais uma vez que, como este livro não contemplou pesquisa de campo, detenho-me exclusivamente no exame dos agregados constantes da Tabela 4.2.

Para esta tarefa, mantenho a agregação regional usada no Capítulo 3: São Paulo; Sul + Minas Gerais + Espírito Santo + Rio de Janeiro; Norte + Nordeste + CO-DF, e Distrito Federal. Mantenho-a, pois, em que pesem as regiões periféricas terem tido as maiores taxas de crescimento da população urbana, o Norte e o Nordeste ainda mantinham taxas de urbanização, respectivamente, de 69,9 e 69% (Censo Demográfico de 2000). Em contraposição, a despeito da produção industrial do Norte, Nordeste e CO-DF também terem tido maiores taxas de crescimento, o peso de seus VTIs da Indústria de Transformação em seus PIBs totais ainda era de, no máximo, 20%, salvo no Amazonas (50%) e na Bahia (35%). Dessa forma, entende-se que suas estruturas produtivas terciárias ainda sejam menos complexas e menos diversificadas do que as das demais regiões.

A Tabela 4.2, para este período, mostra que algumas atividades tradicionais continuaram a perder peso relativo nas estruturas de praticamente todas as regiões, dada a forte expansão da urbanização na periferia, onde o terciário também aumentaria sua diversificação. Comecemos com a forte diminuição do *Comércio*, a mais tradicional de todas as atividades terciárias. Para o conjunto do país, ela perdeu 8 pontos porcentuais e, de novo, 10 pontos em São Paulo. A região Norte + Nordeste + CO-DF que, no período anterior, perdera 5 pontos, neste perde 10; o Sul e demais estados do Sudeste juntos perderam 5, ao passo que o Distrito Federal perdia 1. Visto o longo período de 1980-2004, esse segmento, que participava com cerca de 35% do total terciário (exclusive o segmento financeiro), situava-se em 2004 em cerca de 16%.

Os itens *Transportes* e *Alimentação e Alojamento* também apresentaram perdas generalizadas em quase todas as regiões, porém, em torno de 2 a 3%. Essas perdas parecem estranhas, tendo em vista que com a expansão urbana – e no caso de Transportes, também, a expansão do volume exportado – aumentaria fortemente a demanda de transporte e de alimentação fora do lar. É possível que a alteração dos preços relativos, via câmbio, e o barateamento dos combustíveis durante a maior parte deste período, tenham reduzido suas taxas de crescimento real.

O segmento de *Comunicações*, ao contrário, ganhou entre 2 e 3% em todas as regiões, salvo no Distrito Federal, onde perdeu 1. Nessa desconcentração regional, certamente foi importante a privatização e a divisão regionalizada dos antigos grupos Embratel e Telesp, alterando regionalmente a localização de várias sedes das novas empresas e novas plantas operadoras, além da elevada expansão da telefonia móvel.

Os maiores aumentos, contudo, deram-se no segmento de *Aluguéis*, cuja demanda urbana cresceu fortemente, mas teve resposta restringida na oferta de novas habitações, com o que seus preços relativos devem ter subido fortemente nos maiores centros urbanos. Em contraposição, como o segmento inclui as operações de *leasing* – de veículos, máqui-

Tabela 4.2 – Estrutura do PIB terciário, exclusive Instituições financeiras – 1980-2004

	São Paulo				Sul + (Sudeste - São Paulo)				(Norte + Nordeste + CO-DF)				Distrito Federal				Total			
	1980	1985	1989	2004	1980	1985	1989	2004	1980	1985	1989	2004	1980	1985	1989	2004	1980	1985	1989	2004
Terciário, exclusive Instituições financeiras	100,0%	100,0%	100,0%	100,0%	100,0%	100,0%	100,0%	100,0%	100,0%	100,0%	100,0%	100,0%	100,0%	100,0%	100,0%	100,0%	100,0%	100,0%	100,0%	100,0%
Comércio	35,8%	33,7%	26,0%	16,8%	33,3%	25,3%	23,1%	17,9%	31,8%	28,9%	26,3%	16,7%	11,4%	5,9%	5,4%	4,6%	33,3%	28,1%	24,1%	16,6%
Alimentos e alojamentos[1]	...	3,7%	3,4%	3,3%	0,0%	5,9%	6,2%	3,3%	...	5,8%	6,2%	3,0%	0,0%	3,8%	2,7%	0,8%	...	5,1%	5,1%	3,1%
Transportes	9,1%	7,7%	5,3%	4,2%	9,7%	10,5%	8,6%	5,4%	8,9%	8,1%	8,2%	5,0%	5,9%	5,3%	2,9%	2,6%	9,3%	8,9%	7,2%	4,8%
Comunicações[2]	...	3,6%	3,6%	6,6%	0,0%	3,3%	4,0%	5,2%	...	1,7%	1,9%	5,1%	0,0%	3,2%	3,4%	2,4%	...	3,0%	3,4%	5,5%
Aluguéis	15,8%	19,1%	23,8%	33,8%	14,9%	16,3%	16,7%	22,8%	15,8%	14,7%	12,0%	13,9%	10,1%	11,9%	8,7%	9,4%	15,2%	16,6%	17,6%	23,0%
Adm. pública	10,1%	22,1%	27,4%	25,8%	14,9%	28,4%	30,3%	35,6%	18,2%	32,0%	34,9%	45,6%	43,4%	64,4%	71,6%	76,6%	14,6%	28,5%	32,0%	37,3%
Saúde e educação	...	5,9%	7,7%	5,4%	0,0%	5,0%	6,3%	5,1%	...	5,0%	6,3%	5,2%	0,0%	3,9%	4,3%	2,7%	...	5,2%	6,7%	5,1%
Outros serviços	29,3%	2,2%	1,8%	2,7%	27,2%	3,6%	3,6%	3,5%	25,3%	2,5%	3,1%	4,4%	29,2%	0,3%	0,2%	0,2%	27,6%	2,8%	2,8%	3,3%
Serviços domésticos[3]	...	2,0%	1,2%	1,5%	...	1,7%	1,3%	1,2%	...	1,3%	1,1%	1,0%	0,0%	1,3%	0,8%	0,6%	...	1,7%	1,2%	1,2%

Fonte (dados brutos): FGV para 1980 e IBGE – Contas Regionais para 1985-2004.

Em 1980:

[1] estava inserido em Comércio;

[2] em transportes;

[3] Outros Serviços.

nas, equipamentos etc. – certamente essas operações tiveram crescimento mais expressivo, diante da queda do investimento privado e das altas taxas de juros sobre empréstimos e financiamentos, que limitam as intenções de imobilização de ativos fixos (ou móveis) próprios. O segmento ganhou 5 pontos na média nacional, 10 pontos em São Paulo, 6 no agregado Sul + Minas Gerais + Espírito Santo + Rio de Janeiro, somente 2 no Norte + Nordeste + CO-DF e apenas 1 no Distrito Federal.

O segmento de *Administração Pública* perdeu 2 pontos em São Paulo, provavelmente em virtude da contração dos gastos do governo estadual e de vários municipais, fortemente atingidos pelo endividamento público. Contudo, na região Norte + Nordeste + CO-DF ganhou 10 pontos e 5 em cada uma das demais, graças ao forte aumento da carga tributária e do gasto público federal corrente. Na média nacional, o segmento saltou de cerca de 15% em 1980 para 35% em 2004.

O de *Saúde e Educação* teve perdas entre 1 e 2% em todas as regiões, provavelmente devido ao desemprego crescente e à deterioração salarial, gerando forte inadimplência e crise no ensino privado. A expansão do sistema público de saúde SUS e a expansão dos chamados Planos de Saúde, privados, mas de custo mais barato, por outro lado, podem ter sido responsáveis, pelo menos em parte, por essas perdas no sistema de saúde privado.

Outros Serviços, segmento que contém os mais variados serviços (reparação, conservação, higiene pessoal, diversões, cultura etc.), e teve pequenos ganhos em quase todas as regiões, acompanhando a diversificação terciária da economia. O segmento de *Serviços Domésticos*, certamente, teve crescimento de sua renda contido pela deterioração salarial, uma vez que os Censos Demográficos de 1991 e de 2000 mostram forte aumento do emprego desse item. Ainda assim, suas perdas e ganhos foram muito pequenas em todas as regiões.

Já vimos (Tabela 3.4, Cap. 3) as principais alterações da participação do PIB terciário total, onde São Paulo, Rio de Janeiro e Distrito Federal foram os perdedores. Quando do total deduzimos o segmento financeiro, o Distrito Federal deixa de ser perdedor, mas São Paulo (-4 pontos porcentuais) continuou a ser o grande perdedor, secundado, de perto, pelo Rio de Janeiro e, de longe, pelo Sul, com reduzidas perdas. Isso se explica tanto porque São Paulo foi a região mais atingida pela crise e pelos perversos efeitos das políticas neoliberais quanto pelo fato que o maior crescimento econômico e urbano ter-se dado na maior parte da periferia, com ganhos porcentuais expressivos, com destaque especial, mais uma vez, para o Espírito Santo.[15]

Vejamos os dados da Tabela 3.4, cap. 3, sobre as participações regionais em cada um dos segmentos terciários. No segmento de *Comércio*, São Paulo perdeu 6,3 pontos porcentuais, graças à desconcentração produtiva regional. Norte e Nordeste também tiveram pequenas perdas, inferiores à unidade. Nas demais regiões, houve ganhos de participação nacional, sendo os de maior expressão os do Sul (3,4) e os do Rio de Janeiro (2,6), neste, provavelmente por causa da expansão petrolífera.

Em *Alimentação e Alojamento*, ganharam pontos somente São Paulo (9,1) e Sul (1,9) com as demais regiões perdendo pontos, com destaque para o Rio de Janeiro (-4,7). É provável que o extraordinário desenvolvimento da gastronomia e da hotelaria em São Paulo seja responsável por seus ganhos, mas só uma pesquisa bem mais detalhada do que esta poderia tentar elucidar isto. Ao mesmo tempo, a perda do Rio de Janeiro também mereceria maior investigação, dado que era o maior centro turístico do país.

Em *Transportes*, o maior destaque é a perda do Sul (-4,9), acompanhado pelo Centro-Oeste + Tocantins-Distrito Federal (-1,8); números aparentemente estranhos, se lembrarmos que as duas regiões estão entre as que mais cresceram no país. As demais regiões tiveram ganhos moderados, com destaque para Minas Gerais (1,6) e Espírito Santo (1,2), ambas beneficiadas pela expansão do volume exportado por seus territórios. Em *Comunicações* deu-se o esperado, graças às privatizações, que proporcionaram nova configuração regional ao setor. Assim, perderam

---

15 As taxas médias anuais (1991-2000) de crescimento da população urbana foram de 4,8% no Norte, 3,2% no Centro-Oeste-Distrito Federal, de 1,4% no Rio de Janeiro, 1,9% em São Paulo e no Rio Grande do Sul, entre 2,6 e 3,1% nas demais regiões, sendo de 2,4% na média nacional.

pontos São Paulo (-0,4), Rio de Janeiro (-14,9) e Distrito Federal (-1,6). Entre os ganhadores, os maiores foram Sul (4,3), Nordeste (5,8) e Centro-Oeste + Tocantins-Distrito Federal (2,9).

Em *Instituições Financeiras,* a estabilização dos preços reacomodou o segmento, promovendo forte perda ao Distrito Federal (-12,3), pelo fato de ser o hospedeiro do governo federal. Por razões também já apontadas, o segundo maior perdedor foi o Rio de Janeiro (-7,5). São Paulo foi o maior ganhador (7,1), passando de 40,6 para 48,1% do total nacional (incluído o Distrito Federal), índice muito acima de sua participação nacional no terciário total (31,5%). Entre as demais regiões, a que teve ganhos mais expressivos foi o Sul (4,6).

Em *Aluguéis,* os maiores perdedores foram São Paulo (-2) e Rio de Janeiro (-3), mas é necessário lembrar que os dois concentram 56% do segmento nacional, e, assim, essas perdas devem ser consideradas decorrentes da intensificação urbana maior em outras regiões. O ganho mais expressivo foi o de Minas Gerais (2,9) e, em termos relativos, o do Espírito Santo (1). Nordeste e Centro-Oeste + Tocantins-Distrito Federal tiveram perdas, mas com cifras reduzidas.

No segmento de *Saúde e Educação* privadas, a perda foi grande em São Paulo (-7,3) e menor no Rio de Janeiro (-1), estados mais afetados pela crise, tendo o Sul absorvido o maior aumento (3) e as demais regiões todas com ganhos mais reduzidos. Em *Outros Serviços,* o Sul teve moderada perda (-1,5), mas a do Rio de Janeiro (-9,8) foi muito alta, e provavelmente decorre não apenas de sua longa e gradativa perda de posição no cenário urbano brasileiro, mas também do fato de sua participação nacional nesse segmento em 1989 ter sido muito alta (25,6%), diante de sua participação no terciário total, que era de 14,5%, sofrendo assim um ajustamento de longo prazo.

Também no segmento de *Serviços Domésticos,* a perda do Rio de Janeiro (-1,9) foi a maior do país, seguida pelo Sul (-1,7), e com menores cifras o Distrito Federal e o Centro-Oeste + Tocantins-Distrito Federal. Houve forte ganho de São Paulo (2,6) e as demais regiões apresentaram pequenos ganhos. Advirta-se, entretanto, que as participações relativas desse segmento, nos PIBs terciários nacional e regionais, são pequenas – entre 0,6 e 1,5% – com o que as maiores alterações em sua participação regional podem refletir pequenas variações na sua renda regional.[16]

– O terciário visto pela ótica do emprego

O período de análise (1989-2004) obriga-me a usar as PNADs desses dois anos, compatibilizadas em alguns quesitos, mas não em todos. Como já dissemos, entre as restrições a que nos obrigamos, está a exclusão de Tocantins da Região Norte e sua inclusão na Centro-Oeste. Embora a PNAD também nos possibilite desagregar vários itens da ocupação, ela não guarda a mesma identidade do Censo nem mantém as estruturas de seus dados para alguns itens de emprego de 1989 na de 2004. É com essas limitações, portanto, que procedo à análise neste tópico.[17] Por isso, não foi possível compatibilizar por completo as diferenças entre as metodologias usadas nesses dois anos no que se refere às estruturas de alguns segmentos, como o de *Aluguéis*, que talvez cause uma sobrestimação no crescimento de seu emprego. Também no de *Serviços de Apoio às Atividades Econômicas*, não foi possível a compatibilização, o que me obrigou a agregá-lo ao segmento de *"Serviços Diversos"* (calculado por resíduo), agregação não comparável com a usada no Capítulo 3, nem com os dados das CRs.

Entre 1989 e 2004, para o Brasil, a PEA Ocupada agrícola aumentou 10,6%, enquanto a industrial crescia 26,6%, cifra esta, destes quinze anos, ainda menor do que a verificada nos onze anos do período an-

---

16 Contudo, em termos de pessoas ocupadas, segundo os Censos Demográficos de 1991 e 2000, o emprego *Doméstico Remunerado* perfazia, naqueles anos, cerca de 8% para o conjunto do Brasil.

17 As Pnads até 2003 não pesquisavam a zona rural da Região Norte (salvo Tocantins), mas isso não causa grande prejuízo de análise, uma vez que é na zona urbana que se concentra a quase totalidade dos serviços. Para compatibilizar os dados de 1989 com os de 2004, foram feitos os ajustamentos possíveis e necessários nos dados da Pnad 2004: Tocantins foi mantido no Centro-Oeste; não foi computada a população rural do Norte; foi mantida a mesma metodologia da categoria de "ocupados", da mesma forma como se procedeu na compatibilização dos Censos Demográficos de 1991 e de 2000 para uso no Capítulo 5.

terior, o que agravaria o desemprego aberto e o subemprego urbanos. O aumento conjunto verificado nesses dois setores (5,1 milhões) representou apenas 22% do aumento total, tendo o Terciário gerado 17,6 milhões de novas ocupações. Assim, o Setor Serviços ampliou o emprego em 58%, aumentando sua participação no total de 53 para 62%. Além do estimado para Aluguéis (263%), que certamente contém forte sobrestimação, os principais aumentos se deram em Domésticos Remunerado (78%), Serviços de Educação e Saúde (77%) – notadamente no setor privado – e Comércio (65%), onde estão presentes o comércio ambulante e os serviços de reparo. Como se sabe, o primeiro e o terceiro desses segmentos contêm forte participação de ocupações informais e de baixos salários, ampliando, assim, a precarização do emprego.

O Rio de Janeiro teve o pior desempenho (36%), apresentando os menores crescimentos em praticamente todos os segmentos terciários. As regiões que mais cresceram foram Norte (110%), Centro-Oeste (95%) e Espírito Santo (84%), mantendo-se as demais em torno da média nacional. O segmento que mais empregos gerou foi, em milhões, o *Comércio* (5,7), seguido pelo de Educação e Saúde (3,2), Domésticos Remunerados (2,8) e Serviços Diversos (2,4). A contradição desses dados com os da renda, acima examinados, certamente decorre da maior criação de empregos precários e de menores salários.

Note-se que a contribuição desses quatro segmentos para a geração total de empregos do setor foi de 79%, ainda maior do que a verificada no período anterior. O lado negativo ficou com o segmento Instituições Financeiras, que perdeu 18% de suas ocupações, tendo perdas em todas as regiões, exceto no Distrito Federal, onde cresceu 5,7%. A despeito da forte expansão da carga tributária, o aumento de emprego em Administração Pública foi o segundo menor, crescendo 30%.

Obviamente, também houve expansão de empregos não precários, mas não pudemos compatibilizar as Pnads de forma a contar com informação mais segura sobre isso. Contudo, a expansão do emprego em Aluguéis, Transportes e Comunicações não deixa dúvidas sobre isso.

Desconcentração produtiva regional do Brasil: 1970-2005

Tabela 4.3 – Estrutura regional do emprego terciário (1989 e 2004)

	Brasil		Norte		Nordeste		Minas Gerais		Espírito Santo		Rio de Janeiro		São Paulo		Sul		CO-DF		Distrito Federal	
	1989	2004	1989	2004	1989	2004	1989	2004	1989	2004	1989	2004	1989	2004	1989	2004	1989	2004	1989	2004
Comércio	28,5%	29,7%	30,4%	33,0%	29,7%	31,2%	26,5%	28,7%	26,8%	28,3%	24,4%	24,3%	28,9%	29,2%	30,4%	31,9%	30,3%	31,5%	20,2%	19,9%
Transportes	7,1%	6,9%	8,2%	6,4%	6,3%	6,9%	7,3%	7,1%	7,3%	7,3%	7,0%	7,2%	7,9%	7,0%	7,0%	7,3%	6,2%	6,4%	4,8%	4,3%
Comunicações	1,1%	1,0%	1,4%	0,5%	0,8%	0,6%	0,9%	1,0%	0,9%	0,8%	1,5%	1,4%	1,1%	1,4%	1,4%	1,1%	1,2%	0,8%	2,2%	1,7%
Instituições Financeiras	4,0%	2,1%	2,5%	1,0%	2,2%	1,1%	3,2%	1,6%	3,9%	1,7%	4,2%	2,2%	6,0%	3,2%	4,2%	2,5%	3,3%	1,4%	5,7%	4,1%
Alojamentos e Alimentação	6,2%	6,1%	6,3%	6,4%	6,3%	6,4%	6,5%	6,1%	6,6%	7,1%	6,6%	6,9%	6,4%	5,9%	5,7%	5,3%	6,6%	6,0%	4,0%	4,9%
Aluguéis	0,8%	1,8%	0,4%	0,6%	0,4%	1,3%	0,6%	1,3%	0,7%	1,7%	1,3%	2,6%	1,0%	2,5%	0,8%	1,7%	0,7%	1,5%	0,9%	1,9%
Adm. Pública	10,5%	8,6%	14,7%	11,4%	12,2%	10,1%	8,4%	8,3%	9,6%	9,5%	10,3%	8,5%	8,3%	6,3%	10,2%	7,8%	10,9%	10,5%	23,0%	16,1%
Serviços Médicos e Ensino	13,5%	15,1%	13,6%	14,7%	16,0%	15,6%	13,6%	15,1%	13,0%	14,7%	12,4%	15,5%	13,4%	15,2%	11,9%	15,2%	12,1%	12,9%	10,2%	13,5%
Domésticos Remunerados	11,8%	13,2%	8,8%	12,5%	11,2%	13,1%	14,3%	16,2%	13,2%	14,0%	11,8%	13,0%	10,9%	12,5%	12,5%	11,9%	13,8%	15,7%	9,8%	12,6%
Outros Serviços Diversos (X)	16,6%	15,5%	13,8%	13,6%	14,9%	13,7%	18,7%	14,5%	18,1%	14,9%	20,4%	18,4%	16,2%	16,9%	16,1%	15,3%	14,9%	13,5%	19,3%	21,0%
Total	100,0%	100,0%	100,0%	100,0%	100,0%	100,0%	100,0%	100,0%	100,0%	100,0%	100,0%	100,0%	100,0%	100,0%	100,0%	100,0%	100,0%	100,0%	100,0%	100,0%

Fonte (dados brutos) PNAD 1989 e 2004 - IBGE.

i- Tocantins está incluído no Centro-Oeste;

ii- dados excluem zona rural do Nordeste;

iii- (X) obtido por resíduo.

Em termos de estrutura, as principais modificações, segundo os segmentos, foram:

a) os maiores aumentos, em praticamente todas as regiões, se deram em *Comércio, Aluguéis e Domésticos Remunerados;*

b) *Educação e Saúde* vem a seguir, crescendo sua participação em todas as regiões, mas de forma mais pronunciada no Espírito Santo, Rio de Janeiro, São Paulo, Sul e Distrito Federal. Apresentou crescimento menos intenso nas regiões Norte e Centro-Oeste, e perde participação na Nordeste;

c) *Alojamento e Alimentação* tem queda de participação no Centro-Oeste, Minas Gerais, São Paulo e Sul, apresentando aumentos moderados nas demais regiões;

d) o segmento de *Transportes* apresentou baixo crescimento, tendo mesmo diminuído sua participação nas regiões Norte, Minas Gerais, São Paulo e Distrito Federal. O de *Comunicações* só aumentou sua participação em São Paulo (forte) e moderadamente em Minas Gerais, caindo nas demais regiões;

e) *Instituições Financeiras* – que reduziu seu volume de emprego em todas as regiões (salvo no Distrito Federal) – e *Administração Pública* perderam participação em todas as regiões, o primeiro não só graças à maior estabilidade dos preços, mas sobretudo pela automação de seus serviços; e o segundo, por causa dos drásticos cortes de gastos públicos e da terceirização;

f) o segmento residual de *Serviços Diversos* apresentou pequenos aumentos de participação em São Paulo e no Distrito Federal, tendo quedas nas demais regiões.

Os dados de emprego também confirmam a desconcentração regional do setor, mostrando expressivos ganhos em pontos porcentuais nas regiões Norte (1,4), Centro-Oeste (1,3) e Espírito Santo (0,3) e pequeno na Sul (0,1). As demais regiões, a despeito de que todas ampliaram o emprego, são perdedoras, sendo a queda mais pronunciada a do Rio de Janeiro (-1,7).

Norte e Centro-Oeste ganharam importantes pontos porcentuais em todos os segmentos terciários, salvo em *Comunicações* e em *Institui-*

Desconcentração produtiva regional do Brasil: 1970-2005

Tabela 4.4 – Participação regional do emprego terciário: 1989 e 2004 (Brasil=100%)

	Brasil		Norte		Nordeste		Minas Gerais		Espírito Santo		Rio de Janeiro		São Paulo		Sul		CO-DF		Distrito Federal	
	1989	2004	1989	2004	1989	2004	1989	2004	1989	2004	1989	2004	1989	2004	1989	2004	1989	2004	1989	2004
Comércio	100,0%	100,0%	4,6%	6,3%	24,0%	23,6%	10,0%	10,0%	1,6%	1,8%	10,4%	8,6%	25,6%	24,5%	16,3%	16,6%	6,1%	7,5%	1,3%	1,2%
Transportes	100,0%	100,0%	4,9%	5,2%	20,5%	22,4%	11,1%	10,6%	1,7%	2,0%	12,1%	10,9%	28,1%	25,0%	15,2%	16,3%	5,0%	6,5%	1,3%	1,1%
Comunicações	100,0%	100,0%	5,2%	2,9%	16,0%	13,8%	8,8%	10,1%	1,3%	1,5%	16,0%	14,0%	24,4%	32,8%	18,3%	16,8%	6,3%	5,1%	3,6%	2,9%
Instituições Financeiras	100,0%	100,0%	2,7%	2,6%	12,9%	11,5%	8,5%	7,8%	1,6%	1,6%	12,9%	11,0%	37,9%	38,7%	15,9%	18,4%	4,8%	4,7%	2,7%	3,5%
Alojamentos e Alimentação	100,0%	100,0%	4,3%	5,9%	23,0%	23,6%	11,2%	10,5%	1,7%	2,2%	12,9%	11,9%	25,7%	24,0%	13,8%	13,5%	6,0%	7,0%	1,2%	1,4%
Aluguéis	100,0%	100,0%	1,9%	1,8%	12,2%	15,9%	8,1%	7,8%	1,5%	1,8%	20,5%	15,4%	33,1%	34,8%	15,3%	14,7%	5,3%	6,0%	2,1%	1,9%
Adm. Pública	100,0%	100,0%	6,0%	7,5%	26,9%	26,2%	8,6%	9,9%	1,5%	2,1%	12,0%	10,3%	19,9%	18,1%	14,8%	13,9%	6,0%	8,6%	4,2%	3,3%
Serviços Médicos e Ensino	100,0%	100,0%	4,3%	5,5%	27,2%	23,3%	10,8%	10,4%	1,6%	1,9%	11,1%	10,8%	25,1%	25,1%	13,4%	15,5%	5,1%	6,0%	1,4%	1,6%
Domésticos Remunerados	100,0%	100,0%	3,2%	5,3%	21,8%	22,3%	13,1%	12,7%	1,9%	2,0%	12,2%	10,3%	23,3%	23,5%	16,2%	13,9%	6,7%	8,4%	1,6%	1,7%
Outros Serviços Diversos (X)	100,0%	100,0%	3,6%	5,0%	20,6%	19,9%	12,2%	9,7%	1,8%	1,8%	14,9%	12,5%	24,7%	27,3%	14,9%	15,3%	5,2%	6,2%	2,2%	2,4%
Total	100,0%	100,0%	4,3%	5,7%	23,0%	22,4%	10,8%	10,4%	1,7%	1,9%	12,2%	10,5%	25,2%	24,9%	15,3%	15,4%	5,7%	7,1%	1,9%	1,8%

Fonte (dados brutos) PNAD 1989 e 2004 – IBGE:

i- Tocantins está incluído no Centro-Oeste;

ii- dados excluem zona rural do Nordeste;

iii- (X) obtido por resíduo.

ções Financeiras, onde acusam perdas. O Espírito Santo foi o grande ganhador, tendo fortes aumentos em seis segmentos, moderados em *Comunicações, Aluguéis* e *Serviços Diversos* e queda em *Instituições Financeiras*.

O Nordeste teve pequenos ganhos em três segmentos, só um expressivo (*Transportes*) e perdas nos demais. Minas Gerais teve dois ganhos expressivos em *Comunicações* e *Administração Pública*, e perdas nos demais. O Rio de Janeiro teve perdas pronunciadas em todos os segmentos. São Paulo teve expressivo ganho em *Comunicações* (8,4), moderados em cinco e pequenas perdas em quatro. O Sul teve ganhos expressivos em *Transportes*, moderados em outros quatro e perdas em outros cinco. O Distrito Federal teve pequenos ganhos em cinco segmentos e perdas nos demais.

4.4 Indústria de Transformação

Se na *década perdida* a indústria de transformação foi o setor mais sacrificado, tanto pelo débil crescimento do mercado interno quanto, principalmente, pela queda do investimento industrial, a partir de 1990, contaria com mais uma séria e pior adversidade, com a abertura comercial abrupta e a valorização cambial, que engoliram, com importações volumosas, fatias importantes do mercado interno de vários segmentos industriais, tanto leves e mais simples – como têxteis, vestuário ou alimentos – quanto de outros mais complexos, como os de produtos elétricos, eletrônicos, máquinas e veículos. A "farra" cambial foi tão grande que, entre 1994 e 2002, a soma dos déficits do Balanço de Transações Correntes totalizou US$ 180 bilhões e a dívida externa aumentou em US$ 80 bilhões.

Especificamente com relação à Indústria de Transformação, seus coeficientes de exportações e de importações, entre 1985 e 1990, eram de, respectivamente, cerca de 10 e 4% (ver Tabela 6.3, Apêndice Metodológico e Estatístico). No período de 1990 a 1998, enquanto o de exportações se mantinha em torno de 10%, o de importações superava-o a partir de 1995, atingindo 12% em 1998 e 14% em 1999-2001. Alguns segmentos industriais, como calçados, veículos, autopeças e eletrônicos (em especial celulares), apresentariam fortes subidas em seus coeficientes exportadores, por várias razões: tanto pela recessão e baixo crescimento do período, quanto, para alguns, graças ao baixo custo de importação de insumos para montagem de reexportáveis.[18] Os coeficientes setoriais de importação, no entanto, apresentaram fortes aumentos entre 1990 e 1998: máquinas e tratores, autopeças, farmácia e perfumaria passam de cerca de 10 para aproximadamente 30%, ao passo que o de equipamentos eletrônicos saltava de 40 para 90%. A forte alta dos coeficientes de importação da maior parte dos setores citados representa fortes indícios de ocorrências de desindustrialização nesses setores.[19] A Tabela 1.2 (Cap. 1) mostra, pelos dados das CNs, a forte queda da participação da indústria total e de transformação no PIB, entre 1989 e 2004, que passam, respectivamente, de 40,6% para 30,1% e de 30,8 para 19,1%.

Se, no que se refere ao PIB total, tivemos apenas uma recessão entre 1989 e 1992, no caso da Indústria de Transformação, deu-se uma depressão: a queda acumulada em São Paulo foi de -18,1%; para Brasil, Norte e Rio de Janeiro ela se situou entre -12 e -17%; para Minas Gerais, Paraná, Santa Catarina e Rio Grande do Sul entre -4% e -7%. Apenas o Espírito Santo (3%) e o Centro-Oeste (6%) tiveram crescimento positivo.

Para este período persistem vários problemas metodológicos apontados no anterior, além de novos, que se manifestam à medida que avançamos na década de 1990. Como já apontei, após 1985 ficamos, até 1995, sem dados censitários, limitados quase somente aos dos índices da produção física (PimPf), mas disponíveis, até hoje, apenas para o conjunto do Brasil, região Nordeste e os principais estados mais industrializados. Com isso, para o período 1985-96, tornam-se sobremodo

---

18 Segundo o site da Funcex (em 5 de fevereiro de 2007), entre 1990 e 2002, os coeficientes exportadores de eletrônicos e de autopeças chegaram a 40%, o de veículos, a 25%, e o de calçados, a um número incrível: 80%. Absurdo, no caso de calçados, haja vista que os indicadores da produção física nacional indicam forte queda no período, e, como as importações não cresceram significativamente, as exportações não poderiam ter crescido tanto. Mais adiante, apresento dados do setor.

19 Esses coeficientes são da mesma fonte da nota anterior, obtidos no site da Funcex. Sobre a desindustrialização, ver os citados trabalhos IEDI (2005) e UNCTAD (2003).

difíceis as análises do tipo estrutural e de participação regional dos gêneros industriais.

Para 1996-2004 contamos com as PIAs, mas estas só estão abertas a três dígitos para os oito principais estados industriais, e assim mesmo com vários dados sigilados. Solicitei e obtive do IBGE tabulações especiais para os dados de 1985 e os do período 1996 a 2003, para alguns outros estados e regiões agregadas, os quais, contudo, representam apenas as maiores empresas, sendo bastante difíceis e complexas as comparações estruturais.

Dessa forma, também dividirei a análise desse período em dois movimentos, como procedi no anterior. Neste, analisarei primeiro as séries de longo prazo da PimPf (com alguns dados adicionais de outras fontes), tomando todo o período 1989-2005 (e o de 1991-2006), centradas nos três grupos industriais já definidos e em seus respectivos gêneros. No segundo, usarei fundamentalmente as PIAs de 1996 a 2003 para examinar com mais profundidade as principais modificações estruturais e participações regionais.

Antes de iniciar o primeiro movimento, cabe apontar os principais dados mais gerais do período como um todo. Pela Tabela 1.1, os dados das CRs mostram taxas médias anuais de crescimento, entre 1989 e 2004, para a Indústria de Transformação, de 1,7% para o Brasil e de apenas 1% para São Paulo. Contudo, a PimPf mostra que a produção física de ambas as regiões teve, no mesmo período, outro desempenho: 1,2% para o Brasil e 1,1% para São Paulo.

Se o crescimento real dessas regiões tivesse sido este último, os dados da acentuada queda da participação industrial de São Paulo e da estrutura produtiva das duas regiões seriam muito diferentes dos mostrados nas Tabelas 1.1 e 1.2. Com efeito, como mostrei na Tabela 6.2 (Apêndice Metodológico e Estatístico) a queda da participação de São Paulo não teria tido maior expressão, pois ambas as indústrias cresceram a taxas praticamente iguais. Por outro lado, como a taxa da produção física do Brasil foi menor do que a das CRs (1,7 contra 1,2), a estrutura produtiva nacional mostraria queda ainda maior da participação do setor no PIB total. No caso paulista, teríamos situação inversa, dado que a taxa da produção física (1,1) foi ligeiramente maior do que a das CRs (1,0).

Desconcentração produtiva regional do Brasil: 1970-2005

Desnecessário dizer que, em termos das demais regiões e UFs, essa controvérsia também se manifesta, mas não nos deteremos nisso.

Contudo, prosseguindo com os dados da produção física (Pesquisa PimPf), no período de 1989-2006, o Brasil teve crescimento acumulado de 25,2% e São Paulo, de 24,1%, o que, em princípio, não deveria alterar a participação paulista no total nacional. Tomada, entretanto, a série 1991-2006, aquelas cifras foram, respectivamente, 36,2 e 39,8%, o que aparentemente reverteria a situação de São Paulo, de perdedor para a de ganhador.

Um forte sinal de que a desindustrialização nos atingiu pode ser visto nas mudanças no peso do valor agregado da Indústria de Transformação no PIB total de cada região, pelas CRs. Com efeito, entre 1989 e 2004, das 27 UFs do país, em onze delas (duas do Norte, cinco do Nordeste, Rio de Janeiro, São Paulo, Paraná e Santa Catarina), representando 63% do valor agregado nacional, aquela relação havia caído. Em quatro (Minas Gerais, Rio Grande do Sul, Goiás e Mato Grosso), a relação pouco se alterou e nas doze restantes, perfazendo apenas 21% do valor agregado nacional, houve aumento daquela participação. Os casos mais graves de redução foram os de Ceará, Pernambuco, Sergipe e Rio de Janeiro.

Contudo, a desconcentração – espúria ou não, real ou "estatística" –, prosseguiu. Tomada a série 1991-2006 da PimPf, entre as regiões e UFs pesquisadas, cresceram acima da média nacional (39,8%), Bahia (52,1%), o Espírito Santo (71,3%), Minas Gerais (52,6%), Paraná (46%), Rio Grande do Sul e São Paulo (42%); abaixo dela, Santa Catarina (34,2%) e Nordeste (28%), e o Rio de Janeiro apresentava taxa negativa (-7,8%).

Essas cifras da PimPf, contudo, apontam algumas contradições como as observadas nas PIAs: nestas, a posição relativa do Rio Grande do Sul permanece a mesma entre 1996 e 2004, ao passo que a do Nordeste aumenta! Infelizmente, não temos como explicar esse fato, pois que, para tal ocorrência, as mudanças estruturais e de preços relativos teriam de ser mais evidentes e demandariam muita pesquisa adicional.

Comparadas as PIAs de 1996 e de 2004 com os dados da PimPf dos mesmos anos, surgem novos problemas, entre os quais, citemos: a) o Rio de Janeiro cai 6,5% no período, mas na PIA sua participação nacional se mantém; b) o crescimento de São Paulo (17,7%) foi maior do que o do Brasil, mas sua participação perde 6,8%; e c) o Rio Grande do Sul teve maior crescimento do que Santa Catarina, mas sua participação na PIA cresceu muito menos do que a do outro estado. Este tipo de problema, infelizmente, não tem como ser solucionado com as informações de que se dispõe no momento.

– Exame das séries disponíveis para todo o período 1989-2005

Mas, também aqui, neste tópico, há sérios problemas metodológicos, uma vez que os dados da PimPf de que disponho são os seguintes:

a) somente para o Brasil e São Paulo tenho como encadear toda a série de 1985 a 2005 (Tabela 3.10, Cap. 3) com informações para o total da Indústria de Transformação e os gêneros que então eram apurados por essa pesquisa do IBGE (dezesseis para o Brasil e quinze para São Paulo);[20]

b) para as demais regiões apuradas pelo IBGE, é impossível reproduzir aquela série, porque os dados do ano de 1991 são omitidos e algumas regiões só ingressaram na pesquisa após 1991; e

c) assim, as demais regiões (Nordeste, Pernambuco, Bahia, Minas Gerais, Rio de Janeiro, Paraná, Santa Catarina e Rio Grande do Sul), quando referidas à PimPf, terão como ano-base 1991. Ainda assim, não há uniformidade dos 24 ramos investigados entre as regiões pesquisadas.

Assim, as cifras com as quais passo a discutir no restante deste tópico, para todas as outras regiões citadas, estão fortemente superestimadas, dado que os anos de 1989 a 1991, para todas as regiões e UFs (salvo o Centro-Oeste, que cresce 2,3% no biênio), apresentaram fortes reduções em suas produções físicas: São Paulo (-14%), Brasil, Rio de Janeiro e Rio Grande do Sul (cerca de -12%), Norte e Nordeste (cerca de -7%), Minas Gerais, Paraná e Santa Catarina (cerca de -4%) e Espírito Santo (-2%). Por isso, ao tomar 1991 como *ano*-base, sobresti-

---

20 Mantenho ainda em meu poder arquivos copiados da época, que não se encontram mais no site do IBGE.

Desconcentração produtiva regional do Brasil: 1970-2005

mamos a taxa média do crescimento do período posterior, como o leitor já se deu conta mais acima.

Por isso, sou obrigado a fazer dois movimentos analíticos: o primeiro, restringindo-me à Tabela 3.10, mais informações adicionais, examinando apenas Brasil e São Paulo. Os dados mostram que, tomado o período de 1989 a 2005 como um todo, o crescimento de ambas as regiões foi muito próximo: 22% para Brasil e 20,3% para São Paulo.

Entre os gêneros ali apresentados que mais cresceram no período, Material de Transporte e Papel (celulose) foram bastante estimulados por suas exportações, cujos coeficientes, como já relatei, cresceram acentuadamente. Também a Metalúrgica foi beneficiada por suas exportações, assim como a grande expansão das exportações agrícolas e minerais estimularam a demanda e a produção de parte da indústria mecânica. Entretanto, o mesmo estímulo tiveram Calçados e Têxtil, mas apresentam aquelas estranhas e fortes reduções em seus índices. Também o crescimento de Perfumarias (o primeiro mais alto em São Paulo e o segundo no Brasil) foi raro. Suas importações elevaram-se substancialmente, mas sua demanda deve ter-se beneficiado por radicais alterações em seu mercado.[21]

Dos dezesseis gêneros, São Paulo teve perdas em oito, dentre as quais a do Fumo que já vimos tratar-se de decisões de relocalização do oligopólio do setor. Teve ganhos em outros oito, dos quais os mais expressivos se deram em Perfumaria, Sabões e Velas, Farmacêutica, Bebidas e Material Elétrico.[22]

Cabe, contudo, advertir que, com relação aos gêneros de Têxtil (em que São Paulo *perde*) e de Vestuário e Calçados (em que São Paulo *ganha*), apresentam reduções tão altas na produção física de ambas as regiões, que é difícil nelas acreditar. No Apêndice Metodológico, retomo essa e outras questões intrigantes. Contudo, observemos que, na verdade, nenhuma das duas regiões ganhou: ambas, com efeito, teriam

---

21 Lembro aqui o fato de que, nesse mercado, a demanda de produtos pelo sexo masculino se expandiu muito, ao mesmo tempo que a da mulher também cresceu, provavelmente por sua maior e crescente presença no mercado de trabalho.

22 Na antiga classificação, Material Elétrico incluía os segmentos de eletrônica, comunicações e informática.

sofrido enormes perdas nesses gêneros, tratando-se, no fundo, de mais dois casos de meros efeitos "estatísticos" do que reais, em termos de concentração ou desconcentração produtiva.

As perdas, contudo, são mais visíveis nessa tabela: a forte contração, em São Paulo, no gênero Alimentos e no de Mecânica, possivelmente revela o baixo crescimento do consumo básico interno no período, assim como do investimento industrial e de infra-estrutura.

Para poder analisar o que se passou nas demais regiões, sou forçado a abandonar a Tabela 3.10 – restrita a Brasil e São Paulo – e examinar alguns dados das Tabelas 6.5 a 6.18, inseridas no Apêndice Metodológico, que apresentam os índices de crescimento entre 1991 e 2006, referentes a 25 gêneros. Contudo, lembremos que: a) as regiões Norte e Centro-Oeste não eram contempladas nessas pesquisas, e, portanto, delas só trataremos no tópico seguinte, via PIAs; e b) que esses dados ocultam a depressiva queda observada entre 1989 e 1991, sobrestimando fortemente o crescimento em todas as regiões, e mesmo atenuando as depressivas "tendências" dos gêneros, Têxtil, Vestuário e Calçados, já vistas anteriormente.

Examinemos esses dados, agregando os gêneros em nossos três conhecidos grupos BCND, BI e BCD + BK.

Começo pelo grupo BCND e pelo conjunto do Brasil. Entre os nove gêneros ali incluídos, quatro (Alimentos, Farmácia, Perfumaria e Mobiliário) cresceram fisicamente acima da média da Indústria de Transformação, o que nos induziria a crer que o grupo tivesse ganho maior participação na estrutura industrial, o que seria uma forma regressiva perante as trajetórias históricas do desenvolvimento industrial. Mas isso poderia ter ocorrido, se nos lembrarmos que estamos vivendo uma crise estrutural que já dura um quarto de século.

Essa regressão se deu – como se verá mais adiante – porque:

a) a taxa média de crescimento físico da maior parte desses gêneros foi superior à média dos dois outros grupos;

b) os preços relativos desse grupo, embora também comprimidos pela abertura comercial e pela valorização do câmbio, provavelmente foram menos afetados do que os dos outros dois grupos; e

Desconcentração produtiva regional do Brasil: 1970-2005

c) a longa queda internacional dos preços dos principais produtos primários, notadamente dos agropecuários em bruto ou semimanufaturados, passa a ser substituída por uma alta internacional a partir de 1993-94, que se intensifica a partir de 2002, com o "efeito China". Cabe advertir que, por tomar 2003 como ano final de comparação, a parte principal desse efeito (que se dá entre 2004 e 2006) não será captada por essa comparação. Em contrapartida, além do crescimento negativo em Fumo, três importantes gêneros desse grupo, o Têxtil, Vestuário e Calçados, registraram enormes quedas, contrabalançando parte da alta dos demais.

Ainda assim, o crescimento físico foi pouco acima do demográfico, não tendo sido, porém, o mercado interno o maior responsável por seu crescimento e, sim, as exportações, onde passamos a ser recordistas em grãos (em bruto e transformados), carnes, sucos e outros. Entre os que mais cresceram, o da Farmacêutica teve a seu favor fortes estímulos dados pelos novos e crescentes programas públicos de distribuição de remédios. O que mais cresceu foi o de Perfumarias, certamente estimulado pela urbanização, crescente demanda masculina e exigências cada vez mais rígidas de aparência na incessante busca por emprego.

Três outros – Têxtil, Vestuário e Calçados – apresentam cifras abomináveis: o primeiro, teria tido queda acumulada de 17,5%, o segundo, de 30,8% e o de Calçados, de 39,1%! A despeito de as importações desses gêneros terem tido grande expansão, não se vê nenhum brasileiro nu ou descalço, ao mesmo tempo que o coeficiente de exportações de calçados, calculado pela Fundação Centro de Estudos do Comércio Exterior (Funcex), atinge uma cifra de 75% em 2003, difícil de se crer. No Apêndice Estatístico, discuto um pouco mais esta questão, limitando-me aqui a dizer que, além do crescimento populacional, esses gêneros foram dos que mais ampliaram suas exportações, levando-nos a crer que essas cifras da produção física são irreais. Lembro que houve profundas mudanças tecnológicas nesses ramos, mudanças sensíveis de tipo e peso de tecidos, forte redução de preços graças às importações etc.

Acrescente-se que houve acentuada desconcentração física da produção desses gêneros, notadamente rumo à periferia nacional, em busca das benesses da "guerra fiscal", dos baixos salários e da informalização do trabalho e também de empresas, a qual pode ocultar parte de seus dados de produção aos órgãos estatísticos nacionais. Além disso, mesmo nos grandes centros ou próximo a eles, esses fenômenos também cresceram.

Em São Paulo, dos cinco gêneros pesquisados, também sobressaíram Perfumarias e Farmácia, que duplicaram sua produção (reconcentrando-a em São Paulo), ao passo que Alimentos e Vestuário apresentaram pequeno aumento, inferior à média do total da indústria. O de Alimentos estagnou, aparentemente desconcentrando sua produção, ao passo que a Têxtil sofreu queda muito forte (-19,5%), pouco maior do que a do Brasil. É a isso que chamo de desconcentração espúria, no caso, meramente estatística: em Têxtil, como a queda de São Paulo foi maior do que a do restante do Brasil, houve "desconcentração".

Se no Brasil e em São Paulo o crescimento foi ruim, no Nordeste foi pior: as quedas foram dramáticas, como a de Vestuário (-52%), e menores em outros gêneros. Entre os que cresceram, Alimentos (15%) e Têxtil (8%). As perdas na Bahia também foram de monta, mas as de Pernambuco foram ainda maiores e mais abrangentes.

Minas Gerais não destoou dos anteriores, tendo perdas fortes em Fumo, Têxtil e Vestuário. No outro ramo pesquisado, o de Alimentos, duplicou sua produção, crescendo bem acima do Brasil. O Espírito Santo tinha apenas dois gêneros pesquisados: em Têxtil, teve fortes perdas (-19,5%) e em Alimentos e Vestuário cresceu cerca de 10%. O Rio de Janeiro apresentaria o maior número de quedas: 50% em Farmácia, 21% em Perfumarias e Alimentos, menores quedas em Fumo e taxa nula no Têxtil. Apenas cresceu em Bebidas, com a forte cifra de 66%.

Dos seis ramos pesquisados, o Paraná teve as maiores altas em Alimentos (43%), Bebidas (89%) e Mobiliário (50%), mas também apresentou fortes quedas em Fumo (80%), Têxtil (70%) e Vestuário (25%). Santa Catarina, também de forte base agrícola e moderna, aumenta em 80% sua produção de Alimentos, mas também apresentou fortes reduções em Fumo e Vestuário e estagnou em Têxtil. O Rio Grande do Sul teve desempenho moderado em Alimentos e Bebidas (cerca de 20%), forte expansão em Mobiliário (cerca de 80%), e, estranhamente, apresenta quedas enormes em Fumo e Calçados.

Para o conjunto do Brasil, no grupo de BI, só tiveram crescimento expressivo os gêneros de maiores exportações, como Papel e Celulose (56%), Metalurgia Básica (47%) e Outros Produtos Químicos (37%). Borracha, Química, Minerais Não-metálicos e Produtos de Metal cresceram entre 20 e 25%. A Borracha foi afetada pelas enormes importações diretas e indiretas (pneus contidos em veículos). Minerais Não-metálicos e Produtos de Metal, por sua vez, foram duramente afetados pela contração da indústria de máquinas e da construção civil. Os demais gêneros tiveram crescimento em torno de 20% – próximo ao demográfico –, o que mostra bem a dimensão da crise nacional e, notadamente, do setor de construção civil. Desse grupo, vários ramos foram seriamente afetados também pela drástica queda internacional (e interna) dos preços do petróleo e do álcool, e disso só se recuperariam a partir de 2002-05, em parte também causados pelo "efeito China".

Lembremos ainda que o álcool de cana, após seu apogeu entre 1983 e 1988, quando a produção de veículos movidos a álcool representava 70% do total produzido, entra em declínio, graças à crise do Estado e à abertura comercial, caindo para 1% entre 1995 e 2001. Foi ainda afetado tanto pela queda dos preços reais do petróleo quanto, principalmente, pela enxurrada de importações de veículos movidos a gasolina. Só a partir de 2002 esse quadro se alteraria, momento em que a produção de álcool retoma os níveis produzidos em 1991, expandindo-se mais fortemente após 2004-05.

Por liderar a produção de todos esses setores, São Paulo obteve desempenho similar ao do conjunto do país: pequenos aumentos em Borracha e Material Plástico (19%), Minerais Não-metálicos (26%) e Produtos de Metal (apenas 6%); expansão moderada (pouco mais de 20%) em Outros Produtos Químicos, e fortes (pouco mais de 50%) no de Papel e Celulose e no de Metalurgia Básica.

Os gêneros desse grupo tiveram desempenho alto no Nordeste, crescendo entre 40 e 60% no período, sendo a maior parte deles exportadores. A exceção foi Minerais Não-metálicos (51%), causada pela notável expansão da produção de cimento, graças à maturação de novas plantas instaladas no período.

Em Minas Gerais, sobressaíram apenas os exportadores Papel e Celulose (106%), Produtos Químicos (124%) e Metalurgia Básica (31%). Os demais, voltados mais ao mercado interno, tiveram crescimento medíocre, em torno de 10%. Estado que também vem se especializando nesse grupo, o Espírito Santo apresentou alto crescimento nos gêneros tipicamente exportadores: em Papel e Celulose (179%), Minerais Não-metálicos – principalmente de rochas especiais britadas para exportação e cimento para o mercado interno – (59%) e Metalurgia Básica (93%).[23] O Rio de Janeiro sofreu fortes quedas (cerca de -50%) em Outros Produtos Químicos, Borracha e Plásticos, modesto aumento em Minerais Não-metálicos (22%) e em Refino de Petróleo e Álcool (15%) e aumento mais expressivo em Metalurgia Básica (42%), ramo tipicamente exportador.

No Paraná, apenas os gêneros de Madeira (68%) e Minerais Não-metálicos (37%) alcançaram elevado aumento, com os demais tendo crescimento em torno de 25%, salvo o de Produtos de Metal, que teve forte redução (-32%). Em Santa Catarina, os aumentos mais notáveis foram os predominantemente exportadores, Metalurgia Básica (150%) e Papel e Celulose (75%); Madeira, Borracha e Plásticos cresceram 30%, e os demais tiveram fraco desempenho. O Rio Grande do Sul teve desempenho melhor, também ali predominando os ramos exportadores: Metalurgia Básica (94%), Outros Produtos Químicos (73%), Refino de Petróleo e Álcool (65%) e Papel e Celulose (45%). Nos demais, teve crescimento modesto, em torno de 25%.

Vejamos o terceiro grupo, de BCD + BK. Para o conjunto do Brasil, lamentavelmente a PimPf não pesquisava o setor de equipamentos de informática nem o de equipamentos médicos e de precisão. Dos pesquisados, destaca-se, pelo pior desempenho, o gênero de Material Eletrônico, com apenas 16% de aumento, o ramo industrial mais assolado pelas importações, que superaram largamente suas exportações, com destruição de linhas de produção nacional de vários produtos finais e de insumos. Máquinas e Equipamentos apresentou péssimo de-

---

23 Sobre a evolução recente do ES, ver MOTA (2002).

sempenho até 1999-2000, quando, por causa da grande alta das exportações de produtos agrícolas, recupera parte do terreno perdido, com o que marcaria um crescimento de 81% entre 1991 e 2006, centrado mais em equipamentos para a agricultura. O de Material Elétrico, também com crescimento contido até meados da década de 1990, encontraria estímulos fortes na notável expansão de Veículos, na modesta recuperação da demanda de equipamentos de geração e distribuição de energia e da expansão de bens de consumo, mais que duplicando (128%) em 2006, seus níveis de 1991. No de Veículos Automotores, os maiores crescimentos se deram em Autopeças e Veículos, que aumentaram de modo significativo suas exportações. Também desempenhou papel importante o segmento exportador de Aviões, do gênero Outros Equipamentos de Transporte, secundado pelo de Motocicletas.

Em São Paulo, os aumentos da produção também foram altos, por razões semelhantes, salvo nos gêneros de Máquinas e Equipamentos (55%), que nos últimos vinte anos sofreu acentuada desconcentração regional – notadamente do segmento de máquinas para a agricultura –, rumo ao Sul, tendo sido mais afetada pela crise dos segmentos paulistas; de Veículos Automotores (60%), também em decorrência da forte desconcentração regional que ocorre graças aos mecanismos da "guerra fiscal". Por razões semelhantes às ocorridas no conjunto do Brasil, Material Elétrico teve elevado crescimento (176%), assim como Outros Equipamentos de Transporte (220%). Desse modo, este grupo ainda manteria alta concentração em São Paulo.

O Nordeste, com poucos gêneros pesquisados, mostra, em Material Elétrico, crescimento de 51%, mas que, se considerado todo o período 1989-2005, seria de apenas 32%. O gênero Veículos, dado que sua maior fábrica (a Ford, na Bahia) foi recentemente implantada, impede qualquer outro comentário, haja vista a exígua base anterior de comparação.

Minas Gerais é contemplada, na pesquisa, com apenas o gênero de Veículos Automotores (115%), cuja grande empresa, a Fiat, passa, no período, a liderar a produção nacional de automóveis. Para o Espírito Santo, a pesquisa não contempla nenhum dos gêneros desse grupo. Para o Rio de Janeiro, consta também apenas Veículos Automotores, cujo crescimento recupera a produção do setor, o qual, em 2006, era 7 vezes maior do que em 1991, mas sua grande expansão se dá no início da década de 2000, com suas duas novas plantas, a da Volks e a da Peugeot.

No Paraná, o gênero Máquinas e Equipamentos obteve elevado crescimento (184%), em que predominam as máquinas para a agricultura; igual expansão teve o de Veículos (173%), cuja expansão já se inicia em meados da década passada, com a instalação de duas plantas montadoras de caminhões, e cresce ainda mais na década atual, com a instalação da Renault. O outro gênero pesquisado (Material Elétrico), de reduzida expressão local, teve crescimento nulo. Em Santa Catarina, Material Elétrico teve elevado crescimento (177%), principalmente em Equipamentos Elétricos e Autopeças Elétricas. O segundo maior foi o de Máquinas e Equipamentos (84%), notadamente em máquinas agrícolas e industriais, enquanto o terceiro – Veículos – onde predomina o segmento de autopeças, cresceu modestamente (37%). No Rio Grande do Sul, Máquinas e Equipamentos, com predominância em máquinas agrícolas, duplicou (107%), enquanto o de Veículos Automotores quadruplicou, com a implantação da fábrica da General Motors em 2000.

– Principais mudanças estruturais regionais no período 1985-2003

Começo com o exame das mudanças nas estruturas produtivas, analisando não só a composição entre os três grupos agregados, mas também, sempre que possível e necessário, das principais mudanças na composição interna de cada um deles. A Tabela 4.5 mostra as principais alterações entre os três grupos. Uma vez que o período 1989-2003 não só é relativamente longo, mas muito entrecortado por inflação, queda de preços, desvalorização e valorização cambial, abertura comercial e, em especial ao final do período, pela alta externa de preços e de demanda, farei o confronto estrutural em dois cortes: comparando as estruturas de 1996 com as de 1985, ano do último Censo Industrial, e a de 2003 com a de 1996.

Desconcentração produtiva regional do Brasil: 1970-2005

Tabela 4.5 – Indústria de Transformação: estrutura regional (VTI): G I, G II e G III – 1970-2003

	Grupo I: Indústrias predominantemente produtoras de bens de consumo não durável					Grupo II: Indústrias predominantemente produtoras de bens intermediários					Grupo III: Indústrias predominantemente produtoras de bens de capital e de consumo durável				
	1970	1980	1985	1996	2003	1970	1980	1985	1996	2003	1970	1980	1985	1996	2003
Brasil	43,7	33,9	33,2	40,3	33,3	35,4	41,0	42,4	35,7	45,2	20,9	25,1	24,4	24,0	21,6
Norte	52,7	24,6	21,2	23,9	22,0	43,9	29,8	27,1	28,8	40,7	3,4	45,6	51,7	47,3	37,2
Nordeste	63,7	43,8	43,5	49,5	40,9	30,8	47,9	48,5	44,9	52,0	5,5	8,3	8,0	5,6	7,1
Sudeste	40,8	30,2	28,6	37,3	28,4	35,4	41,1	43,9	36,5	48,4	23,8	28,7	27,5	26,2	23,2
Minas Gerais	38,6	27,9	26,9	37,6	27,7	52,3	52,8	58,2	42,2	56,2	9,1	19,3	14,9	20,2	16,1
Espírito Santo	46,4	34,4	29,5	33,4	14,3	51,1	52,9	62,5	62,4	79,8	2,5	12,7	8,0	4,2	5,9
Rio de Janeiro	45,2	35,9	32,7	45,9	22,6	37,7	39,4	47,0	44,7	60,2	17,1	24,7	20,3	9,4	17,2
São Paulo	39,8	29,3	28,2	36,0	30,2	32,8	39,5	40,6	33,7	43,5	27,4	31,2	31,2	30,3	26,3
Sul	51,4	46,3	48,0	48,7	40,5	37,3	38,8	35,1	30,9	36,9	11,3	14,9	16,9	20,4	22,7
Paraná	49,8	36,7	40,5	45,5	30,6	44,5	52,9	44,0	32,7	45,5	5,7	10,4	15,5	21,8	23,8
Santa Catarina	43,4	47,2	53,7	50,9	49,2	45,9	38,9	31,2	25,3	29,4	10,7	13,9	15,1	23,9	21,4
Rio Grande do Sul	54,9	51,7	48,7	49,7	43,9	30,8	30,3	32,6	32,9	33,7	14,3	18,0	18,7	17,5	22,4
Centro Oeste-Distrito Federal	68,9	49,3	50,1	64,8	72,9	28,3	44,9	46,0	34,2	25,0	2,8	5,8	3,9	1,0	2,0
Distrito Federal	58,2	56,0	46,1	62,3	63,1	31,7	36,1	27,6	26,0	32,0	10,1	7,9	26,3	11,7	4,9

Fonte (dados brutos): Censos Industriais e PIAS, IBGE.

(a) Ver em "Notas Metodológicas" (Apêndice Estatístico) os ramos que compõem os Grupos I, II e III.

– Vejamos, de início, as principais mudanças estruturais no período 1985-1996

Em termos de Brasil, entre 1985 e 1996, a regressão estrutural de que falei antes fica clara: o grupo de BCND aumenta sua participação no total da produção do setor, de 33,2 para 40,3%, não só porque cresceu fisicamente acima da média, mas porque entendo que as mudanças nos preços relativos dos outros dois grupos foram ainda mais negativas do que as verificadas neste. Com efeito, ambos apresentam redução em suas participações: a do grupo de BI cai de 42,4 para 35,7% e a de BCD + BK, de 24,4 para 24%. Obviamente, a contração do investimento público e privado, da construção civil e da metal-mecânica afetaria sensivelmente esses dois grupos.[24]

A redução sofrida em BCD + BK só não foi maior porque dele faz parte o gênero de Veículos Automotores – que representava mais de 33% do VTI desse grupo – que se beneficiaria tanto do processo de reconcentração de renda do período quanto da restauração do financiamento do consumo do setor, graças ao plano de estabilização de 1993-94. Para que se tenha idéia da complexidade que é analisar o setor industrial nesse período, bastaria mostrar quanto enganosas podem ser as cifras de curtos períodos: a expansão da produção de veículos entre 1989 e 1996 deu-se à taxa média anual de 10%, mas isso esconde um longo período de demanda contida e de estagnação da produção, pois: a) a produção de 1989 foi inferior à de 1976!; e b) calculada a taxa média anual do aumento da produção entre 1976 e 1996, ela é de apenas 3,3%. Observe-se, contudo, que a participação desse grupo não só estagnou como ainda tornou-se menor do que a de 1980.

Como já apontado antes, o crescimento em São Paulo foi próximo e similar ao do Brasil, razão pela qual suas mudanças estruturais tiveram muitas similaridades, embora tenham ocorrido algumas diferenças em

---

24 O crescimento real médio anual dos três grupos, obtido pelas suas participações relativas no VTI total, teria sido algo em torno de 2,5% para BCND, nulo ou mesmo negativo para BI e menos de 1% para BCD + BK. É necessário lembrar que esses números aproximados são uma combinação – não desagregável – de valores, preços relativos e crescimento físico.

termos de gêneros. BCND aumenta sua participação, de 28,2 para 36%, graças sobretudo à grande expansão dos gêneros de Alimentos, Edição e Gravações, Farmácia e Perfumarias. O peso de BI cai de 40,6 para 33,7%, graças principalmente ao fraco desempenho de Outros Produtos Químicos e de Derivados de Petróleo e Álcool – afetados pela baixa do preço do petróleo e pela estagnação da produção de álcool –, de Minerais Não-metálicos e Produtos de Metal, ambos afetados pela crise da construção civil e pela queda do investimento público. A participação de BCD + BK sofre pequena queda, de 31,2 para 30,3%, atenuada pela expansão de Veículos Automotores, Material Eletrônico e segmentos de Material Elétrico. Contudo, mesmo no estado maior produtor de bens de capital do país, a fração desse grupo em 1996 era inferior à de 1980.

Na região Norte, o peso do grupo BCND teve pequeno aumento e isto se deve a duas razões: os estímulos da expansão da fronteira agrícola, ampliando o gênero de Alimentos, e o crescimento de Diversas e de Editorial e Gravações, graças aos estímulos fiscais da ZFM. Contudo, os demais gêneros sofreram os mesmos impactos da crise, apresentando desempenho negativo. O pequeno aumento do peso de BI se deve a que parte do crescimento de gêneros que tiveram expansão maior, como Derivados de Petróleo e Álcool, Metalurgia Básica e Produtos de Metal, foi compensado pelo fraco desempenho dos demais.

O grupo de BCD + BK também foi afetado pela crise, caindo seu peso de 51,7 para 47,3%. Embora constituído, preponderantemente, por bens de consumo durável, a fração do grupo no total industrial em 1996 era inferior à de 1980. As explicações para essa queda não residem no âmbito da produção física, dado que a da ZFM, que em 1996 perfazia cerca de 80% do VTI regional, só apresenta números positivos de crescimento. Com efeito, entre 1988 e 1996, o número de motocicletas ali produzido aumentou 33%, o de aparelhos de som, 75%, o de TV em cores, 280% e o de videocassete, 780%. Resta, assim, o efeito preço, notadamente a partir de 1994, com a valorização cambial e a enxurrada de importações.

Todo esse aumento da produção foi obtido ao mesmo tempo que o total de mão-de-obra era reduzido em 20%, e o peso dos salários e encargos sobre o faturamento caía de 7,3 para 6,3%. A importação de insumos subiu de US$ 481 milhões em 1988 para US$ 3.187 milhões em 1996, fazendo que a relação insumos importados/faturamento subisse de 9,4 para 24%, ao mesmo tempo que o montante de ICMS restituído às empresas da ZFM passasse de US$ 231 milhões para US$ 465 milhões, representando 67% do imposto devido.

O Nordeste, embora tenha tido mudanças no mesmo sentido das verificadas no Brasil, foi muito mais afetado em BCD + BK (cai de 8 para 5,6%) do que a maior parte das demais regiões. Contudo, alguns de seus gêneros tiveram significativos aumentos de participação na estrutura produtiva, mais do que a expansão relativa verificada no Brasil, decorrentes da maturação de novos projetos, como os da siderurgia, derivados de petróleo e de álcool, celulose e calçados. Em contrapartida, outros foram mais negativamente afetados, como os de Alimentos e Têxtil, em que pese a chamada "guerra fiscal".

Minas Gerais também teve aumento da participação estrutural de BCND, pelas mesmas razões já apontadas, acrescidas pelos maiores crescimentos na produção de Alimentos, Fumo, Têxtil e Couro e Calçados. A de BI regrediu, como a nacional, não só pelo menor crescimento nacional de vários de seus gêneros, como por uma expansão regional mais diferenciada de outros, como em celulose e siderurgia. Teve expressivo aumento na de BCD + BK (de 14,9 para 20,2%), cujo principal fator foi a consolidação de seu gênero de Veículos Automotores, que mais que duplica sua participação na estrutura produtiva desse estado. Os outros gêneros desse grupo, mais identificados como produtores de BK, perderam posição nessa estrutura. Ou seja, a maior fração desse grupo no total industrial mineiro não reflete, na verdade, expansão da produção de bens de capital, mas de consumo durável.

No Espírito Santo, também aumenta a participação de BCND, mas a de BI praticamente não se altera, haja vista sua crescente "especialização" na produção desse grupo, notadamente pela expansão de celulose e metalurgia. Mas seu grupo de BCD + BK sofreu sério revés, caindo de 8 para 4,2%. O Rio de Janeiro, embora perdesse posição relativa em muitos de seus gêneros, passou por situação semelhante: expressivo aumento em BCND, notadamente graças a Alimentos e Editorial e Gravações; praticamente mantém a de BI, graças à siderurgia, metalurgia e

Desconcentração produtiva regional do Brasil: 1970-2005

produtos químicos; mas sofre profunda redução em BCD + BK (cai de 20,3 para 9,4%), principalmente pelo mau desempenho de quase todos os gêneros do grupo, em especial os de construção naval e de veículos automotores. Essa fração de 1996 era ainda menor do que a que tinha ao final da década de 1950.[25]

No Paraná, os grupos BCND e BI aumentam suas participações; no primeiro, graças à expansão maior de Mobiliário, secundado por Vestuário, Couro e Calçados e Editorial e, no segundo, graças à Madeira, Material Plástico e Produtos de Metal. A de BCD + BK, ao contrário da maioria das regiões do país, aumentou (de 15,5 para 21,8%), graças à expansão maior em máquinas e equipamentos – em especial para a agricultura – material elétrico e eletrônico. Nesse período, este estado iniciava um processo de diversificação de sua estrutura industrial, com a implantação de ramos mais complexos.

Santa Catarina, ao contrário das demais regiões, diminui o peso de BCND (de 53,7% para 50,9%), dado o menor desempenho de alguns gêneros (Alimentos, Fumo, Couros e Perfumarias) que diminuíram o impacto da maior expansão de Têxtil, Vestuário, Mobiliário e Diversas. Em BI, o modesto desempenho de seus gêneros causou a diminuição desse grupo. Mas foi também uma das raras regiões a ampliar a participação de BCD + BK, onde pontificaram Máquinas e Material Elétrico, que mais que duplicam suas produções, aumentando a diversificação industrial do estado, com a expansão de setores mais complexos.

Já o Rio Grande do Sul praticamente manteve sua estrutura produtiva: pequeninos aumentos nos pesos de BCND (dado o excelente desempenho em Calçados, Móveis e Diversas) e de BI (graças ao melhor desempenho de Derivados de Petróleo, Minerais Não-metálicos e Siderurgia) e pequena diminuição em BCD + BK (de 18,7 para 17,5%, nível inferior ao de 1980), em que despontaram altos crescimentos em Máquinas de Informática, Material Elétrico e Equipamentos Médicos e de Precisão.

O Centro-Oeste-Distrito Federal, beneficiado pela expansão da fronteira agrícola, expandiu o peso de BCND (de 50,1 para 64,8%) conquis-

---

25 Cf. CANO (1998, tabelas 5 e 6).

tando pontos em quase todos os gêneros do grupo. Em BI, o peso diminuiu, onde apenas Madeira e Derivados de Álcool tiveram alto desempenho. Em BCD + BK, seu já reduzido peso caiu ainda mais, passando de 3,9 para 1%. No Distrito Federal, de reduzido peso na produção industrial brasileira, suas mudanças foram semelhantes às observadas para o Centro-Oeste-Distrito Federal.

Vejamos, em seguida, as principais mudanças estruturais que ocorreram entre 1996 e 2003.

No período 1989-96, viemos de uma hiperinflação para uma estabilização de preços, e de uma desvalorização para uma valorização cambial destrutiva para a indústria. Assim, a partir de 1994, deu-se a enxurrada de importações que alterou as estruturas internas de vários ramos, substituindo insumos nacionais até mesmo produtos finais por importados. Ainda a partir de 1993-94, os preços internacionais iniciam um período de alta, que atingiria níveis muito elevados após 2003. Não bastasse isso, veio a crise cambial de janeiro de 1999 e nova desvalorização, mas que só gerou efeitos de contenção de importações após 2000. A partir de 2004, ingressaríamos de novo em uma terrível valorização cambial, que permanece até hoje. O que estou tentando advertir é que há um véu de preços relativos, de efeitos técnicos, de estrutura, de custos e outros componentes, que encobrem a visão necessária para uma análise mais aprofundada. É, portanto, com essas limitações que prossigo.

Se examinarmos os dados da Tabela 4.5, poderíamos concluir que a regressão estrutural de que falamos teria passado e se modificado. Para o conjunto do Brasil, de fato, o peso do grupo BCND cai (de 40,3 para 33,3%), retornando ao patamar de 1985. Dos gêneros pesquisados pela PimPf, só tiveram crescimento médio anual positivo Alimentos (1,4%), Farmácia (2,7%) e Perfumarias (2,9%), tendo os demais sofrido quedas na produção física. Ou seja, a combinação de preços relativos ruins e de crise teria gerado um crescimento negativo.[26] Persistiram, no perío-

---

26 Com os mesmos termos da nota anterior, o crescimento médio anual dos três grupos teria sido de: negativo, em torno de -1,5% para BCND, nulo ou mesmo negativo para BCD + BK e para BI, fortemente beneficiado pelas exportações, de cerca de 4%.

Desconcentração produtiva regional do Brasil: 1970-2005

do, os problemas já apontados para Têxtil, Vestuário e Calçados, cujas quedas são pelo menos intrigantes, a despeito do grave aumento do desemprego e da queda dos salários reais.

O crescimento industrial do período restringiu-se, em grande parte, ao grupo BI (seu peso passa de 35,7 para 45,2%), cujas exportações cresceram em quantidades e preços, notadamente de Papel e Celulose e Metalurgia Básica. Medido em valor, o crescimento de Derivados de Petróleo e Álcool foi pífio, em virtude dos baixos preços do petróleo e da contenção da produção de álcool, já mencionadas. Minerais Não-metálicos e Produtos de Metal continuaram a sofrer os males da crise da construção civil e do investimento público, ao passo que Borracha padecia da estagnação da produção automobilística.

O grupo de BCD + BK, ao diminuir ainda mais seu peso (de 24 para 21,6%), confirma a hipótese da regressão: ficou, em 2003, apenas 0,5% acima do nível de 1970! A produção de veículos praticamente estagnou no período; na de eletrônicos de consumo, o alto crescimento da produção de telefones celulares foi insuficiente para compensar a drástica queda da produção de aparelhos de som e de imagem. A enxurrada de importações, em contraposição, não só afetou a produção de bens finais, mas sobretudo a de insumos eletrônicos. O crescimento de Máquinas e Equipamentos se deve praticamente às máquinas agrícolas, demandadas pela grande expansão da agricultura no período. O de Material Elétrico, por sua vez, deve-se à demanda de equipamentos e materiais elétricos para o setor de geração e distribuição de energia, que após a privatização retomou alguns investimentos. Também expandiu-se o gênero de Equipamentos Médicos, de Precisão, Automação e Cine Foto.

Em São Paulo, as mudanças estruturais guardaram semelhanças com as do Brasil. A participação de BCND cai de 36 para 30,2% graças ao fraco desempenho de todos os seus gêneros. A de BI sobe de 33,7 para 43,5% em decorrência, principalmente, da expansão das exportações, da recuperação dos preços de petróleo, da retomada da produção de álcool e de parte da demanda derivada da expansão automobilística. Os baixos investimentos públicos e o baixo crescimento da construção civil respondem pelo fraco desempenho de Produtos de Metal e de Minerais Não-metálicos. O peso do grupo BCD + BK caiu de 30,3 para 26,3%, conseguindo a "proeza" de ficar abaixo do nível de 1980 e apenas 1,1% acima do de 1970! Essa queda foi atenuada pela forte expansão de Outros Equipamentos de Transporte – sobretudo em material náutico e aviões – e de segmentos de Material Elétrico. Máquinas e Equipamentos e Veículos Automotores puxaram o peso do grupo para baixo, com seus fracos desempenhos.

Na região Norte, o peso de BCND teve pequena queda, e se deve ao fraco desempenho de todos os seus gêneros. O de BI teve acentuado aumento, passando de 28,8 para 40,7% graças principalmente à grande expansão exportadora de Madeira, Metalurgia Básica e ao aumento de Derivados de Petróleo e Álcool, além dos gêneros de Química e de Material Plástico, que se encontram entre os que mais cresceram no período. A participação de BCD + BK teve profunda queda (de 47,3 para 37,2%, nível inferior ao de 1980), em virtude de cortes de produção em torno de 30% em TV em cores e aparelhos de som, de 50% em videogame e em forno de microondas e de 80% em videocassete e em máquinas fotográficas. A de motocicletas, que triplica, foi insuficiente para conter a queda do grupo.

Certamente ocorreram outras transformações estruturais não refletidas diretamente nos números, em especial com a instalação de outras plantas de fabricação de distintos processos produtivos, pois o emprego total retomou, com algumas sobras, o nível de 1996. Contudo, o peso dos salários e encargos sobre o faturamento caiu ainda mais, para 4,5%, e a fração do emprego que recebia até dois salários mínimos aumentou, de 15 para 36%. As importações de insumos mantiveram-se elevadas, atingindo US$ 3,2 bilhões em 2003, fazendo que a relação insumos importados/faturamento subisse de 24% em 1996 para 30,7% em 2003, ao mesmo tempo que o montante de ICMS restituído às empresas da ZFM atingisse US$ 399 milhões – pouco menos do que em 1996 –, representando agora 83% do imposto devido! Essa situação era mais grave no caso da produção de eletrônicos, cujo coeficiente geral de importações de insumos passa de 35 para 58%, com o que a demanda de insumos nacionais viu-se reduzida, de US$ 1,9 bilhão para US$ 1,1 bilhão.

O Nordeste teria trajetória um pouco distinta. Seu grupo de BCND também perde peso (cai de 49,5 para 40,9%), pelo fraco desempenho de todos os seus gêneros, salvo Couro e Calçados, com expansão mais acentuada, incapaz, entretanto, de compensar aquelas perdas. O de BI teve forte subida, de 44,9 para 52%, com todos os seus gêneros – notadamente os mais exportadores –, tendo desempenho positivo, sobressaindo os de Papel e Celulose, Metalurgia Básica e Derivados de Petróleo e de Álcool. O de BCD + BK sobe de 5,6 para 7,1%, nível abaixo do de 1980. Salvo Material Elétrico e Máquinas e Equipamentos, que tiveram fraco desempenho, os demais, em especial Veículos Automotores – basicamente na Bahia –, tiveram desempenho positivo.

Em Minas Gerais, as mudanças estruturais direcionaram-se, como vem ocorrendo há décadas, no sentido de ali predominar a produção de bens intermediários. Com efeito, BCND teve forte queda (de 37,6 para 27,7%), onde apenas Alimentos e Diversas tiveram bom desempenho. Em BI, que passa de 42,2 para 56,2%, todos os seus gêneros, principalmente os mais exportadores ou os energéticos, tiveram desempenho mais forte do que a média do setor industrial do estado. Destaque-se Papel e Celulose, Metalurgia Básica e Derivados de Petróleo e de Álcool, como os mais dinâmicos. Em BCD + BK, o crescimento, cuja participação cai de 20,2 para 16,1%, regride a patamares anteriores a 1980. O crescimento mais acentuado de Máquinas e Equipamentos, Máquinas de Informática e Material Elétrico não foi suficiente para compensar a queda da produção em Veículos e Outros Equipamentos de Transporte.

No Espírito Santo, que também esboça uma tendência semelhante à de Minas Gerais, porém mais acentuada, a participação de BCND caiu fortemente (de 33,4 para 14,3%), pois todos os gêneros tiveram fraco desempenho, com exceção de Mobiliário, que passou por forte crescimento no município de Linhares. Em BI, que sobe de 62,4 para 79,8%, pontificaram os mesmos ramos de Metalurgia. Em BI, que sobe de 62,4 para 79,8%, pontificaram os mesmos ramos de Metalurgia Básica, Papel e Celulose e Minerais Não-metálicos – segmentos em que o Espírito Santo passou a concentrar alta fração da produção nacional – e Derivados de Petróleo e de Álcool. Teve também pequena alta a produção de BCD + BK, graças ao desempenho de Máquinas e Equipamentos e Aparelhos Elétricos. Embora pouco expressiva no contexto nacional, cabe lembrar que sua fração no contexto industrial do estado era em 2003 menos da metade do que fora em 1980.

No Rio de Janeiro, o grupo de BCND sofreu profunda queda (de 45,9 para 22,6%) com fraco desempenho em todos os seus gêneros, confirmando o que parece ser uma tendência de longo prazo, para esse estado, no que se refere a esse grupo. Em BI, a forte subida de 44,7 para 60,2% se deve sobretudo à Metalurgia Básica, Minerais Não-metálicos e a Derivados de Petróleo e de Álcool. Quanto a seu grupo de BCD + BK, que tem forte subida (de 9,4 para 17,2%) no período, esse crescimento se deve mais a Veículos Automotores – com as duas novas plantas instaladas no período – e menos aos demais gêneros, que tiveram desempenho apenas modesto. Essa recuperação, contudo, faz que a participação desse grupo na indústria desse estado praticamente volte ao nível de 1970.

No Paraná, o grupo BCND diminui fortemente sua participação, graças à expansão mais acentuada de quase todos os seus gêneros, com exceção de Alimentos, Fumo e Couro e Calçados. O grupo de BI apresenta forte subida (de 32,7 para 45,5%) graças ao bom desempenho de todos os seus gêneros, salvo no de Metalurgia Básica. O grupo de BCD + BK também subiu, embora em menor escala (passa de 21,8 para 23,8%), graças à expansão maior em Máquinas e Equipamentos – especialmente para a agricultura – e em Veículos Automotores, com a consolidação de suas duas novas plantas no período. Os demais gêneros do grupo tiveram fraco desempenho. Nesse período, parece se confirmar uma diversificação de sua estrutura industrial, com a expansão ou implantação de ramos mais complexos. Aqui, sim, houve uma expansão mais positiva para o desenvolvimento econômico: o peso desse grupo em 2003 era quatro vezes maior do que em 1970 e o dobro do de 1980.

Santa Catarina praticamente mantém o peso de seu grupo de BCND, tendo todos os gêneros desempenho positivo e acima da média industrial do estado. Em BI, cujo peso também aumenta (de 25,3 para 29,4%), tiveram desempenho mais acentuado os gêneros de Papel e Celulose, Borracha, Material Plástico e Produtos de Metal. Mas teve pequena queda na participação de BCD + BK, onde apenas Material Elétrico e Equipamentos Médicos, de Precisão e Cine Foto tiveram desempenho mais positivo. Também tendo positiva expansão, o peso desse grupo em 2003 era uma vez e meia o de 1980 e o dobro do de 1970.

Já o Rio Grande do Sul teve diminuída a participação de seu grupo de BCND, onde apenas Fumo, Móveis e Diversas tiveram desempenho positivo. No de BI, a participação praticamente se manteve, graças ao melhor desempenho de Borracha, Material Plástico e Produtos de Metal. Registrou aumento mais acentuado em BCD + BK (de 17,5 para 22,4%), onde praticamente todos os seus gêneros tiveram alto desempenho. Também nesse estado esse grupo teve melhor desempenho, ultrapassando, em 2003, todos os níveis anteriores.

O Centro-Oeste-Distrito Federal, beneficiado pela expansão da fronteira agrícola, continuou expandindo o peso de BCND (de 64,8 para 72,9%), obtendo pontos positivos em quase todos os gêneros do grupo, sobretudo em Alimentos. Em BI, o peso continuou diminuindo (de 34,2 para 25%), em virtude do fraco desempenho de todos os seus gêneros, principalmente o de Derivados de Petróleo e de Álcool. Em BCD + BK, seu reduzido peso duplicou, passando de 1 para 2%. No Distrito Federal, de pequena expressão no total do VTI industrial do país, praticamente se mantém o peso de BCND, aumentando o de BI e voltando a cair o de BCD + BK. Vestuário e Diversas foram os gêneros de maior crescimento.

– Principais mudanças das participações regionais no VTI entre 1985-2004

Da mesma maneira que procedi no item anterior, farei dois cortes periódicos, confrontando o Censo de 1985 e a PIA de 1996 e, em seguida, o confronto entre a PIA de 1996 e as de 2003 e 2004.

A Tabela 4.6 mostra a trajetória histórica da participação regional no VTI total da Indústria de Transformação, que sintetiza o fenômeno da desconcentração. Ali se vê que as perdas cruciais de São Paulo se deram após 1995, segundo demonstram as CRs de 1995 (ver Tabela 6.2 Apêndice Metodológico e Estatístico), ou as PIAs de 1996 PIAs. Em páginas anteriores já apresentei algumas reflexões metodológicas sobre a profundidade e rapidez dessa queda, e voltarei ao tema no Apêndice Metodológico. Dessa Tabela 4.6, cabe destacar que, salvo São Paulo e Rio de Janeiro, todas as demais regiões e UFs ali exibidas ganham pontos porcentuais no total nacional. O Rio Grande do Sul gravitou em torno de 7,9 e 8,2%, acompanhando o movimento médio da economia nacional. Enquanto São Paulo continuou sua trajetória de queda, que vem desde 1970, a do Rio de Janeiro, muito mais longa, nos dá a impressão de ter-se estabilizado, com o peso de 8,1%. Teria esse estado deixado de ser um perdedor? É difícil responder a isso, em face das considerações metodológicas que fiz em páginas anteriores.

Os maiores ganhadores foram Norte, Centro-Oeste, Minas Gerais, Espírito Santo, Paraná e Santa Catarina. Os dois primeiros foram, be-

Tabela 4.6 – Indústria de Transformação: participação regional no VTI – 1939-2004

	1939	1949	1959	1970	1975	1980	1985	1989	1995	1996	2004
Norte[1]	1,1	0,7	0,9	0,8	1,3	2,4	2,5	(3)	(3)	4,2	5,0
Nordeste	10,9	9,1	6,9	5,7	6,6	8,1	8,6	8,1	8,1	7,3	8,5
Minas Gerais	7,6	6,6	5,8	6,5	6,3	7,7	8,2	8,2	8,8	8,4	9,9
Espírito Santo	0,3	0,4	0,3	0,5	0,6	0,9	1,2	(3)	(3)	1,1	1,6
Rio de Janeiro	25,5	20,6	17,6	15,5	13,5	10,6	9,5	10,3	8,6	8,1	8,1
São Paulo	40,7	48,9	55,6	58,2	55,9	53,4	51,9	50,2	49,8	50,9	43,1
– RMSP[2]	26,3	32,4	41,0	43,5	38,8	33,6	29,4	28,8	25,4	27,3	16,9
– Interior[2]	14,4	16,5	14,6	14,7	17,1	19,8	22,5	21,4	24,4	23,6	26,2
Paraná	2,3	2,9	3,1	3,1	4,0	4,4	4,9	5,3	5,5	5,4	7,0
Santa Catarina	2,1	2,4	2,2	2,6	3,3	4,1	3,9	4,0	4,4	4,6	5,0
Rio Grande do Sul	9,1	7,9	7,0	6,3	7,5	7,3	7,9	7,8	8,2	7,9	8,2
Centro-Oeste[1]	0,4	0,5	0,6	0,8	1,0	1,1	1,4	(3)	(3)	2,2	3,6

Fonte: (1939-1985) IBGE – Censos Industriais; (1989/95) estimados pelo autor, com base na evolução da produção física (PINPF/IBGE), com coeficientes de ponderação de 1985 para 1989 e de 1989 para 1995; (1996/2004) PIA/IBGE. Base VTI Valor de Transformação Industrial.

[1] A partir de 1989: Norte inclui Tocantins e Centro-Oeste exclui Tocantins.

[2] GSP (Grande São Paulo) e INT (Interior): estimados em 1939 pelo Valor da Produção; 1949-85: Censos Industriais; a partir de 1989: participações calculadas sobre o total do estado de São Paulo, com base no Valor Adicionado Fiscal informado pela SESP e FSeade.

[3] Por resíduo (100% – regiões calculadas): Norte + Espírito Santo + Centro-Oeste teriam: 6,1 em 1989 e 6,6 em 1995.

Desconcentração produtiva regional do Brasil: 1970-2005

neficiados não só pela expansão da fronteira agrícola e mineral, mas sobretudo pelas obras de infra-estrutura executadas nessas regiões. O Norte ainda teve a seu favor a consolidação dos incentivos fiscais da ZFM. Todos, sem dúvida, valeram-se também da "guerra fiscal". O Espírito Santo e Minas Gerais mostram um movimento nas últimas duas décadas no sentido de certa especialização produtiva em bens intermediários e de exportação. Paraná e Santa Catarina, dois dos estados mais adiantados do país, souberam tirar maior proveito desse quadro nacional desorganizado em que vivemos, e conseguiram avanços em termos de certa diversificação industrial.

Os dados da Tabela 3.8 (Cap. 3) mostram – para o VTI total da Indústria de Transformação –, que, em termos do conjunto das UFs, salvo São Paulo, Rio de Janeiro e Pernambuco, nenhuma outra teve perda significativa ao longo de todo o período, e que vários dos pequenos estados também acumularam alguns ganhos, mais que perdas. Em 1970, recordemos que apenas oito estados detinham pelo menos 1% do VTI nacional do setor, mas a partir da década de 1980 cinco outros haviam galgado aquela posição: Amazonas em 1980, Ceará e Espírito Santo no Censo de 1985, Goiás na PIA de 1996 e, na PIA de 2003, Pará e Mato Grosso.

Vejamos esse movimento pelas participações regionais nos três grupos de indústrias, conforme mostra a Tabela 4.7.

Em termos do grupo de BCND, é óbvio que as regiões Norte e Centro-Oeste, graças à expansão da fronteira agrícola, ganhassem pontos porcentuais, como ganharam, nesse grupo, onde predominam gêneros em grande parte mais relacionados com a base primária de produção. Mas deve-se observar que tanto os estados do Sul – detentores, com São Paulo, da mais moderna agroindústria do país – quanto Minas Gerais, dos mais industrializados, ganharam alguns pontos (ou não os perderam) no grupo. São Paulo, o mais industrializado de todos, deveria ter perdido muito mais do que perdeu, e isso se deve aos fatos que relatamos no início desta exposição, sobre a regressividade estrutural em que vivemos: como a indústria cresce pouco, sobressai a produção primária exportadora e agroindustrial.

Tabela 4.7 – Indústria de Transformação: participação regional: G I, G II e G III – 1970-2003

	Grupo I: Indústrias predominantemente produtoras de bens de consumo não durável					Grupo II: Indústrias predominantemente produtoras de bens intermediários					Grupo III: Indústrias predominantemente produtoras de bens de capital e de consumo durável					Todos os Ramos				
	1970	1980	1985	1996	2003	1970	1980	1985	1996	2003	1970	1980	1985	1996	2003	1970	1980	1985	1996	2003
Brasil	100,0	100,0	100,0	100,0	100,0	100,0	100,0	100,0	100,0	100,0	100,0	100,0	100,0	100,0	100,0	100,0	100,0	100,0	100,0	100,0
Norte	1,0	1,8	1,6	2,5	3,0	1,0	1,8	1,6	3,4	4,1	0,1	4,4	5,4	8,3	7,8	0,8	2,4	2,5	4,2	4,5
Nordeste	8,4	10,1	11,2	9,0	10,7	5,0	9,1	9,8	9,2	10,0	1,5	2,6	2,8	1,7	2,9	5,7	7,8	8,6	7,3	8,7
Sudeste	75,3	64,6	60,8	63,5	53,4	80,9	72,8	73,2	70,0	66,9	91,7	83,2	79,9	74,6	67,1	80,7	72,6	70,9	68,5	62,5
Minas Gerais	5,7	6,4	6,6	7,9	7,4	9,5	10,0	11,5	10,0	11,1	2,8	6,0	5,0	7,1	6,7	6,4	7,7	8,3	8,4	8,9
Espírito Santo	0,5	0,9	1,1	0,9	0,7	0,7	1,2	1,8	1,9	2,8	0,1	0,5	0,4	0,2	0,4	0,5	0,9	1,2	1,1	1,6
Rio de Janeiro	16,2	11,2	9,2	9,2	5,4	16,7	10,2	10,6	10,1	10,6	12,8	10,4	7,8	3,2	6,4	15,7	10,6	9,5	8,1	8,0
São Paulo	52,9	46,1	43,9	45,5	39,9	54,0	51,5	49,8	48,0	42,3	76,0	66,4	66,6	64,2	53,7	58,1	53,4	51,9	50,9	44,0
Sul	14,1	21,7	23,9	21,5	25,3	12,6	15,1	13,7	15,4	17,0	6,5	9,4	11,5	15,1	21,8	12,0	16,0	16,7	17,8	20,8
Paraná	3,5	4,7	6,0	6,1	6,7	3,8	5,7	5,2	4,9	7,4	0,8	1,8	3,1	4,9	8,1	3,1	4,4	4,9	5,4	7,3
Santa Catarina	2,5	5,8	6,5	5,8	7,2	3,3	4,0	2,9	3,2	3,2	1,3	2,3	2,4	4,5	4,8	2,5	4,2	3,9	4,6	4,8
Rio Grande do Sul	7,9	11,2	11,4	9,7	11,4	5,5	5,4	6,1	7,2	6,4	4,4	5,3	6,0	5,7	8,9	6,4	7,4	7,9	7,9	8,6
Centro Oeste-Distrito Federal	1,1	1,4	1,7	3,1	7,0	0,5	1,1	1,3	1,9	1,8	0,1	0,2	0,2	0,1	0,3	0,7	1,0	1,2	1,9	3,2
Distrito Federal	0,1	0,3	0,3	0,3	0,7	0,1	0,1	0,1	0,2	0,2	0,1	0,1	0,2	0,1	0,1	0,1	0,2	0,2	0,2	0,3

Fonte (dados brutos): Censos Industriais, IBGE.

(a) Ver em "Notas Metodológicas" (Apêndice Estatístico) os ramos que compõem os Grupos I, II e III.

O Nordeste manteve sua participação ao longo do período, beneficiado também pelas exportações agrícolas e pela desconcentração já mencionada de vários ramos que demandaram alguns estados da região, como Têxtil, Vestuário e Calçados. Embora o Espírito Santo mostre trajetória participativa oscilante, parece ser clara a tendência declinante de BCND – e a da crescente especialização em BI. O Rio de Janeiro já vinha de trajetória cadente, notadamente nesse grupo, tanto pelo encerramento de várias plantas industriais em alguns de seus gêneros como pela menor expressão de seu agro. Pouco se pode dizer sobre o aumento da participação do Distrito Federal, que mais se deve à sua urbanização do que a seu inexpressivo agro.

No grupo de BI – em que o crescimento predominou entre os segmentos energéticos e exportadores – o maior aumento de participação se dá exatamente onde mais se expandiu a fronteira mineral – o Norte, cuja participação passa de 1,6% em 1985 para 3,4% em 1996 e 4,1% em 2003. A forte expansão dos principais gêneros exportadores, como Metalurgia, Celulose e o do energético Derivados de Petróleo e de Álcool, parece ter conferido a tônica do crescimento desse grupo na maior parte das regiões. Trajetória pouco ascendente teve o Nordeste, estimulado pelos mesmos ramos, assim como ocorreu com Minas Gerais.

O aumento da participação do Espírito Santo, contudo, foi mais intenso, passando de 1,8% em 1985 para 2,8% em 2003. Os mesmos ramos também estimularam a expansão do peso para o Rio Grande do Sul e Paraná entre 1985 e 2003. O Rio de Janeiro, terceiro maior produtor desse gênero, manteve seu peso durante todo o período, devido ao elevado desempenho exportador de alguns gêneros e da expansão de seus segmentos energéticos. Entre 1985 e 1996, São Paulo mantém sua participação relativa, que cai entre esse ano e 2003, não por mau desempenho de seus gêneros, mas sim pelo crescimento pouco maior de outras regiões.

Em BCD + BK, a consolidação da ZFM explica o elevado aumento do peso do Norte, onde, na verdade, predomina a produção de bens de consumo durável. O Nordeste, que sofreu forte tropeço entre 1985 e 1996, graças ao fraco desempenho de seus gêneros, apenas recupera a posição perdida antes, também graças ao desempenho de sua nova indústria automobilística. Minas Gerais retomou sua posição, que havia perdido entre 1980 e 1985, mas o aumento de sua participação foi contido pelo fraco desempenho do setor automobilístico no último período. O Rio de Janeiro, após o forte tropeço de seus gêneros ente 1985 e 1996, consegue recuperar parte do terreno perdido, graças principalmente à expansão de sua indústria automobilística e da recuperação parcial de sua indústria naval.

São Paulo, principal produtor de bens de capital do país, continuou perdendo alguns pontos em sua participação, em parte pelo mau desempenho de alguns de seus gêneros e, em parte, pela expansão, a taxas pouco maiores que as paulistas, em outras regiões do país, como foi o caso de bens de capital nos estados sulinos, que alcançam maior diversificação em suas estruturas produtivas. Em outras regiões, como as que receberam importantes investimentos automobilísticos (Nordeste, Minas Gerais, Rio de Janeiro, Paraná e Rio Grande do Sul) ou de outros bens de consumo durável, como a ZFM, esse grupo também cresceu a taxas mais elevadas do que em São Paulo. Nas demais regiões do país, o peso desse grupo é muito reduzido, dificultando mais a visibilidade de sua análise. Adiante, volto a examinar as perdas e ganhos regionais, segundo os diferentes gêneros, fazendo inclusive algumas incursões analíticas com dados a três dígitos.

Vejamos, antes, a evolução da participação de São Paulo em todos os gêneros pesquisados. Para isso faço uso da Tabela 2.7 (Cap. 2), que mostra como esses dados evoluíram de 1970 a 2004. No período 1985-96, a desconcentração foi branda, para o total da indústria, e para a maioria de seus gêneros. Dos 25 gêneros e segmentos contemplados em 1985, São Paulo perdeu pontos em quinze deles, ganhando em outros dez: Farmácia, Perfumarias, Editorial, Material Elétrico, Papel, Borracha, Plásticos e Madeira. As perdas acima de 10 pontos porcentuais se restringiram a dois ramos: Produtos de Metal e Diversas; as entre 5 e 9,9 pontos, se deram em seis outros e os outros oito tiveram perdas menores do que 5 pontos. Em treze dos 25 ramos, São Paulo ainda concentrava mais de 50% da produção nacional, entre os quais figuravam quatro de BCND, cinco de BI e quatro dos cinco de BCD + BK.

Já entre 1996 e 2004, mais precisamente a partir de 2000, a desconcentração parece adquirir ritmo acelerado, pois, dos 29 gêneros e segmentos arrolados, São Paulo tem ganhos em cinco (Material Elétrico, Equipamentos Médicos e de Precisão, Outros Equipamentos de Transporte, Perfumarias e Couro e Calçados. Dois destes segmentos mantêm pesos superiores aos de 1985); perde em 24. De suas perdas, as maiores de 10 pontos se deram em BI e BCD + BK, em três segmentos de cada grupo. As perdas maiores de 5 pontos e menores de 10 foram onze, sendo cinco em BCND, quatro em BI e duas em BCD + BK. Finalmente, as perdas menores de 5 pontos foram sete, das quais cinco em BCND e duas em BI. Em oito segmentos, São Paulo ainda detinha mais de 50% da produção nacional: três em BCND, dois em BI e em cinco dos sete segmentos de BCD + BK.

Para possibilitar uma visão um pouco mais clara e desagregada desse processo, e indagar "quem ganhou ou perdeu o quê"?, construí as Tabelas 4.8 e 4.9, que se referem aos dois cortes do período. Em ambas, os dados a dois dígitos (gêneros) se referem aos anos 1985, 1996 e 2004, para todas as regiões nelas arroladas; enquanto os de três dígitos, para Norte, Nordeste, Espírito Santo, CO-DF e Distrito Federal, se referem às tabulações especiais que obtive no IBGE, para 1985, 1996 e 2003. Os outros seis estados mais industrializados já contam com apurações a três dígitos.

Comecemos pelo período 1985-96, Tabela 4.8. Ali estão arrolados 32 segmentos produtivos, além do total do setor. São Paulo apresenta perdas em 21 segmentos, além do total, enquanto o Rio de Janeiro também perde em 21 segmentos (não exatamente os mesmos, é claro). As perdas de ambos, obviamente, foram transformadas em ganhos para diversas regiões.

O Norte teve ganhos em 21 segmentos e perdas em sete, mas seus principais ganhos se deram em ramos importantes: Celulose, Derivados de Petróleo e de Álcool, Metalurgia e, notadamente, em Material Elétrico, Eletrônico e em "duas rodas". O Nordeste foi o que menos ganhou (onze segmentos), perdendo em dezessete. Seus principais ganhos se deram em Celulose e em BCND.

Tabela 4.8 – Indústria de Transformação: principais ganhos ou perdas entre 1985 e 1996 na participação nacional do VTI – (%)

Gêneros (x)	SP	RJ	NO	NE	MG	ES	PR	SC	RS	CO-DF	DF
Alim. e bebidas	2,1	0,1	2,3	-2,6	1,5	-0,4	-2,3	-1,4	-2,9	2,3	0
Alimentares	3,8	-1,9	...	...	2,3	-0,2	-0,4	-1,4	-1,9	...	...
Bebidas	-4,8	5,7	...	9,9	1,0	-0,9	-2,1	4,6	-10,3	...	...
Fumo	-1,2	...	0,0	-2,4	27,6	0,0	14,1	-7,5	-11,4	...	...
Têxtil	-0,2	-3,2	-1,3	1,4	1,3	0,0	-1,2	6,3	-0,4	0,0	0,0
Vestuário	-4,8	-4,6	-0,1	-3,4	-2,5	0,2	1,5	7,5	-0,9	2,7	0,1
Couros e peles	-9,1	1,8	-0,4	3,9	4,0	-0,1	0,3	-1,2	4,8	0,4	0,0
Farmacêutica	6,9	-6,8	-0,1	0,5	...	...	-0,1	0,7	-0,7	-0,1	....
Perf., sabões e velas	3,8	-3,0	0,5	-2,1	2,6	-0,2	0,3	0,0	-1,8	...	...
Móveis e diversos	-13,0	0,4	2,2	0,0	4,5	0,5	1,6	2,9	4,8	0,1	0,0
Mobiliário	-6,1	-2,9	-0,8	-2,8	5,2	-0,5	3,1	1,6	3,2	-0,4	-0,1
Diversas	-19,5	6,2	2,9	-0,5	2,3	0,0	-2,0	2,3	4,7	-0,9	...
Editorial	8,7	-9,4	1,7	-0,9	-0,8	0,0	1,2	0,3	-0,8	-0,1	0,1
Madeira	0,1	-0,2	-0,3	-2,6	-0,2	-1,8	15,0	-1,0	-1,2	4,2	0,2
Papel	1,6	-1,4	2,8	1,3	-1,3	-0,5	-1,6	-0,3	-0,6	0,1	-0,1
Deriv. de petróleo e álcool	-2,4	...	3,4	1,8	-5,3	0,0	-4,7	0,0	3,3	1,9	0,0
Prod. químicos, Farm. e perfum.	6,5	-1,3	7,3	-5,5	0,3	-0,6	0,2	-0,2	-0,4	0,7	0,0
Prod. químicos (outros)	-5,7	-2,8	0,9	-2,4	0,7	-0,6	1,2	-0,4	1,9	1,0	0,0
Borracha e plástico	-5,9	-6,1	1,1	-0,4	-0,4	0,1	1,1	1,1	-1,0	0,5	0,0
Borracha	7,4	4,0	...	...	0,7	...	0,1	0,7	-0,3	...	...
Mat. plástico	4,7	-5,9	...	...	-1,3	....	1,1	-0,4	-0,4	...	...
Min. Não-met.	-1,5	1,3	-1,3	-1,4	0,5	0,7	-0,3	1,7	3,1	-1,2	0,5
Metalurgia básica	-12,3	4,6	2,7	1,4	0,2	2,5	0,5	-0,8	1,0	0,1	0,0
Prod. metal	-5,2	0,3	3,1	0,0	3,8	-2,4	2,2	0,6	-1,6	0,3	-0,1
Reciclagem	-39,6	12,7	0,0	4,7	9,9	7,4	3,0	0,4	3,2	0,0	0,0
Maq. e equipamentos	-6,8	-3,0	1,0	-0,8	-2,1	-0,4	3,2	5,9	-1,5	-0,1	0,1
Maq. para escritório e informática	13,1	-14,6	7,8	-0,8	3,2	0,0	-13,7	...	3,6	0,0	0,7
Mat. elétrico	-2,8	-3,4	11,0	1,6	2,0	-0,1	1,2	3,5	1,8	-2,1	-0,4
Mat. eletrônico	-6,1	-3,6	5,9	-1,4	-0,3	0,0	6,9	0,0	-0,3	...	...
Equip. médicos, Automação e cine-foto	-6,7	0,5	-1,3	1,1	-2,9	0,1	5,6	-0,8	4,4	-0,1	0,0
Veículos automotores	-7,7	0,0	0,1	-0,4	6,6	0,2	-1,2	1,4	1,1	0,0	0,0
Outros equip. transporte	-5,5	-17,3	21,8	-0,4	1,3	-0,4	1,0	-0,4	-0,2	0,0	0,1
Total	-1,0	-1,4	1,7	-1,3	0,1	-0,1	0,5	0,7	0,0	0,7	0,0

Fonte: IBGE Censo Industrial 1985 e PIA 1996.

(...) Dados sigilados ou desconhecidos.

Dados a três dígitos para Norte, Nordeste, Espírito Santo, Centro-Oeste-Distrito Federal e Distrito Federal são de 1996 e 2003.

Minas Gerais e Paraná foram os grandes ganhadores (20 cada um) perdendo ambos em 10. Contudo, os ganhos de Minas Gerais, salvo os de Veículos e de Máquinas de Informática (de pequena participação em sua indústria) e Metalurgia, a maioria se concentrou em BCND. O Paraná, ao contrário, além do enorme ganho em Madeira (20 pontos), concentrou seus maiores ganhos nos setores mais complexos de BCD + BK. O Espírito Santo teve dezessete perdas e apenas onze ganhos, notadamente em Metalúrgica e Reciclagem.

Santa Catarina também foi grande ganhadora (vinte ganhos e doze perdas), tendo suas principais conquistas se distribuído mais em segmentos de BCD + BK, mas tendo algumas importantes também em BCND. O Rio Grande do Sul só ganhou em treze segmentos, notadamente em produtos químicos e derivados de petróleo e em calçados e couro, tendo ainda outros ganhos em BCD + BK. O Centro-Oeste-Distrito Federal teve oito perdas e vinte ganhos, estes basicamente concentrados em BCND, com destaque para Alimentos. O Distrito Federal teve apenas quatro perdas e 24 ganhos, sem maiores destaques.

Examinemos, agora, o período 1996-2004 (ver Tabela 4.9). São Paulo e Rio de Janeiro foram de novo os grandes perdedores, acumulando resultados negativos, ambos, em 28 segmentos. Dos poucos ganhos de São Paulo, os maiores foram em Outros Equipamentos de Transporte (principalmente em aviões), o mais expressivo (22,3 pontos) e Equipamentos Médicos, de Precisão e Cine Foto (2,6 pontos). Os do Rio de Janeiro foram Veículos (4,5 pontos), Derivados de Petróleo e de Álcool (1,7 pontos) e máquinas de escritório e informática (15 pontos).

O Norte teve dez perdas e seus 22 ganhos se concentraram mais em BCND (notadamente em Alimentos e Editorial) e em BI (em especial Madeira, Metalurgia e Reciclagem). A crise nacional afetou seriamente seus segmentos de BCD + BK. O Nordeste teve também 22 ganhos, sendo os principais em Alimentos, Calçados, Vestuário, Metalurgia, Celulose, Reciclagem e Veículos Automotores.

Minas Gerais, embora tenha tido oito perdas (a maior delas em Fumo), foi um dos maiores ganhadores, com 24 posições conquistadas, marcadamente localizadas em Celulose, Derivados de Petróleo e de Álcool, Produtos Químicos, Farmácia, Metalurgia, Material Elétrico e Ele-

Tabela 4.9 – Indústria de Transformação: principais ganhos ou perdas entre 1996 e 2004 na participação nacional do VTI – (%)

Gêneros (x)	SP	RJ	NO	NE	MG	ES	PR	SC	RS	CO-DF	DF
Alim. e Bebidas	-6,2	-2,3	0,6	1,2	2,0	-0,6	-0,1	2,5	-1,7	5,8	0,1
Alimentares	-6,4	-1,5	0,4	-0,2	0,2	...	-0,7	2,2	-2,0	4,9	...
Bebidas	-8,7	-2,2	2,6	3,4	-0,6	...	0,6	1,2	-0,2	3,1	...
Fumo	-2,9	1,5	0,9	-5,7	-29,4	0,0	-16,2	5,0	48,0	0,0	-
Têxtil	-6,9	-1,5	-0,6	0,8	2,5	0,0	0,6	1,6	2,0	0,7	0,0
Vestuário	-6,3	-3,4	0,2	2,1	0,7	0,6	3,2	2,6	0,0	0,4	0,2
Couros e peles	2,6	-1,7	1,0	11,1	-1,1	0,0	-0,5	0,6	-15,2	1,2	...
Farmacêutica	-1,9	-5,6	0,1	-1,1	3,8	0,0	0,5	-0,1	-0,1	2,5	-0,1
Perf., sabões e velas	1,0	-0,8	-0,2	2,0	-1,2	0,0	0,1	0,2	-0,5	0,0	-0,1
Móveis e Diversos	-8,7	-4,5	1,1	0,7	-0,8	0,6	3,4	2,7	4,5	0,6	0,0
Mobiliário	-11,1	-1,4	-0,4	0,6	-2,3	0,8	2,1	2,9	5,5	0,6	-0,1
Diversas	-3,1	-9,1	1,8	0,8	1,5	0,0	4,9	1,7	2,0	1,0	...
Editorial	-2,6	-4,1	3,9	-0,1	0,3	-0,1	1,0	0,2	1,4	0,3	0,2
Madeira	-3,8	-0,8	4,4	-1,2	0,1	-0,8	5,6	3,0	-1,0	-1,4	-0,2
Papel	-10,4	-1,1	-1,7	2,2	1,7	4,6	3,4	1,9	-1,4	0,7	0,0
Deriv. de Petróleo e Álcool	-6,2	1,7	0,9	2,5	2,7	4,6	3,5	0,1	-7,0	-2,0	-
Prod. Químicos, Farm. e Perfum.	-8,5	-3,4	0,0	0,3	2,6	0,2	2,0	0,5	4,7	1,3	0,0
Prod.Químicos (outros)	-7,6	-1,1	0,0	-3,7	1,5	0,3	2,1	0,6	3,0	0,5	0,0
Borracha e Plástico	-10,4	-1,1	-1,1	1,1	0,8	0,4	2,7	1,2	2,4	0,2	0,0
Borracha	-2,6	-0,9	0,0	1,5	-0,2	...	0,9	0,7	2,4	0,0	...
Mat. Plástico	-10,4	-3,6	-1,8	0,2	1,3	...	3,9	1,9	2,2	0,3	...
Min. Não-Met.	-6,8	-0,1	1,3	2,5	1,9	1,4	1,5	-1,3	0,3	-0,4	-0,2
Metalúrgica Básica	-1,0	-2,8	1,6	-0,2	1,5	1,3	-0,4	0,6	0,1	0,3	0,0
Prod. Metal	-5,1	-3,0	-0,8	4,2	-1,9	-0,1	2,5	2,3	0,4	1,0	0,0
Reciclagem	-7,2	-8,2	3,1	7,3	-1,5	-2,2	4,8	4,5	-0,8	0,9	0,0
Maq. e Equipamentos	-7,9	-0,1	-1,7	-0,7	1,5	0,7	2,5	-2,0	6,7	0,1	0,0
Maq. para Escritório e Informática	-30,7	+15,0	-6,2	3,6	2,8	...	2,4	0,3	5,5	0,2	-0,1
Mat. Elétrico	-12,2	-0,3	1,5	-0,6	3,9	0,2	-0,6	6,1	1,2	0,3	0,0
Mat. Eletrônico	-9,8	-0,6	14,8	-0,9	0,0	...	-5,5	0,4	1,1	0,0	0,0
Equip. Médicos, Automação e Cine-Foto	2,6	-0,4	-4,1	0,9	0,4	0,2	-0,3	2,1	0,0	0,0	0,0
Veículos Automotores	-17,4	4,5	0,4	3,3	-2,2	0,0	8,5	0,1	2,4	0,6	0,0
Outros Equip. Transporte	22,3	-8,7	-12,3	0,0	-1,3	-0,5	-1,2	-0,2	1,2	-0,3	0,0
Total	-7,8	0,0	0,3	1,4	0,5	0,5	1,9	0,2	0,7	1,3	0,1

Fonte: PIAS 1996, 2003 e 2004.
(...) Dados sigilados ou desconhecidos.
Dados a três dígitos para Norte, Nordeste, Espírito Santo, Centro-Oeste-Distrito Federal e Distrito Federal são de 1996 e 2003.

trônico. O Espírito Santo teve 22 ganhos, basicamente concentrados em BI, em particular: Celulose, Derivados de Petróleo e de Álcool, Metalurgia e Minerais Não-metálicos.

Os 25 ganhos do Paraná concentraram-se mais em Madeira, Celulose, Derivados de Petróleo e de Álcool, Plásticos, Veículos e Reciclagem; suas maiores perdas se deram em Fumo e Material Eletrônico. Em Santa Catarina – a segunda maior ganhadora –, os 28 ganhos deram-se de forma generalizada entre os três grupos, destacando-se as de Alimentos, Vestuário, Madeira, Papel e Papelão, Produtos de Metal, Material Elétrico e Reciclagem. No Rio Grande do Sul, em BCND, tanto houve enorme ganho em Fumo e em Móveis, como fortes perdas em Alimentos e Calçados; em BI, os maiores ganhos se deram em Borracha e Plásticos e a grande perda, em Derivados de Petróleo e de Álcool; em BCD + BK, os ganhos maiores foram em Máquinas e Equipamentos, Máquinas de Informática e em Veículos.

No CO-DF, ocorreram os maiores ganhos (29), mais concentrados em BCND e em BI. O maior deles foi em Alimentos, Bebidas, Produtos Químicos e Produtos de Metal e Diversas. No Distrito Federal, seus 23 ganhos foram bastante distribuídos, com pequena concentração em Vestuário e Editorial.

Finalmente, cabe alguma reflexão sobre *que tipo de produtos mais se desconcentraram? Quais as principais razões para isso?* Não tenho informações suficientes para dar respostas precisas a essas questões, mas tentarei aproximar-me um pouco delas, usando, principal mas não exclusivamente, as informações a três dígitos de que disponho. É óbvio que para uma investigação mais pormenorizada se requer outras tabulações muito mais detalhadas do que as que tenho, e, além disso, fazer ampla pesquisa de campo, com entrevistas, para aquilatar melhor esses fenômenos.[27]

A Tabela 6.4 (Apêndice Metodológico e Estatístico) constitui a base para o que segue. Seus dados, referidos a apenas 34 segmentos produtivos que selecionei, foram resumidos e arredondados para unidades

---

27 Neste momento estou coordenando, no Centro de Estudos de Desenvolvimento Econômico do Instituto de Economia da Unicamp, várias pesquisas regionalizadas sobre alguns dos temas aqui aflorados.

porcentuais, mostrando, ao longo do período 1985-2003, quanto, de determinados segmentos, se desconcentrou (ou se reconcentrou) de São Paulo e para onde (ou de onde) foi (se originou) essa desconcentração.

De início, não vejo maior interesse, para os fins deste livro, em analisar a três dígitos os gêneros Alimentos e Bebidas, Fumo, Têxtil, Vestuário e Couro e Calçados, por questões de ordem geral e algumas específicas. Todos eles têm uma base intimamente (ou indireta, mas forte) voltada à base agrícola e grande parte deles é pouco afeita a economias de escala, salvo alguns poucos segmentos desses gêneros.

Grande parte de outros gêneros, como os de Metalurgia e de Minerais Não-metálicos, tem igualmente forte vinculação com a localização de ocorrências minerais. Grande parte deles é muito afetada por economias de escala, tem elevados custos de transporte de matérias-primas, consome muita energia e é problemática para o meio ambiente, daí surgirem sérias restrições aos mesmos no mundo urbano das grandes cidades. Daqui para a frente, no Brasil, raro será o segmento da metalurgia de base a se instalar ou expandir fora das regiões onde estão as principais ocorrências minerais, como as do Norte e do Nordeste e, ainda, algumas de Minas Gerais, e raras em São Paulo.

Assim, vejo com naturalidade que, com a expansão da fronteira agrícola e mineral, com a implantação regional de infra-estrutura de transporte e energia, e com o maior controle urbano sobre a poluição ambiental, esses ramos (ou a maior parte deles, ou ainda, suas fases iniciais de processamento industrial) passassem a se instalar em outras regiões que não as de São Paulo ou do Rio de Janeiro, como, aliás, tem ocorrido ultimamente.

O caso do Fumo, que citei em várias passagens deste livro, não se prende apenas a esses fatores, pois, pertencendo a um oligopólio restrito e passando no momento por reestruturação técnica, teria de concentrar ainda mais sua produção, e, para seu favor, fazê-lo com benefícios da "guerra fiscal". Têxtil, Vestuário e Calçados também tiveram, com a crise, as benesses da "guerra fiscal" e da tolerância maior, na periferia, em relação à informalidade e à precariedade do trabalho e do salário. A pressão que a abertura comercial e a valorização cambial exerceram sobre esses gêneros foi enorme, obrigando-os a uma drástica redução de custos.

De certa forma, grande parte do gênero 22 (Editorial e Gravações), como o segmento de Impressão, está intimamente associado a centros urbanos médios e grandes e apenas alguns itens mais complexos exigem maior concentração urbana, como o segmento 22.3 (Reprodução de Gravação de Fitas e Discos), que até a década de 1970 se concentrava em São Paulo e secundariamente no Rio de Janeiro. Mais tarde, em face dos incentivos da ZFM, ali se concentraram 46% dele. Os segmentos 23.2 e 23.4 (Derivados de Petróleo e de Álcool) também têm sérias restrições locacionais: o primeiro situa-se em regiões próximas (ou nas próprias refinarias) às refinarias de petróleo e, o segundo, às grandes plantações de cana-de-açúcar, ou de outros produtos com os quais se possa produzir álcool.

Outro exemplo é a indústria química, que em geral requer grandes escalas de produção. Vários de seus segmentos estão intimamente ligados a ocorrências naturais e são também problemáticos para a questão ambiental. Assim, a localização desse ramo não depende do local do "mercado ou da matéria-prima". Alguns de seus segmentos, contudo, têm maior liberdade de localização, mas quase sempre requerem grandes mercados, como o da urbanização, que afeta sobremodo a localização de Farmacêutica e de Perfumarias.

Com essas ressalvas, restrinjo-me a examinar os seguintes segmentos.

– 20.2 madeira desdobrada: dada a crescente dificuldade de extrair madeira próxima, desde a década de 1970 a produção industrial de placas e aglomerados cresceu, substituindo a madeira serrada. São Paulo concentrava 35% dessa produção em 1985, mas o crescimento da demanda e a reestruturação da oferta extrativa, via reflorestamento – fortemente estimulado pela expansão da celulose –, fez que essa produção se expandisse em várias regiões do país. São Paulo passou a responder por apenas 23% em 2003, mas o Norte e o Nordeste juntos produziram 16%, o Sul, 37% e o Centro-Oeste, outros 6%.

– 21.1 celulose: São Paulo produzia 20% do total nacional em 1985, mas as dificuldades crescentes do abastecimento de madeira e a questão ambiental estimularam tanto políticas de incentivo ao reflorestamento como de maior controle ambiental, expandindo muito mais a produção e desconcentrando-a. Em 2003, São Paulo produzia apenas

13% do total, mas o Norte e o Nordeste juntos passaram a produzir 24%, Minas Gerais, 16% e o Espírito Santo, outros 28%;

– 25.1 borracha: cujo principal segmento é o de pneumáticos, também exige economias de escala. Em 1985, São Paulo concentrava 80% e, em 2003, a cifra baixou para 72%, graças à desconcentração estimulada pela política de incentivos regionais e pela desconcentração automobilística. O Rio de Janeiro produz 8%, o Rio Grande do Sul, 10% e o Nordeste, 4%;

– 26.1 vidro: segmento altamente concentrado e oligopólico ou quase monopólico, requer escalas de produção. São Paulo, em 1985, ainda concentrava 85% da produção nacional e, em 2003, perfazia 76%, secundado pelo Rio de Janeiro com 11%;

– 27.4 metalurgia de não-ferrosos: em 1985, São Paulo concentrava 46% da produção nacional e Minas Gerais, outros 24%. A expansão da demanda e as pesquisas geológicas possibilitaram o crescimento da produção, com o Norte produzindo 17% em 2003, o Nordeste, 18%, Minas Gerais, 18% e São Paulo, 40%;

– 27.5 fundição de metais: embora a metalurgia já estivesse desconcentrada no país, 69% dessa produção ainda ocorria em São Paulo, que atualmente abarca 43%. Esse segmento, contudo, tem certa complexidade técnica e sua demanda se concentra nos maiores centros industriais, razão pela qual é mínima sua produção no Norte e Nordeste. Em 2003, o Rio Grande do Sul produziu 16%, Santa Catarina, 20%, Rio de Janeiro, 10% e Minas Gerais, 10%;

– 28.1 e 28.2 estruturas metálicas e caldeiraria: segmentos menos complexos dentro da metal-mecânica, mas que também exige escala mínima de operação. No período, a concentração em São Paulo e em Minas Gerais baixa, respectivamente, de 53 e 22 para 44 e 18%, complementada pelo Rio de Janeiro (9%) e o Sul (19%);

– 29.1 e 29.2 motores, bombas e equipamentos de uso geral, setor de maior complexidade técnica e de escala maior: 78% dessa produção estava em São Paulo em 1985, baixando em 2003 para 65%, completada pela oferta de Santa Catarina (21%), Paraná (8%) e Rio Grande do Sul (7%);

– 29.3 máquinas para extração mineral e construção: em 1985, São Paulo concentrava 59%, baixando para 36%, mas os anteriores 34% do

Rio Grande do Sul aumentam para 40%, ao passo que o Paraná detinha mais 14%;

– 29.4 máquinas-ferramenta, de maior complexidade técnica e maior escala: a concentração em São Paulo baixa de 76 para 59%, com o Rio Grande do Sul concentrando 26%, e Santa Catarina e Paraná, juntos, 14%;

– 29.8 eletrodomésticos: de menor complexidade técnica, mas de maior escala: os 66% de São Paulo baixam para 50%, complementados por Santa Catarina (22%), Paraná (15%), Minas Gerais (6%) e Nordeste (4%);

– 30.2 equipamentos para processar dados, de alta complexidade técnica e de escalas mínimas: os 52% de São Paulo baixam para 34%, mas a do Rio de Janeiro passa de 15% para 40%. Há produção em outras regiões, mas em escalas menores, com o Sul produzindo 11%, a ZFM, 8% e o Nordeste, 5%;

– 31.1 e 31.2 geradores, motores elétricos, transformadores e equipamentos para geração e distribuição de energia: são segmentos de maior complexidade técnica e que exigem escalas mínimas. Os 70% de São Paulo baixaram para 51%, mas os incipientes 3% de Santa Catarina passam a 19%, complementados por Rio Grande do Sul (10%), Minas Gerais (6%), Paraná (5%), Rio de Janeiro (4%) e Nordeste (2%);

– 31.3 fios e cabos elétricos: de técnica menos complexa, mas de escala mínima. A concentração em São Paulo aumenta um pouco no período (de 69 passa a 72%). A rigor não houve desconcentração no período, com a produção sendo complementada por Paraná (10%), Minas Gerais (7%) e o Norte e o Nordeste com 2% cada um;

– 31.4 pilhas, baterias e acumuladores: segmento em que, embora coexistam empresas pequenas e médias (em baterias) e grandes, predominam as grandes, muitas delas transnacionais. São Paulo concentrava 78%, que baixa para 65%, complementado por Nordeste (24%), Paraná (3%), Minas Gerais (2%) e Norte (...);

– 31.5 lâmpadas e luminárias: neste, pequenas e médias só em luminárias, pois em lâmpadas há poucas transnacionais. A concentração antes se dava em São Paulo (56%) e no Rio de Janeiro (21%) e uma grande planta no Nordeste (14%), que mudam, respectivamente, para 38, 42 e apenas 3%;*

– 31.6 autopeças elétricas: aqui coexistem também vários tamanhos de plantas, mas predominam algumas grandes empresas transnacionais. Outro aspecto é que algumas foram obrigadas a localizar filiais junto às novas plantas automobilísticas que se instalaram em Minas Gerais, no Nordeste, Rio de Janeiro e Sul. São Paulo concentrava 94% da produção, baixando para 76%, complementada por Minas Gerais (10%), Nordeste (4%) e Sul (7%);

– 32.1 material eletrônico básico: embora de maior complexidade, a grande diversidade de produtos desse segmento permite a coexistência de empresas de tamanhos diversos. O segmento foi invadido pela enxurrada de importações após 1995, com forte substituição de insumos nacionais por importados. Em São Paulo, a concentração era de 75%, caindo para 45%, complementada pela ZFM (28%), Sul (17%) e Minas Gerais (5%);

– 32.2 aparelhos de transmissão e telefones: aqui também predomina alta tecnologia e grandes empresas transnacionais. São Paulo concentrava 69% da produção nacional, passando a 44%, complementado pela ZFM (45%) e Paraná (8%);

– 32.3 aparelhos de som e imagem (TV, rádio etc.). Também se sabe da predominância, aqui, de grandes empresas transacionais, e algumas nacionais a elas associadas ou não. São Paulo concentrava, em 1970, pouco mais de 90% da produção deste segmento, o qual, em grande parte, se transfere para a ZFM, com o que já em 1980 detinha apenas 35 e 33% em 1985, caindo ainda mais para 20% em 2003. Nesse ano, a ZFM produzia 77% do total nacional;

– 33.1 equipamentos médicos e laboratoriais. Este segmento tem uma produção muito diversificada, desde equipamentos simples até os mais complexos, permitindo a coexistência de número maior de plantas. Essas características facilitam sua instalação em muitos centros urbanos do país. São Paulo concentrava 74% de sua produção, que cai

---

* Este texto só estaria consolidado quando, no fim de 2007, a imprensa noticiou que a única fábrica (G.E.) do Rio de Janeiro encerraria suas atividades em 2008, concentrando ainda mais essa produção.

Desconcentração produtiva regional do Brasil: 1970-2005

para 55%, complementada pelo Sul (19%), Rio de Janeiro (14%), e o restante distribuído pelas demais regiões;

– 33.2 aparelhos de medida e controle industrial: já este segmento se apresenta mais concentrado em algumas regiões. São Paulo concentrava 76% da produção, que passa a 71%, complementada pelo Sul (16%), Minas Gerais (5%), Rio de Janeiro (2%) e Norte (...);

– 33.3 aparelhos de automação e controle eletrônicos: como o anterior, também requer alta concentração espacial. São Paulo concentrava 63% da produção, caindo para 53%, complementada por Santa Catarina (22%), Rio Grande do Sul (9%), Minas Gerais (9%) e Norte (...);

– 33.4 aparelhos de ótica, cine e foto: este segmento, no que diz respeito a cine e foto, também exige escala e tem complexidade técnica maior, também se concentrando em algumas regiões. São Paulo concentrava 53%, caindo para 47%, complementado por ZFM (23%), Rio de Janeiro (14%) e Rio Grande do Sul (9%);

– 33.5 cronômetros e relógios: predominam empresas pequenas e médias, mas o segmento exige complexidade técnica, sendo altamente concentrado em termos espaciais. Com a consolidação da ZFM, 86% da produção nacional ali se encontra, sendo o restante complementado por São Paulo (12%) e Santa Catarina (2%);

– 34.4 autopeças e acessórios para veículos: a enorme diversidade da produção desse segmento possibilita uma estrutura de tamanhos em que predominam as pequenas e médias empresas, mas, em alguns itens (câmbio, motor, suspensão etc.), há exclusividade das grandes. Em contrapartida, o segmento também foi forçado, em parte, a acompanhar a desconcentração espacial do segmento de veículos. São Paulo concentrava 84% da produção, caindo para 67%, complementado pelo Sul (17%), Minas Gerais (10%), e distribuído o restante entre Norte, Nordeste, Rio de Janeiro e CO-DF;

– 34.5 recondicionamento de motores para veículos: selecionei este item, de propósito, não por sua importância técnica ou econômica, mas pelo fato de sua menor complexidade técnica e menor escala permitirem a presença maior da média empresa e instalação nos grandes centros urbanos. São Paulo concentrava 68% da produção, caindo para 36%, complementada pelo Sul (20%), Minas Gerais (13%), Rio de Janeiro (10%), Nordeste (5%) e CO-DF (8%);

– 35.1 construção naval: segmento que se compõe dos grandes estaleiros e de empresas de porte pequeno e médio. A parte econômica mais expressiva do setor é a dos grandes estaleiros, já de longa data sediados no Rio de Janeiro, que concentra 92% de sua produção. Nesta área, a presença de São Paulo sempre foi reduzida;

– 35.2 material ferroviário: constituído por reduzido número de empresas, a maioria delas antigas oficinas das grandes ferrovias nacionais. Obviamente, a natureza técnica desse segmento, a localização dos parques ferroviários regionais e a densidade de seus tráfegos direcionam a localização regional de suas oficinas e empresas de reparação, mas as de construção permanecem concentradas em São Paulo, que acumulava 68% da produção nacional, subindo para 80% e era complementado por Minas Gerais (12%), Rio de Janeiro (3%), Paraná (2%) e Nordeste (1%);

– 35.3 construção e reparação de aeronaves: a rigor só existe uma grande empresa no setor (Embraer), localizada em São Paulo, que concentrava 79% da produção nacional, e sobe para 82%. A segunda maior concentração é a do Rio de Janeiro (13%); e

– 35.9 motocicletas, bicicletas e outros equipamentos de transporte: todos os itens desse segmento têm sua base produtiva em grandes empresas, muitas delas internacionais. Com a consolidação da ZFM, a produção nacional praticamente ali se concentra (passa de 36 para 76%). São Paulo, que concentrava 55% da produção nacional, passou a ser o segundo produtor nacional, com 15% do total.

Creio que estas últimas informações, sobre os segmentos acima selecionados e examinados, nos ajudam a compreender melhor o fenômeno da concentração e desconcentração industrial. Alguns fatos explicam esses fenômenos, mas com sérias limitações: seja a questão das bases regionais de recursos naturais; a "guerra fiscal"; as anteriores políticas de desenvolvimento regional; macrodecisões do Estado (do governo ou de suas empresas) em termos de infra-estrutura ou investimentos produtivos de grande porte; ou, ainda, decisões estratégicas de grandes empresas, que só aparentemente escapam ao chamado cálculo econômico privado.

Além dessas especificidades apontadas, não podemos esquecer que a produção capitalista é intrinsecamente concentradora, seja em ter-

Desconcentração produtiva regional do Brasil: 1970-2005

mos pessoais, de empresas, de setores, regiões ou países, e isso decorre da fria lógica de seu funcionamento dinâmico. Para contrariá-la, aquelas especificidades acima apontadas, em termos de exceções à regra, podem ser úteis ou necessárias, mas nunca são capazes de evitar as regras do capitalismo. Existem vários segmentos da produção industrial, como muitos dos que apontei, que têm suas próprias determinações técnicas e econômicas, que não permitem sua desconcentração, a não ser sob determinadas condições históricas. Por exemplo, o caso dos Estados Unidos, em que a maior parte de seu território já foi integralmente capturada pelo capitalismo, que o homogeneizou, e apresenta elevada densidade econômica. Isto cria mecanismos, na maior parte de seu território nacional, para que questões como economias de escala ou complexidade tecnológica que exija determinados ambientes espaciais especiais sejam atenuadas ou superadas em várias regiões.

Para encerrarmos o exame deste período, e como fizemos no anterior, lembremos que a desconcentração sofrida por São Paulo continuou a ter dois vetores regionais (B-SP e Interior de São Paulo), concentrando suas maiores perdas relativas na queda da participação nacional da RMSP, a qual, neste período, teria caído dos 28,9% de 1989 para apenas 16,9% em 2004, ao mesmo tempo que o Interior paulista teria subido para 26,2%, aumentando expressivamente sua participação, que fora de 21,4% em 1989. As principais razões que explicam o aumento do Interior foram:

a) a continuidade da expansão e modernização de seu parque agroindustrial, com grande expansão da indústria da carne, do açúcar e a retomada – ao final do período – dos preços e da produção do álcool de cana;

b) a retomada, também ao final do período, dos preços do petróleo, acrescendo o valor da produção de derivados de petróleo, notadamente nas regiões de Campinas, Vale do Paraíba e Baixada Santista;

c) a continuidade da desconcentração espacial da indústria automobilística, instalando novas plantas, principalmente as de Indaiatuba e Sumaré; e

d) expansão de setores mais complexos, como de informática e de microeletrônica, principalmente na região de Campinas.

5
Migrações e crise social

Desde o último quartel do século XIX, o estado de São Paulo tem sido a região brasileira que mais tem recebido imigrantes nacionais e estrangeiros. Até a década de 1920, os grandes fluxos eram basicamente de europeus e japoneses, e, a partir daí, de nacionais (predominantemente de nordestinos, mineiros e sulinos), que crescem a partir da década de 1930. O Censo Demográfico de 2000 mostrava que São Paulo concentrava 38,3% do total do fluxo migratório brasileiro. Dirigiram-se para São Paulo 56,5% do total dos retirantes nordestinos, 52% dos paranaenses, 46,8% dos mineiros, 27,6% dos migrados do Rio de Janeiro e 23% dos que saíram do Centro-Oeste (exclusive os do Distrito Federal).

A Tabela 5.1 mostra que, durante o longo período 1939-80, de elevado crescimento econômico (o PIB do Brasil cresceu 15 vezes), conforme os Censos Demográficos de 1940 e de 1980 nos permite apurar, o estoque acumulado migratório entre estas datas cresceu quase seis vezes, dobrando em relação ao contingente populacional, atingindo o crescimento marginal migrantes/população a elevada cifra de 17,4% na década de 1970 – a do "milagre".[1]

Não é preciso insistir que, nesse longo período, a notável expansão da economia e da urbanização garantiu um nível elevado de emprego, propiciando acentuada *acomodação social,* diante dos graves problemas de nosso subdesenvolvimento e a ausência de uma política pública redistributivista mais responsável e universalista.

Na década de 1980, com a crise, os fatores de atração nas áreas receptoras diminuíram sensivelmente ao mesmo tempo que, nas áreas tradicionalmente expulsadoras, alguns fatos também colaboraram para a diminuição dos fluxos de saída: secas menos intensas no Nordeste; elevada desconcentração produtiva ocorrida nas décadas de 1970 e 1980; aumento da taxa de urbanização na periferia nacional; forte aumento regional do emprego público; aumento da crise social e da violência em São Paulo e no Rio de Janeiro. O conjunto desses fatos certamente conteve parte do desejo e da necessidade de migrar para as áreas mais desenvolvidas do país. A despeito disso, 2,9 milhões de brasileiros haviam deixado suas regiões de nascimento para se fixar em outras, notadamente em São Paulo, Norte e Centro-Oeste, como se vê na Tabela 5.1.

A retomada daqueles fluxos, entre 1991 e 2000, fez que o estoque aumentasse cerca de 20% e a relação marginal saltasse para 17,3%. No período, não só as secas mais intensas (1998-99) do Nordeste explicam o aumento, mas sim o forte desemprego agrícola, como se verá mais adiante, que só encontraria guarida na precarização do mercado de trabalho urbano.

Não temos, neste capítulo, o objetivo de fazer uma reconstituição histórica mais ampla do fenômeno, mas apenas fazer algumas comparações qualitativas sobre o sentido, momento e espaço da manifestação de nossos principais fluxos migratórios a partir da colossal expansão cafeeira paulista da década de 1920.

---

1 Segundo o Ipeadata, a taxa média anual entre 1939 e 1980 foi de 6,8%. Com as participações regionais no PIB, daquelas datas, estimei, para São Paulo, a taxa de 7,3% e para o conjunto BR-São Paulo, a de 6,6%.

Desconcentração produtiva regional do Brasil: 1970-2005

Tabela 5.1 – Fluxos migratórios inter-regionais acumulados:[a] 1940-2000

	1.000 habitantes		%	
	Total acumulado (A)	Acréscimo no período (B)	A/pop. total	B/acréscimo pop. no período (b)
1940	2.772	...	6,7	...
1950	4.259	1.487	8,2	13,9
1960	7.304	3.045	10,4	16,8
1970	12.014	4.710	12,9	20,4
1980	16.524	4.510	13,9	17,4
1991	19.454	2.930	13,2	10,5
2000	23.437	3.983	13,8	17,3
1991*	19.039	–	13,0	–
2000*	23.019	3.980	13,6	17,3

Fonte: FIBGE. Censos Demográficos. (Dados brutos)

(a) Fluxo resultante das seguintes agregações: de 1940 a 2000, **sem asterisco**: Norte, Centro-Oeste (inclui Tocantins e exclui Distrito Federal), Distrito Federal, Maranhão, Nordeste (-Maranhão), Espírito Santo, Minas Gerais, Rio de Janeiro, São Paulo, Paraná, Santa Catarina, Rio Grande do Sul. Para **1991*** e **2000***: Norte inclui Tocantins; Centro-Oeste exclui Distrito Federal e Tocantins; Nordeste inclui Maranhão.

(b) acréscimos entre o ano censitário assinalado e o anterior.

Assim, minha atenção volta-se aos prováveis desdobramentos, nos movimentos migratórios, dos processos de urbanização, industrialização, de integração do mercado nacional e de expansão e modernização da agricultura. Este capítulo se divide em dois tópicos: o longo e entrecortado período que vai da grande expansão cafeeira da década de 1920 ao ocaso do "milagre" brasileiro (1980); e o que compreende a "crise da dívida" e a abertura neoliberal até o presente, restringindo-me, contudo, ao ano de 2000, último Censo Demográfico do país.

Antes de entrarmos na análise do movimento migratório, cabe fazer duas observações. A primeira é que só uso os censos demográficos, não usando as PNADs, dado que estas, até 2003, não estimavam os dados das zonas rurais da Amazônia (salvo de Tocantins), além do fato de que sua amostra expandida difere significativamente dos dados do censo.

195

A segunda observação se refere à regionalização adotada, que tenta se adaptar aos capítulos precedentes. Contudo, cabe advertir que:

a) os dados do Norte até 1980 não incluem os de Tocantins, criado em 1988. Assim, a partir de 1991, elaboro duas matrizes (a e b), incluindo Tocantins no Centro-Oeste-Distrito Federal na primeira (não o incluindo no Norte), e fazendo o contrário na segunda;

b) a região Centro-Oeste-Distrito Federal exclui Brasília, dadas as especificidades econômicas e sociais do Distrito Federal;

c) construí duas matrizes adicionais (Tabelas 5.6 e 5.7) para os anos de 1991 e 2000, reincorporando o Maranhão ao Nordeste, dado que essa UF até a década de 1960 constituía área de atração migratória ("fronteira agrícola nordestina"), passando à região expulsadora em fins da década de 1970; e

d) no Apêndice Metodológico e Estatístico, incluo uma matriz adicional para o ano de 2000 (Tabela 6.19) que permite a continuidade da análise das anteriores composições regionais (Norte-Tocantins; Centro-Oeste-Distrito Federal (+ Tocantins); Maranhão e Nordeste-Maranhão.

5.1. Meio século de acomodação social e regional (1930-1980)

Até a Primeira Guerra Mundial, o Rio de Janeiro era o principal destino da emigração nacional. Mesmo sofrendo seu retrocesso cafeeiro e industrial, a antiga capital expandiu e diversificou suas atividades urbanas terciárias, mantendo-se, até recentemente, como o maior ancoradouro para os emigrantes do Norte e do Espírito Santo, e no segundo maior para os de Minas Gerais e do Nordeste. Em São Paulo predominou, até a Primeira Guerra, a imigração européia e japonesa, mas a guerra e o *"boom"* industrial norte-americano da década de 1920 limitaram seriamente os fluxos para o Brasil, estimulando a imigração nacional – nordestina e mineira, em sua maioria.

Como se sabe, a "crise de 1929" no Brasil teve apenas quatro anos depressivos (1929-32), mas as grandes secas nordestinas de 1930-32 fizeram predominar os fatores de expulsão do Nordeste. A diversificação rápida do agro paulista e a expansão industrial pós-1933 robusteceram os fatores de atração, ampliando-os ainda mais, pela expressividade da industrialização e da urbanização por ela induzidas. Ao mesmo tempo, Vargas dava início à *Marcha para o Oeste,* incentivando a ocupação daquela vasta região.[2]

Essa época foi também de forte aumento do êxodo rural no Brasil – notadamente em São Paulo – o qual teve notável escoadouro tanto na vigorosa industrialização e urbanização paulista quanto na expansão da "fronteira" agrícola do Paraná, Centro-Oeste-Distrito Federal e Maranhão.

A abertura do norte paranaense, desde a segunda metade da década de 1920, ampliava não só a cafeicultura, mas, principalmente, a pequena e média propriedade rural, com o que, em 1940, os que migraram para aquele estado já perfaziam 17,3% de sua população, cifra que em 1960 subiria para 39,3%, contando 1,7 milhão (dos quais 42% eram paulistas e 36%, mineiros e nordestinos).

Entre 1956 e 1962, a implantação da indústria "pesada" reforçaria esse processo, acelerando a integração do mercado nacional. Se bem que a maior parte dos investimentos desse período tenha-se concentrado em São Paulo, também é fato que a participação do migrante na população paulista passou de 10,1% em 1940 para 14,3% em 1960, totalizando 1,8 milhão de pessoas, sendo a maioria composta por mineiros (36%) secundada pelos nordestinos (32%).

As "fronteiras agrícolas" do Maranhão e do Centro-Oeste-Distrito Federal constituíram, naquele momento, "amortecedores auxiliares", contando a primeira, em 1960, com cerca de 440 mil nordestinos não-maranhenses e a segunda, 713 mil outros brasileiros não nascidos no Centro-Oeste (dos quais 590 mil eram nordestinos e mineiros). A recém-criada Brasília também dava importante contribuição, registrando 131 mil migrantes.

Até o início da década de 1960, essa dinâmica de expansão amorteceu o êxodo rural e a expansão demográfica urbana, e o testemunho disso é que a literatura econômica de então não discutia o tema do

---

2 Ver, a respeito, CANO (2005).

desemprego aberto; quando muito, o do subemprego. Essa dinâmica, além do estrutural conservadorismo de nossas elites, foi responsável pela postergação da Reforma Agrária, tema que a partir desse momento cresceu no debate nacional, porém, muito mais em razão do drama social nordestino e de sua estrutura fundiária.

Porém, a política de incentivos às exportações agroindustriais e a instituição de formas modernas de crédito rural a partir de 1965 aceleraram sobremodo a modernização e a transformação estrutural da agricultura – notadamente no Centro-Sul –, concentrando ainda mais a propriedade e acelerando o êxodo rural. A mais radical foi a mudança no agro do Paraná, de onde, na década de 1970, saíram 924 mil paranaenses e 402 mil outros brasileiros nascidos em outros estados.

Entre 1940 e 1980, a população total, a PEA e a PEA ocupada aumentaram, respectivamente, 189, 193 e 186%. Com a modernização agrícola, a PEA agrícola cresceu apenas 29%, mas o avanço industrial e urbano elevou de modo substancial o emprego não-agrícola em 501%, contendo em níveis muito baixos o desemprego aberto e arrefecendo parte do desemprego oculto ou subemprego.

Contudo, o elevado crescimento da renda (a taxa média anual do PIB foi 8,6% para o Brasil) e do emprego urbano na década de 1970 não só amorteceram o virtual desemprego, mas compensaram parte do arrocho da política salarial e postergaram mais uma vez a Reforma Agrária.[3] São Paulo foi a "meca", absorvendo 2,8 milhões de migrantes (dos quais 50% eram nordestinos, 22%, mineiros e 18%, paranaenses) entre 1970 e 1980. Esse total compreendia 52% dos migrantes nacionais do decênio; a Amazônia, com o garimpo, a ZFM e a nova fronteira agrícola recebiam 12%; para o Rio de Janeiro e CO-DF dirigiram-se cerca de 10% para cada região; e para Brasília, outros 7%.

Assim, o Censo de 1980 mostrava que o fluxo de imigrantes na década de 1970 somava 4,5 milhões de pessoas, o maior até então, e ainda não ultrapassado até o Censo de 2000. Desse enorme caudal, os nordestinos perfaziam 46,3%, e os novos itinerantes, os paranaenses,

---

3 Dados brutos do IBGE. Com as participações regionais no PIB, daquelas datas, estimei, para São Paulo, a taxa de 8,1% e para o conjunto Brasil-São Paulo, a de 8,9%.

Desconcentração produtiva regional do Brasil: 1970-2005

Tabela 5.2 – Fluxos migratórios inter-regionais acumulados até 1970

UF de Nascimento	UF de residência atual													Total de Saídas
	NO	MA	NE	MG	ES	RJ	GB	SP	PR	SC	RS	MT + GO	DF (Brasília)	
NO	–	6.814	18.060	3.026	514	13.228	49.133	16.844	3.057	432	936	8.265	5.533	125.842
MA	49.992	–	45.991	1.931	178	6.987	24.524	8.292	728	107	253	110.901	13.007	262.891
NEa	129.922	403.847	–	158.651	43.861	301.14	513.407	1.449.796	386.512	2.061	4.898	362.319	155.686	3.912.100
MG	7.045	2.381	84.813	–	150.975	354.025	297.419	1.193.730	550.993	1.995	2.870	449.356	102.008	3.197.616
ES	2.305	759	8.017	45.790	–	136.733	117.580	24.096	38.272	203	489	12.717	5.509	392.470
RJ	2.116	390	13.411	37.707	2.578	–	429.662	88.129	27.384	1.373	3.045	4.586	10.858	641.239
GB	3.009	354	14.109	15.537	3.826	380.624	–	35.080	5.164	1.494	4.007	2.902	24.392	490.498
SP	3.881	779	38.245	83.133	1.780	36.837	59.668	–	797.352	5.596	8.270	219.841	15.198	1.269.579
PR	2.422	322	8.989	6.939	684	4.530	9.749	221.944	–	36.391	7.126	33.283	3.189	335.574
SC	440	64	1.094	2.010	239	4.994	12.423	37.874	306.017	–	68.528	3.506	1.831	439.020
RS	1.402	303	4.067	3.268	476	7.742	31.037	36.955	340.389	258.420	–	9.371	3.533	696.963
MT + GO	23.299	4.961	5.611	24.922	354	5.043	15.565	70.343	10.386	1.007	1.925	–	73.408	236.764
DF Brasília	200	124	1.690	1.141	127	941	1.489	2.134	995	134	295	4.086	–	13.356
Total de Entradas	226.033	421.037	244.097	383.055	225.592	1.252.830	1.561.656	3.185.223	2.467.249	309.213	102.642	1.221.133	414.152	12.013.912

Fonte (dados brutos): IBGE. Censo Demográfico 1970.
a Nordeste exclui Maranhão.

20,5%. Mostrava ainda que, do estoque total de 16,5 milhões de migrantes, menos de 10% eram paulistas, mas o estado de São Paulo acumulava um fluxo de 6 milhões de não-paulistas em seu território, equivalendo a 24% de sua população.

Com a desaceleração do crescimento, a partir de 1976, o desemprego e a crise social já começavam a causar maiores preocupações, haja vista que a importante absorção migratória da região Norte foi suficiente apenas para compensar o equivalente a dois terços da enorme expulsão no Paraná. O fenômeno da *Agricultura Itinerante* também se mostrava mais agudo, destruindo mais empregos no campo do que criava, e reconcentrando a propriedade. Com isso, a reforma agrária retomaria rapidamente seu local na agenda do debate político nacional.

Em síntese, fazendo um balanço de longo prazo, vemos que

- até 1960 o Nordeste (exclusive Maranhão), Minas Gerais, Espírito Santo, Santa Catarina e Rio Grande do Sul eram as únicas regiões expulsadoras líquidas do país;
- entre 1960 e 1970 também o Maranhão se tornou expulsador; e
- entre 1970 e 1980 o Paraná incorporou-se a esse grupo.

5.2 Migrações e agravamento da crise social

Mesmo com a profunda crise que nos assola desde 1976, este gigante territorial, demográfico e econômico ainda mantém alguma capacidade de crescer – ainda que a taxas baixas – e urbanizar-se. Esta urbanização é geratriz de novas demandas de bens e serviços simples (e, em algumas áreas, também complexos), germinadores, por sua vez, de novas ocupações, o que também se constitui em amortecedor da crise, do desemprego e das migrações. Não se entenda com isso que essa *acomodação* possa substituir uma política nacional ou regional de desenvolvimento. É importante lembrar que a expansão do gasto público de governos locais, a "guerra fiscal" e as políticas de turismo interno também complementaram a expansão dos "mercados internos" e da urbanização periférica.

No estado de São Paulo, ao longo do século XX, as migrações sofreram mudanças tanto em sua origem quanto em seu destino. Antes da

"Crise de 1929", o café interiorizara o imigrante, gerando ainda "sobras" suficientes para fazer surgir um grande mercado de trabalho urbano e uma cidade como São Paulo. No período da industrialização, que convivia com moderado grau de modernização agrícola, era a Grande São Paulo que atraía maior número de migrantes de outros estados e do interior paulista em busca de emprego e de melhor nível de vida. Dava-se, portanto, um "esvaziamento" demográfico do interior, que reforçava a metropolização da cidade de São Paulo, ao mesmo tempo que abria um importante vetor compensatório para grande parte do excedente demográfico periférico.

A consolidação da indústria pesada, os problemas decorrentes de uma urbanização acelerada e descontrolada e o aumento absoluto das camadas sociais mais pobres geraram atitudes negativas para uma continuidade do tipo de crescimento da metrópole. A isso se associam, a partir da década de 1970, gestões diretas e indiretas que resultaram em considerável expansão e diversificação econômica (agroindustrial, industrial e terciária) e urbana do interior paulista, o que denominamos "interiorização do desenvolvimento econômico".[4]

Isto, como já mostrei nos capítulos anteriores, fez que a participação do interior paulista na produção industrial do estado e do Brasil aumentasse vigorosamente, diminuindo o efeito provável de uma desconcentração ainda maior para outros estados. O fenômeno também alterou os fluxos migratórios internos entre as várias regiões paulistas, engrossando a urbanização daquelas que mais se beneficiavam daquela desconcentração, como as de Campinas, Sorocaba e Vale do Paraíba. Ainda mais, ao ter crescimento industrial muito à frente do que ocorria na Grande São Paulo (e também da média do país), o interior do estado passou também a atrair parte substancial da entrada de migrantes não-paulistas.

Por sua vez, o fenômeno da desconcentração produtiva – a partir de São Paulo – e a diversificação necessária de serviços na periferia nacional exigem a presença de considerável contingente de mão-de-obra habilitada e de empresários, o que explica parte das saídas de migrantes

---

4 Para esse processo, ver CANO (Coord. 1988).

de regiões mais desenvolvidas para as periféricas. Também a desconcentração produtiva estimulada por exportações intensificou o uso da base periférica de recursos naturais, expandindo a agropecuária e a extrativa vegetal e mineral, ampliando, assim, esse fluxo "centro-periferia".

O exame do movimento migratório neste tópico será desdobrado em dois períodos, que, embora tenham em comum a crise e o baixo crescimento, apresentam, contudo, marcadas diferenças econômicas e sociais, especialmente no que se refere aos fluxos migratórios.

5.2.1 O movimento durante a "década perdida" (1980-1991)[5]

Neste período, as variáveis demográficas continuaram sua tendência à diminuição de suas velocidades de crescimento. Comparadas com a década anterior, para o Brasil, as taxas médias de crescimento da população total caem de 2,5 para 1,9%, e as da população urbana, de 4,4 para 3%. A tendência de queda, observada a partir da década de 1970, também se manifestou em todos os estados. Ainda assim, o espaço urbano brasileiro passara de 52 milhões em 1970 para 80 milhões em 1980 e para 111 milhões em 1991, e, com isso, ampliara fortemente o emprego formal e (sobretudo) o informal.

A população urbana ainda crescia fortemente no Norte (-Tocantins) e Centro-Oeste-Distrito Federal (+ Tocantins), às taxas anuais de, respectivamente, 5,4 e 4,8%, revelando alguns impactos da expansão da fronteira agrícola e extrativa. A do Nordeste ainda crescera a 3,5% e a do Sul, a 3%. Mesmo São Paulo, com taxa de 2,6%, deu grande contribuição à urbanização nacional, acrescendo 7,1 milhões de habitantes a seu espaço urbano.

A desaceleração econômica desse período diminuiu também o ritmo da expansão do emprego, agravando a situação urbana, pois desde 1970, em que pese a expansão da fronteira agrícola, a PEA rural caíra em termos absolutos: entre 1980 e 1991, embora a PEA não-agrícola ainda

---

5 A rigor, essa década abarca 1980 a 1990, mas dado que os Censos Demográficos mais próximos do período são os de 1980 e de 1991, a ela é acrescido o primeiro ano de nossa "Era Neoliberal".

Desconcentração produtiva regional do Brasil: 1970-2005

ostentasse taxa média anual de crescimento acima da taxa da população urbana, sua taxa equivalia a 43% da verificada na década de 1970. Isto revela o início de um período muito problemático em termos de emprego. A diferença entre a PEA e a PEA ocupada mostrava 3,2 milhões de habitantes desempregados em 1991, muito acima dos 964 mil de 1980. O desemprego aberto, a partir da década de 1980, passava a integrar a agenda política, social e econômica do país.

Neste período, a PEA não-agrícola crescia à taxa média anual de 3,5%, bem abaixo da observada na década de 1970 (6,2%). Contudo, essa taxa, ainda que elevada, ocultava o aumento significativo da informalização e precarização do mercado de trabalho urbano, com aumento da proporção de trabalhadores sem carteira e de empregados domésticos na ocupação total, além de forte queda do rendimento médio anual.

Como se viu no tópico 1, a década de 1980 foi muito ruim para a economia paulista, diminuindo consideravelmente seus atrativos migratórios. Para a maior parte do restante do país, ainda ocorreu a maturação de investimentos realizados entre 1975 e 1985 e algum crescimento da renda e do emprego. Em contrapartida, as secas nordestinas foram menos intensas em 1980-91 do que na década de 1970. Assim, a combinação dessas manifestações contraditórias contribuiu para a sensível diminuição dos fluxos migratórios nacionais, no período 1980-91, cujas médias anuais (325,6 mil pessoas) equivaleram a 72% das de 1970-80 (451 mil pessoas). O exame das médias anuais desses fluxos na década de 1980, especialmente para o Norte, CO-DF e São Paulo, as maiores regiões receptoras, mostra que enquanto as duas primeiras aumentam suas médias de entrada, dando a impressão de terem-se tornado mais atrativas, a média de São Paulo se reduz a quase um terço do que fora na década de 1970 (ver Tabela 5.5).

Vejamos um resumido balanço inter-regional migratório, iniciando pelo maior receptor, que tem sido o estado de São Paulo.

Entre 1980 e 1991, as entradas de imigrantes em São Paulo somaram 1,1 milhão (média anual de 97,3 mil contra 282 mil na década anterior), mostrando possível redução de sua capacidade receptora e apresentando interessantes modificações. As maiores foram as do Nordeste com 0,7 milhão (67% do total) e 54% menor do que as de 1970-80. As de Minas Gerais reduziram-se fortemente, de 607 mil para 6 mil, tanto pela expansão industrial e urbana desse estado quanto pela crise maior em São Paulo.

A crise da economia do Rio de Janeiro aumentou a emigração de seus naturais, notadamente para São Paulo, como também ocorreu com os do Paraná, cujas entradas em São Paulo somaram, no período todo, 230 mil, reduzindo-se à metade da média da década anterior, quiçá como rescaldo da radical reestruturação agrícola ali ocorrida. As oriundas das demais regiões tiveram variações absolutas pequenas, tanto pela diminuição das atratividades paulistas como pelo fato de que, em média, suas economias cresceram pouco acima do medíocre crescimento da economia paulista.

As saídas de paulistas neste período totalizaram 310 mil (média anual de 28,2 mil) das quais: 35% para o Nordeste (principalmente para Pernambuco, Bahia e Ceará), podendo, até mesmo, parte desse fluxo ser constituído de filhos de antigos imigrantes nordestinos; outros 35% foram para Minas Gerais, pelos fatores já apontados; 25% para o Centro-Oeste-Distrito Federal, predominantemente para Mato Grosso e Mato Grosso do Sul, no rastro da expressiva agroindustrialização e urbanização que essa região teve no período. As saídas para o Norte somaram 79 mil (42 mil no período anterior), certamente como resultado da expansão da fronteira agrícola e seus impactos urbanos, e, em menor conta, pela expansão da ZFM. Expressivos foram os refluxos de paulistas do Paraná e do Rio de Janeiro, pelas razões já apresentadas. As saídas para as demais regiões aumentaram, com pequenas variações absolutas e relativas.

O fluxo de entrada na região **Norte** (não incluindo Tocantins) entre 1980 e 1991 (832 mil pessoas) foi, em termos de médias anuais, 17% maior do que o da década anterior (647 mil), graças à continuidade da expansão da agricultura, pecuária e extração madeireira e mineral (ver Tabelas 5.3 e 5.4). As maiores correntes foram as que se dirigiram ao Pará e a Rondônia, que triplica sua população no período.[6] O fluxo

---

6 Lembro que os dados do estado de Tocantins estão incluídos no Centro-Oeste-Distrito Federal.

de entrada no período e o fluxo líquido (731 mil pessoas) foram os segundos maiores do país, ficando pouco abaixo dos de São Paulo.

O **Maranhão**,[7] desde a década de 1960, diminuíra sua capacidade receptora, e, na de 1970, passa a expulsador líquido. Entre 1980 e 1991 suas saídas totalizaram 344 mil (média anual 25% maior do que a da década anterior), 63% dos quais se dirigiram ao Norte. Isto, a despeito dos benefícios que teve com investimentos do II PND, como metalurgia, porto e estradas (e com outros acrescidos gastos públicos durante o governo Sarney).

No período 1980-91, o **Nordeste** (exclusive o Maranhão) teve saídas totais de 1.040 mil nordestinos (média anual de 94,5 mil pessoas, 55% inferior à média do período anterior), com São Paulo absorvendo 722 mil, o Norte, 180 mil e o Centro-Oeste-Distrito Federal, 138 mil (ver Tabelas 5.3 e 5.4).

Contribuíram para essa diminuição, 90 mil nordestinos que deixaram o Paraná, 37 mil, o Maranhão e 31 mil, o Rio de Janeiro. Essa redução do fluxo de saída, a nosso entender, significa uma "síntese" estatística daqueles efeitos atrativos e repulsivos: expansão do emprego público e do turismo, maturação tardia de investimentos de grande porte, expansão de cidades médias e urbanização, embora tenha ocorrido a mais prolongada seca (1979-84) no período *vis-à-vis* e o aprofundamento da crise econômica em São Paulo e Rio de Janeiro.

Entraram no Nordeste, no período, 296 mil não-nordestinos (média 25% acima da anterior), dos quais 133 mil de São Paulo, 50 mil do Rio de Janeiro e 42 mil do Maranhão. É possível conjecturar sobre a hipótese de que parte dessa imigração seja constituída de pessoas mais qualificadas, requeridas pelos projetos de modernização agrícola e industrial, e parte, talvez, de filhos e outros parentes de nordestinos que retornaram dessas mesmas regiões.

---

7 Nas analises sobre o movimento migratório regional, destaco o estado do Maranhão, pois, da região Nordeste, era o único receptor de migrantes. Assim, dos dados entre 1940 e 1991, o Nordeste é tratado como o agregado dos demais estados, todos expulsadores. Construí matrizes migratórias para 1991 e 2000, tratando o Nordeste com e sem o Maranhão.

Tabela 5.3 – Fluxos migratórios inter-regionais acumulados até 1980

UF de nascimento	UF de residência atual												Total Saídas
---	NO	MA	NE[b]	MG	ES	RJ	SP	PR	SC	RS	CO-DF	DF	---
NO	–	12.354	28.751	5.051	1.539	72.457	30.730	2.818	1.193	2.092	15.669	12.844	185.498
MA	168.976	–	79.993	9.738	760	54.976	34.367	1.223	275	430	113.316	46.539	510.593
NE[a]	273.387	409.853	–	199.760	61.017	1.124.148	2.868.902	270.019	5.990	9.898	462.997	315.148	6.001.119
MG	95.980	8.613	95.880	–	205.147	743.748	1.800.584	373.531	4.578	5.223	503.182	170.118	4.006.584
ES	45.634	2.089	19.814	72.327	–	287.613	48.394	22.773	632	830	15.328	7.724	523.158
RJ[b]	13.117	2.268	64.218	86.344	47.102	–	174.662	27.207	6.967	10.300	15.214	61.685	509.084
SP	41.554	2.753	111.002	174.476	7.898	129.214	–	612.855	15.684	15.376	311.994	28.733	1.451.539
PR	92.507	1.396	22.056	40.878	3.968	22.155	779.037	–	88.430	22.293	181.169	5.983	1.259.872
SC	8.648	241	2.665	3.938	631	19.259	56.541	351.629	–	116.542	21.478	2.749	584.321
RS	14.278	1.196	8.952	8.699	1.779	47.845	62.915	385.212	297.980	–	56.602	11.321	896.779
CO-DF[c]	117.102	14.284	16.270	68.815	1.465	27.461	142.763	16.774	2.642	3.174	–	128.388	539.138
DF	1.971	1.144	8.972	6.583	845	6.050	7.079	806	291	510	26.561	–	60.812
Total de Entradas	873.154	456.191	458.573	676.609	332.151	2.534.926	6.005.974	2.064.847	424.662	186.668	1.723.510	791.232	16.528.497

Fonte (dados brutos): FIBGE. Censo Demográfico 1980.
(a) Exclui Maranhão.
(b) Rio de Janeiro, incorporando o antigo estado da Guanabara.

Tabela 5.4 – Fluxos migratórios inter-regionais acumulados até 1991 (Centro Oeste inclui Tocantins)

| UF de nascimento | UF de residência atual | | | | | | | | | | | | Total Saídas |
	NO	MA	NE	MG	ES	RJ	SP	PR	SC	RS	CO-DF	DF	
NO[a]	–	28.761	44.557	11.259	3.946	68.889	45.723	9.323	2.513	3.153	50.570	17.344	286.038
MA	383.434	–	122.486	6.980	1.431	57.508	60.082	1.602	627	997	156.824	63.275	855.246
NE[b]	453.148	373.470	–	226.720	96.918	1.054.351	3.591.112	213.972	12.174	14.350	600.818	403.583	7.040.616
MG	171.798	9.414	108.691	–	254.518	620.550	1.805.764	278.555	7.749	5.501	498.719	181.147	3.942.406
ES	98.042	2.422	26.001	79.976	–	234.979	50.436	17.775	966	1.156	18.189	6.580	536.522
RJ	24.671	5.559	114.505	123.209	71.799	–	206.261	29.936	12.621	13.099	26.908	58.221	686.791
SP	79.148	7.030	244.559	258.483	17.474	124.163	–	542.512	34.046	21.762	400.781	31.073	1.761.030
PR	204.166	2.118	26.419	54.959	5.649	23.319	1.011.353	–	172.207	49.311	357.208	7.650	1.914.359
SC	17.612	430	4.298	4.888	941	15.298	55.797	312.344	–	143.117	55.881	2.839	613.446
RS	28.960	1.967	18.406	12.152	2.805	41.510	67.453	324.465	292.744	–	122.342	13.473	926.275
CO-DF[c]	240.756	21.981	27.136	92.050	3.104	24.878	175.157	27.845	4.418	5.742	–	144.660	767.727
DF	3.168	2.411	16.978	13.532	1.459	4.804	6.930	1.359	846	1.168	71.144	–	123.799
Total Entradas	1.704.903	455.563	754.036	884.208	460.044	2.270.249	7.076.068	1.759.688	540.911	259.356	2.359.384	929.845	19.454.255

Fonte (Dados Brutos): FIBGE – Censo Demográfico 1991.

(a) Norte: exclui Tocantins

(b) Nordeste: exclui Maranhão

(c) Centro-Oeste-Distrito Federal: inclui Tocantins.

Minas Gerais foi muito beneficiado pela desconcentração industrial (notadamente a causada pela "guerra fiscal") e por sua expansão urbana e agrícola, além da já referida diminuição de atratividades paulistas, onde, até 1991, cerca de 1,8 milhão mineiros encontraram ancoradouro. Em 1980, fora de Minas Gerais, encontravam-se 4.007 mil mineiros, cifra que em 1991 baixa para 3.942 mil. Esta pequena redução, em grande parte, resultou de grandes retornos de mineiros, do Rio de Janeiro e do Paraná, compensando suas fortes saídas para o Norte. As entradas no período (207 mil) têm média anual 36% menor do que a do período anterior e, basicamente, se originaram, 41% de São Paulo, 18% do Rio de Janeiro e 13% do Nordeste.

O estado do **Espírito Santo** foi dos mais beneficiados pela desconcentração produtiva, graças à maturação de grandes projetos iniciados no II PND e, posteriormente, sobretudo à "guerra fiscal" e aos incentivos federais que o contemplam. Isso tanto expandiu seus setores produtivos quanto sua urbanização, tendo, no período, revertido seu movimento expulsador. Suas saídas no período foram de apenas 13 mil pessoas, contra 107 mil da década anterior, causadas predominantemente pelos fortes retornos de parte de seus naturais que haviam migrado para o Norte e Rio de Janeiro. As entradas foram, em média, 10% acima das da década anterior, originárias sobretudo de Minas Gerais, Rio de Janeiro e Nordeste.

No **Rio de Janeiro**, a desaceleração econômica e o agravamento da crise social que, desde a década de 1970, já vinham dando mostras de seus efeitos sobre as migrações, tornaram o quadro ainda mais grave neste período. Entre 1970 e 1980, admitiu 531 mil migrantes, mas perdeu 189 mil de seus naturais. Entre 1980 e 1991, seu estoque de migrantes diminui fortemente, com fluxo negativo de 265 mil pessoas, ao mesmo tempo em que 178 mil de seus naturais deixaram a região, com o que o total de expulsão do período foi de 443 mil pessoas.[8]

---

8 Uma parte desse fluxo negativo (talvez 20% dele) possa ser explicado estatisticamente, pois o Censo de 1991 registra, no Rio de Janeiro, a presença de 182.926 pessoas "Brasileiros não especificados" e "Estrangeiros ou mal definidos", em proporção muito alta em relação ao observado no restante do país, subestimando assim suas entradas.

Desconcentração produtiva regional do Brasil: 1970-2005

O aprofundamento da reestruturação do agro do **Paraná** continuou, nesse período, sua tendência expulsadora iniciada no fim da década de 1960. Seus fluxos de entrada e de saída entre 1970 e 1980 haviam sido de, respectivamente, 402 mil e 924 mil, ao passo que os verificados entre 1980 e 1991 atingiram 305 mil e 655 mil pessoas. Como no caso do Rio de Janeiro, sua expressiva "entrada negativa" foi fruto do grande refluxo de não-paranaenses para várias regiões do país. As principais regiões para as quais os paranaenses migraram foram São Paulo (35%), CO-DF (27%), Norte (17%) e Santa Catarina (13%).

Santa Catarina também foi um estado fortemente beneficiado pela desconcentração produtiva e pela urbanização, revertendo sua longa tendência expulsadora. Entre a década anterior e este período, suas entradas pouco variaram (respectivamente, de 115 mil e 116 mil pessoas), mas suas saídas reduziram-se fortemente (145 mil e 29 mil pessoas), compensadas por fortes retornos, sobretudo do Paraná.

O **Rio Grande do Sul** também se beneficiou daqueles eventos e interrompeu, no período, sua longa trajetória de expulsador líquido. Entre 1980 e 1991, reduziu seu fluxo de saída a apenas 30 mil pessoas (cerca de 13% do ocorrido na década anterior), graças, em especial, ao forte retorno de gaúchos que haviam migrado para o Paraná, que compensaram parcialmente as fortes saídas para o Centro-Oeste-Distrito Federal. Suas entradas no período, embora modestas (73 mil pessoas, notadamente paranaenses e catarinenses), alteraram o resultado líquido, tornando-o positivo.

Na região **CO-DF** (incluindo Tocantins), a desconcentração produtiva e a urbanização beneficiaram a região, reduzindo em um terço, no período 1980-91, a média anual dos fluxos de saída. Os de entrada aumentaram apenas 14%, mas têm sido elevados; sua origem é dispersa; e as principais regiões de origem foram Norte, Maranhão, Nordeste, Minas Gerais, São Paulo e Distrito Federal. O fluxo de entrada no período somou 636 mil pessoas, sendo o terceiro principal destino das migrações.

Em **Brasília** (Distrito Federal), a crise nacional e, em particular, o debilitamento do Estado nacional afetaram seriamente sua capacidade receptora. Entre 1970 e 1980, foi o quinto maior receptor nacional, com suas entradas somando 377 mil pessoas (das quais 50% do Nordeste, 18% de Minas Gerais e 15% do CO-DF) e suas saídas, 47 mil. Entre 1980 e 1991, com o agravamento da crise e a implantação das políticas neoliberais – entre as quais a famosa "reforma" do Estado, iniciada por Collor –, a média anual de suas entradas (das quais os nordestinos perfizeram 64%) equivaleu a apenas um terço da ocorrida na década anterior e a de suas saídas – embora ainda pequenas – cresceu 21%.

Resumidamente, o balanço do período 1980-91 mostrava que o Rio de Janeiro, embora temporariamente, tornara-se expulsador, ao passo que Minas Gerais, Espírito Santo, Santa Catarina e Rio Grande do Sul deixavam de sê-lo, contendo suas saídas e aumentando suas entradas e seus retornos. Contudo, o segundo e terceiro maiores receptores (Norte e CO-DF) mostravam inflexão na tendência de suas entradas líquidas.

5.2.2 O movimento no período 1991-2000

Como se viu nos capítulos precedentes, a política neoliberal, iniciada por Collor em 1990 e aprofundada por Fernando Henrique Cardoso e mais tarde por Lula, conseguiu diminuir ainda mais a taxa média anual de crescimento do PIB. A enxurrada de importações, as privatizações e os juros elevados completam o quadro para que o investimento privado se mantivesse baixo. A profunda deterioração das finanças públicas e a elevada carga de juros no orçamento deprimiram, por sua vez, o investimento público.

Para um país como o nosso, crescer a taxas elevadas e de modo persistente, com esse quadro, é praticamente impossível, salvo em episódios espasmódicos, como o que tivemos recentemente em 2004, graças sobretudo às exportações. A evolução destas, no que se refere a produtos manufaturados, deu alguma sobrevida à indústria, que, entretanto, cresceu ainda menos do que o PIB. Contudo, esse setor, no Amazonas, em particular na Zona Franca de Manaus, foi praticamente um dos raros que cresceram bem acima da média nacional.

A política de exportações e os grandes investimentos anteriores, possibilitaram considerável expansão produtiva em ferro, alumínio e petróleo, que explicam parte importante do crescimento dos estados do Amazonas, Pará, Minas Gerais e Rio de Janeiro. O crescimento do CO-DF, Sul e São Paulo foi em boa parte explicado pela expansão produtiva e exportadora do agro e da agroindústria.

Entretanto, a maior expansão do setor primário (tanto do agro como da extrativa mineral) deu-se com forte introjeção de progresso técnico, que elevou sobremodo a produtividade ao mesmo tempo que reduzia fortemente o emprego no agro e pouco expandia na extrativa. Na Indústria de Transformação, que teve desempenho medíocre, houve significativa reestruturação tecnológica e produtiva. A abertura comercial, o câmbio valorizado e a enxurrada de importações destruíram importantes elos de várias cadeias produtivas, potenciando ainda mais a destruição de empregos. Com isso, o setor serviços – também de baixo crescimento no período – foi o grande depositário da subocupação. Cabe ainda lembrar que a reestruturação aumentou sobremodo a terceirização de trabalhadores – notadamente na indústria – precarizando ainda mais o mercado urbano de trabalho.

Neste período, as variáveis demográficas mantiveram a tendência de baixo crescimento. Comparadas com o de 1980-91, para o Brasil, as taxas médias de crescimento da população total caem de 1,9 para 1,6%, e as da população urbana, de 3 para 2,4%. Essa tendência, desde a década de 1970, também se manifestou em quase todos os estados, mas as quedas mais acentuadas se deram no Norte e no Nordeste. Ainda assim, o espaço urbano brasileiro foi ampliado em 27 milhões de pessoas, totalizando 138 milhões em 2000. A taxa de urbanização, para o Brasil, subiu de 75,6 para 81,3%, estando bem acima da média nacional as do Rio de Janeiro, Distrito Federal e São Paulo. Norte (69,9%) e Nordeste (69%) eram as regiões de menor urbanização.

Ao mesmo tempo, a população rural se reduzia, dos 35,8 milhões de 1991 para 31,8 milhões em 2000. Essa diminuição foi generalizada, salvo pequenos aumentos em Rondônia, Acre, Amazonas, Roraima, Sergipe, São Paulo e Distrito Federal, dificilmente associáveis às atividades produtivas primárias. Com efeito, de todos esses estados, apenas em Roraima a *Ocupação Agrícola* aumenta, de 12,4 mil pessoas para apenas 13 mil. Nos demais casos, possivelmente trata-se de pessoas que continuaram a residir nas zonas rurais, mas passaram a trabalhar nas urbanas, ou do grande fluxo de pessoas que passou a habitar chácaras e condomínios localizados em zonas rurais, mas que trabalham e habitavam no mundo urbano. São Paulo é o maior exemplo: no período, sua população rural aumenta 165,5 mil pessoas, mas o emprego agrícola diminuiu 281 mil.

O exame dos dados censitários da PEA esclarecem melhor o que ocorreu em termos de emprego.[9] Os censos de 1991 e 2000 mostram elevada redução da ocupação agrícola (PEA restrita) da ordem de 30% para o Brasil, e mesmo no Norte e no CO-DF, as reduções respectivas foram de 22 e 20%, em que pese o forte aumento de seus PIBs agrícolas e de suas áreas plantadas (na mesma ordem, cresceram 32 e 53%). É óbvio que os efeitos mais perversos disso atingem mais os trabalhadores de baixa renda. Trabalho recente, abarcando as PNADs de 1999 a 2003, mostra a continuidade do fenômeno: forte aumento da área plantada e redução do emprego em 5,5%.[10]

É fato paradoxal que a proporção dos trabalhadores rurais classificados como *Sem Remuneração* (com mais de 15 horas semanais trabalhadas), na PEA, diminuiu um pouco para o conjunto do Brasil (de 3,2 para 3,1%) e no Sul e CO-DF, mas aumentou em todas as demais regiões do país. É ainda mais paradoxal que, em termos absolutos, essa categoria tenha crescido, só diminuindo em São Paulo e no Sul.

Mas, se o mundo do trabalho rural foi mal, o da indústria não foi melhor: os mesmos censos mostram que a criação de 575 mil empregos na construção civil não pode compensar os 1.109 mil desempregados

---

9 Estou usando os dados da chamada PEA restrita, ou seja, estimada pela mesma metodologia do Censo de 1991, dado que a PEA, na metodologia do Censo de 2000, não é diretamente comparável à de 1991. Os dados foram gentilmente cedidos por meu colega, Prof. Cláudio Dedecca. Para essa discussão metodológica, ver DEDECCA e ROSANDISKI (2003).

10 O texto é o de BALSADI (2005). Ver também BELIK et al. (2003).

Desconcentração produtiva regional do Brasil: 1970-2005

nos outros setores industriais. Dessa forma, a criação de empregos urbanos restringiu-se, praticamente, ao Setor Serviços. Mas, e aqui, onde se deu o crescimento? O grupo dos *Sem Remuneração* (com mais de 15 horas semanais trabalhadas) foi o campeão, aumentando vigorosamente em todas as regiões, crescendo 166% no conjunto do país, enquanto na vice-liderança ficou o de *Empregado Doméstico Remunerado*, com 36% e os *Autônomos* (em que predomina o trabalho precarizado e informal) aumentaram 19%. Se "tudo ou mais ficasse constante", a situação dos trabalhadores de baixa renda teria piorado, em conseqüência do forte aumento da informalidade e precarização no trabalho urbano.

Mas os números mascaram um efeito de "melhoria estatística", dado que estamos vivendo uma situação francamente de descenso social, uma vez que grande parte desses novos empregos está, na verdade, substituindo outros tipos de trabalho (menos precário), anteriormente exercidos por essas pessoas, nos quais seu rendimento era maior. Assim, temos de novo mais um efeito estatístico de "melhora": incha o número de pessoas que, embora com qualificação superior à exigida pelo seu atual emprego, sujeitam-se a receber menos do que ganhavam.

Baltar, em trabalho recente, já havia mostrado isso, analisando as PNADs de 1989 e 1999, que apontam para cifras semelhantes às censitárias. Nele se vê que os aumentos mais expressivos no mercado de trabalho urbano foram os mais precarizados e informais, notadamente de emprego domiciliar, limpeza, segurança e serviços auxiliares. O emprego urbano, naquele período, cresceu apenas 16,8%, ao passo que o dos *autônomos* aumentou 42,3 e dos *domésticos* 37,7%.[11]

Os dados do Dieese confirmam ainda mais esses fatos. Entre 1991 e 2000, para a Região Metropolitana de São Paulo, a taxa de desemprego aberto saltou de 7,9 para 11 e a do desemprego oculto, de 3,8 para 6,6, e o total, de 11,7 para 17,6. O rendimento real médio anual do total dos trabalhadores assalariados do setor privado caiu 26,2%, o dos com carteira assinada caiu 25,3%, mas o dos sem carteira caiu apenas 2,1%.

---

11 Cf. Baltar, P.E.A., *Estrutura econômica e emprego urbano na década de 1990*, texto contido no citado trabalho de Proni e Henrique.

Esta última cifra esconde o citado "efeito estatístico de melhoria", que pode ser mais bem observado na relação entre o rendimento médio dos sem carteira e o dos com carteira assinada: era de 48,4% em 1991, subindo para 70,7% em 2000. Em que pese isso, entre 1980 e 2000, o número de famílias ricas no estado de São Paulo passou de 192 mil para 674 mil, ou 58% do total nacional. Só na cidade de São Paulo residem 40% do total estadual. Isto se deve, em grande medida, ao *rentismo* que grassa nas famílias de alta renda no Brasil.[12]

Como essa dinâmica afetou mais seriamente Rio de Janeiro e São Paulo, e dada a situação prévia em que se encontrava o problema social nessas áreas, não é difícil entender as razões básicas que explicam o extraordinário aumento da violência nesses dois estados, agora já não mais radicada apenas em suas duas maiores cidades, mas já espraiada em quase todas as cidades de médio e grande porte do país. Dados fornecidos por Pochmann mostram que entre 1985 e 2005, o emprego formal ligado à segurança pessoal e pública na cidade de São Paulo passou de 95,6 mil pessoas para 446 mil, ou 366% de aumento, enquanto o dos professores aumentou apenas 38%. Na cidade do Rio de Janeiro, os números passaram de 67,8 mil pessoas para 245 mil, ou 270% de aumento.[13]

Vejamos um sucinto balanço dos fluxos migratórios do período 1991-2000, os quais nos trazem mais preocupações do que os da década anterior.

Entre 1991 e 2000, as entradas em **São Paulo** foram volumosas, somando 1,7 milhão de pessoas, cuja média anual (193,9 mil) é 81% maior do que a de 1980-91 (107 mil). Suas entradas líquidas representaram 25% do aumento populacional do estado no período. As entradas totais desse período foram 63% maiores do que as verificadas em 1980-91, e boa parte dos novos fluxos se dirigiu ao interior paulista, dados os graves problemas que afetam sua região metropolitana. Afinal, não esqueçamos que a metrópole paulista detém a maior aglomeração regional de pobres do país.

---

12 Cf. POCHMANN (2006).

13 Dados contidos em matéria do jornalista Fernando Dantas, publicada em *O Estado de S.Paulo*, em 9 de abril de 2007, Caderno Metrópole.

Desconcentração produtiva regional do Brasil: 1970-2005

Tabela 5.5 – Migrações inter-regionais: médias anuais dos fluxos intercensitários: 1960-2000

	Norte*			Centro-Oeste-Distrito Federal*			São Paulo		
	E	S	E-S	E	S	E-S	E	S	E-S
1960-70	5,4	3,7	1,7	50,8	11,4	39,4	135,4	30,5	104,9
1970-80	64,7	6,0	58,7	50,2	30,2	20,0	282,1	18,2	263,9
1980-91	75,6	9,1	66,5	57,8	20,8	37,0	97,3	28,1	69,2
1991-00	28,4	17,7	10,7	56,3	22,4	33,9	193,9	42,7	151,1

Fonte (dados brutos): FIBGE. Censos Demográficos.
E (entradas), S (saídas).
* O estado de Tocantins está incluso no Centro-Oeste-Distrito Federal.

A média anual das entradas em São Paulo no período (193,9 mil), embora se situe abaixo da de 1970-80, é o dobro da verificada em 1980-91. Os nordestinos imigrados em São Paulo perfizeram 1,3 milhão – o dobro da década anterior –, ou 76,4% do fluxo total, enquanto os paranaenses somaram 175 mil e os mineiros, 96 mil. As das demais regiões também crescem, com pequenas variações absolutas e relativas.

As saídas totais de paulistas também cresceram, passando de 310 mil no período anterior a 385 mil neste, e parte dela é explicada pelo retorno de migrantes (com filhos nascidos em São Paulo), de saídas de paulistas, tecnicamente mais qualificados para operar parte dos novos investimentos realizados na periferia, e parte também constituída de pessoas em busca de alguma oportunidade de sobrevivência. As maiores foram as dirigidas ao Nordeste (142 mil) e a Minas Gerais (121 mil).

Na região Norte (excluído Tocantins), entre 1991 e 2000, entraram apenas 255,5 mil pessoas, contra as 832 mil em 1980-91, com a média anual reduzida a somente 37,5% da verificada no período anterior, como se vê na Tabela 5.5. Os nordestinos continuaram a predominar, perfazendo 79,3% do total ingressado. Mais preocupante foram as saídas, que cresceram 60% e totalizaram 160 mil nortistas, majoritariamente migrando para o CO-DF e Tocantins, mas também para São Paulo e Paraná, provavelmente constituídas, em sua maior parte, de filhos de antigos emigra-

215

dos desses dois estados, que retornaram no período. Dessa forma, o resultado líquido (entradas menos saídas) no período foi de apenas 95,4 mil pessoas, contra 731 mil no período anterior.

As Tabelas 5.6 e 5.7 representam as matrizes dos fluxos acumulados até 1991 e 2000, respectivamente, incluindo-se Tocantins no Norte, excluindo-o do CO-DF e incluindo o Maranhão no Nordeste. Quando se inclui Tocantins ao Norte, obviamente o saldo imigratório regional aumenta, dado que esse estado é receptor líquido de imigrantes, não alterando, contudo, a tendência de queda observada entre os dois últimos períodos. Nesse novo agregado regional, as entradas no período somam 320 mil pessoas (das quais 246 mil nordestinas), e as saídas 191 mil, das quais 67 mil foram para o CO-DF e 45 mil para o Nordeste (principalmente para o Maranhão).

Isto teria significado a exaustão da dinâmica de geração de empregos via expansão da "fronteira agrícola"? É provável, ainda mais quando examinamos a estrutura do emprego regional no período. Com efeito, em que pese a grande expansão agropecuária e extrativa de madeira, a maior acomodação dos imigrantes deu-se no setor urbano, onde o emprego cresceu fortemente na construção civil (46%), comércio (64%), setor público (52%) e serviços pessoais (55%). Contudo, os recordistas foram o emprego *Doméstico* (90%) e os *Sem remuneração nos Demais Setores* (urbanos, com mais de 15 horas semanais de trabalho), com o surpreendente aumento de 302%! Ou seja, mais uma "frente" regional da expansão de emprego precarizado.

No **Nordeste** (incluindo o Maranhão), as fortes secas de 1993 e de 1998-99 e o baixo crescimento industrial fizeram que o fluxo de saída crescesse fortemente (65%): passa de 1.378 mil pessoas para 2.275 mil, das quais, neste último período, 59% se dirigiram a São Paulo, 10,8%, ao Norte e 10,2%, ao CO-DF. Secas e reestruturação agropecuária responderam por uma brutal redução (40%) do emprego agrícola, desemprego apenas compensado pelo baixo crescimento (em torno de 20%) do emprego urbano. Também nesta região, o maior crescimento de emprego deu-se na categoria *Sem remuneração nos Demais Setores* (urbanos, com mais de 15 horas semanais de trabalho), que cresce 116% e o de *Domésticos,* que cresce 38%.

Desconcentração produtiva regional do Brasil: 1970-2005

Tabela 5.6 – Fluxos migratórios inter-regionais acumulados: 1991 (Norte inclui Tocantins)

UF de nascimento	UF de residência atual											Total
	NO	NE	MG	ES	RJ	SP	PR	SC	RS	CO	DF	Saídas
NO	–	84.158	12.474	3.972	69.163	47.424	9.441	2.550	3.227	100.097	25.138	357.644
NE	1.005.882	–	233.700	98.349	1.111.859	3.651.194	215.574	12.801	15.347	588.342	466.858	7.399.906
MG	195.543	118.105	–	254.518	620.550	1.805.764	278.555	7.749	5.501	474.974	181.147	3.942.406
ES	98.781	28.423	79.976	–	234.979	50.436	17.775	966	1.156	17.450	6.580	536.522
RJ	25.524	120.064	123.209	71.799	–	206.261	29.936	12.621	13.099	26.055	58.221	686.789
SP	86.466	251.589	258.483	17.474	124.163	–	542.512	34.046	21.762	393.463	31.073	1.761.031
PR	207.060	28.537	54.959	5.649	23.319	1.011.353	–	172.207	49.311	354.314	7.650	1.914.359
SC	18.379	4.728	4.888	941	15.298	55.797	312.344	–	143.117	55.114	2.839	613.445
RS	33.433	20.373	12.152	2.805	41.510	67.453	324.465	292.744	–	117.869	13.473	926.277
CO	250.055	49.117	92.050	3.104	24.878	175.157	27.845	4.418	5.742	–	144.660	777.026
DF	5.115	19.389	13.532	1.459	4.804	6.930	1.359	846	1.168	69.197	–	123.799
Total Entradas	1.926.238	724.483	885.423	460.070	2.270.523	7.077.069	1.759.806	540.948	259.430	2.196.875	937.639	19.039.204

Fonte (dados brutos): FIBGE – Censo Demográfico 1991.

Norte: inclui Tocantins; CO-DF: exclui Tocantins; Nordeste inclui Maranhão.

Tabela 5.7 – Fluxos migratórios inter-regionais acumulados: 2000 (Norte inclui Tocantins)

| UF de nascimento | UF de residência atual | | | | | | | | | | | Total Saídas |
	NO	NE	MG	ES	RJ	SP	PR	SC	RS	CO-DF*	DF	
NO	–	129.307	23.207	8.986	71.692	73.396	19.775	5.534	6.137	166.770	39.927	544.731
NE	1.251.638	–	325.061	155.939	1.304.549	4.983.950	212.384	25.615	24.290	819.465	572.066	9.674.957
MG	198.304	137.210	–	286.978	601.474	1.902.322	245.237	12.310	8.178	483.080	192.745	4.067.838
ES	108.195	37.218	91.921	–	229.355	56.489	17.661	1.625	1.402	20.000	6.675	570.541
RJ	33.063	162.272	158.286	92.320	–	231.156	33.185	18.621	18.416	32.600	56.664	836.583
SP	92.944	394.171	378.820	24.404	143.357	–	561.272	61.966	27.937	422.505	38.255	2.145.631
PR	207.570	36.121	74.110	7.384	26.016	1.185.683	–	278.729	72.738	381.466	10.515	2.280.332
SC	19.630	7.712	6.532	1.251	14.184	62.110	333.104	–	172.959	61.133	3.664	682.279
RS	36.332	27.422	14.702	3.438	43.868	79.611	317.245	341.273	–	132.690	16.010	1.012.591
CO-DF	286.206	53.575	124.599	3.861	27.293	224.525	53.029	11.093	9.550	–	150.559	944.290
DF	12.717	42.904	24.060	3.290	14.283	21.788	2.899	2.051	1.621	133.911	–	259.524
Total Entradas	2.246.599	1.027.912	1.221.298	587.851	2.476.071	8.821.030	1.795.791	758.817	343.228	2.653.620	1.087.080	23.019.297

Fonte (dados brutos): Censo Demográfico 2000, FIBGE.
Norte inclui Tocantins; CO-DF exclui Tocantins.

Minas Gerais, entre 1980 e 2000, parece ter revertido sua anterior situação de expulsador líquido. No período 1991-2000, suas entradas crescem, atingindo 337 mil pessoas, cujos principais fluxos foram os de São Paulo (35,7%) e do Nordeste (27,1%). Note-se que, entre 1980 e 1991, as saídas foram negativas (-64,2 mil pessoas), representando retornos de mineiros, enquanto as deste período são positivas (125 mil), retomando manifestação expulsadora. A principal saída de mineiros foi para São Paulo (77%). Destaque-se a continuação do retorno de mineiros, do Rio de Janeiro, em número de 19 mil e do Paraná, em 33 mil pessoas.

Essa reversão é compatível com o quadro mostrado pelos censos demográficos para esse período: aumento da PEA ocupada de apenas 8%, decorrente de forte redução das ocupações agrícolas (-24%), de inexpressivo aumento no total do setor secundário (1%), enquanto *Comércio* e alguns serviços tiveram resultados mais positivos. Aqui também os resultados maiores ficam por conta das categorias *Sem Remuneração nos Demais Setores* (urbanos, com mais de 15 horas semanais de trabalho), que cresce 197% e a de *Domésticos,* que cresce 25%.

O estado do **Espírito Santo** foi uma raridade: nele as ocupações agrícolas crescem, embora em medíocres 3%, e a ocupação total, 22%. Contribuiu para isso sua grande expansão em reflorestamento, na produção de insumos básicos para exportação e outros investimentos fortemente apoiados pela "guerra fiscal".

Entre 1991 e 2000, as entradas de imigrantes (127,9 mil pessoas) foram praticamente iguais às do período anterior, assim como sua origem, embora a participação de nordestinos aumente para 45%, caindo a dos mineiros para 25% e dos fluminenses para 15%. Mas as saídas voltam a crescer (somam 34 mil pessoas) embora ainda modestas, reduzindo-se o retorno de capixabas que emigraram no passado. Elas tiveram como destino principal Minas Gerais (35%) e Norte e Nordeste (26% cada um). O saldo líquido, no último período, positivo, diminuiu ligeiramente em relação ao período anterior.

Em termos de emprego (cresceu apenas 4%), o **Rio de Janeiro** sofreu problemas semelhantes às demais regiões, com forte redução em sua (ainda que modesta) agropecuária e de medíocre desempenho no setor urbano, em que pese a extraordinária expansão do setor de extração de petróleo. Aqui também os campeões em crescimento de emprego foram os já citados nas demais regiões: os *Domésticos* (mais 19%) e os urbanos *Sem Remuneração* (275%).

Suas entradas de imigrantes (205,8 mil pessoas) foram 23% menores do que as do período anterior e, nesse fluxo, os nordestinos perfizeram 93,6%. Suas saídas (149,8 mil) foram pouco inferiores às do período anterior e seus principais destinos foram o Nordeste (27%), Minas Gerais (23%) e São Paulo (17%).

Apesar de ter tido desempenho econômico melhor do que a média nacional, tanto no agro como na indústria, o **Paraná** apresentou, no que se refere ao emprego, movimentos similares de fraco desempenho e grande precarização do mercado urbano de trabalho. A redução da ocupação agrícola foi de 28%, mas o emprego *Doméstico* cresceu 37% enquanto os urbanos *Sem Remuneração* aumentavam 90%. Isto, e o fato de sua reestruturação agropecuária ter prosseguido, deu continuidade ao movimento de expulsão migratória.

Suas entradas foram reduzidas (apenas 36 mil pessoas), resultado de pequenas entradas, principalmente de paulistas, catarinenses e nortistas e de retornos de mineiros e gaúchos. As saídas de paranaenses somaram 366 mil, cujos principais destinos foram: São Paulo (48%) e Santa Catarina (29%). Assim, o saldo negativo de entradas menos saídas neste período foi expressivo (330 mil pessoas), embora represente apenas um terço do verificado no período anterior.

O estado de **Santa Catarina** foi talvez o que melhor desempenho econômico teve em termos da média nacional, notadamente no setor industrial e no PIB, o que repercutiu de modo positivo no emprego. Este, que para o conjunto do país cresceu apenas 8% no período, em Santa Catarina atingiu 19%. Ainda assim, aqui também se manifestaram os mesmos efeitos depressivos: redução de 19% da ocupação agrícola; aumento de 55% no emprego *Doméstico* e de 159% nos urbanos *Sem Remuneração*.

As entradas de imigrantes (218 mil pessoas) quase dobram em relação ao período anterior, fortemente concentradas nas originadas do Paraná (49%), do Rio Grande do Sul (22%) e de São Paulo (13%). As saídas foram menores do que as do período anterior, somando 69 mil pessoas, das quais as destinadas ao Rio Grande do Sul perfizeram 43%, ao Paraná, 30% e a São Paulo e CO-DF, 6% cada um. Assim, o saldo de entradas menos saídas quase dobra, mantendo trajetória crescente desde a década de 1980, mostrando que Santa Catarina parece ter revertido sua antiga situação de expulsadora.

A economia do **Rio Grande do Sul** teve desempenho econômico geral apenas em torno da média nacional, mas seu setor industrial apresentou crescimento mais alto do que o do conjunto do país. Ela também não escapou de sofrer os perversos efeitos ocorridos no mercado de trabalho: redução de 17% nas ocupações agrícolas e de 7% nas da Indústria de Transformação, ao mesmo tempo que o dos *Domésticos* aumenta 19% e o dos urbanos *Sem Remuneração* crescia 125%.

As entradas de imigrantes estiveram pouco acima das do período anterior, mas foram modestas (84 mil pessoas), perfazendo os catarinenses, 36% e os paranaenses, 29%. As saídas (86 mil pessoas), no entanto, cresceram, fazendo o estado retornar a uma posição novamente expulsadora, da qual se afastara na década anterior. Os principais fluxos de saída se destinaram a Santa Catarina (57%), CO-DF (17%) e São Paulo (14%). Houve ainda retorno de cerca de 7 mil gaúchos que estavam no Paraná.

A economia do CO-DF (excluído Tocantins) teve desempenho bem acima da média nacional, conquistando pontos importantes na participação produtiva, notadamente no agro e na agroindústria, graças em particular à expansão agrícola e à pecuária de exportação. Contudo, também sofreu os efeitos perversos sobre o mercado de trabalho, já analisados acima.

Assim, a despeito da notável expansão da produção e da área plantada, o emprego em ocupações agrícolas caiu 20%. O emprego total aumentou em 20%, bem acima da média nacional, sobressaindo também o forte aumento do emprego *Doméstico* (51%) e o dos urbanos *Sem Remuneração* (186%). Embora o emprego industrial crescesse 30%, o pequeno volume de sua produção no conjunto da economia atenuou seu efeito. Na verdade, foram os Serviços Pessoais e os Sociais que garantiram a expansão do emprego total.

As migrações, se considerarmos Tocantins excluído do CO-DF, apresentaram um saldo (entradas: 457 mil, menos saídas: 167 mil) de 289 mil pessoas no período, mas não podemos fazer comparações anteriores, uma vez que Tocantins ainda pertencia a Goiás. Se incluirmos Tocantins, o saldo é menor (262 mil), porém, 36% menor do que o do período 1980-91, o que é preocupante. Isto se deve, principalmente, ao fato de que Mato Grosso teve, comparados os dois períodos, incremento de saídas maior do que o de entradas, portanto, expulsador líquido no período.

Do total de seus imigrantes no período recente, 51% eram do Nordeste, 15% do Norte e o restante principalmente de São Paulo, Paraná e Rio Grande do Sul. Do fluxo de saídas, predominaram os paulistas (30%), os do Norte (22%), seguindo-os Minas Gerais e Paraná (com 16% cada um).

Brasília, embora tenha especificidades marcantes, por sua prevalência urbana e por ser o Distrito Federal, não fugiu aos efeitos nocivos de um baixo crescimento econômico, com as mesmas perversas precarizações no mercado de trabalho urbano, preponderantemente constituído de Comércio, Serviços Pessoais e Sociais e Governo. A categoria de empregados *Domésticos* aqui teve crescimento menor (17%), talvez porque o Distrito Federal já ostentava, em 1991, maior participação (10,6%) dessa categoria na PEA. A dos urbanos *Sem Remuneração* teve a elevada cifra de 229%.

Suas entradas neste período (147 mil pessoas) foram praticamente iguais às do período anterior, mas suas saídas (136 mil) foram o dobro das de 1980-91, reduzindo fortemente o saldo líquido. Assim, apesar de não ter-se tornado expulsadora, mostra sinais de esgotamento da capacidade receptora de imigrantes.

Embora algumas unidades federadas tivessem deixado de ser expulsadoras, cabe lembrar que seu potencial de recepção é baixo, disso resultando que as únicas regiões que efetivamente têm-se mantido como fortes receptoras líquidas são o Centro-Oeste e São Paulo. A crise e as políticas neoliberais contraíram ou contiveram a capacidade receptora da maior parte das regiões, e, ainda assim, os fluxos cresceram graças à desconcentração agroindustrial e à expansão urbana do país, em especial na extraordinária capacidade de São Paulo ainda gerar (bons e maus) empregos.

As cifras analisadas colocam a seguinte interrogação: será possível manter a capacidade receptora do Norte e do Centro-Oeste? Ainda que a resposta seja positiva, cabe outra indagação: se a capacidade receptora de São Paulo declinar, que destino terão as levas de migrantes periféricos, notadamente nordestinos? O agravamento da situação social do país coloca mais nuvens negras nesse cenário.

Conclusões

Não repito aqui as detalhadas conclusões de cada capítulo, mas apresento uma síntese das conclusões mais gerais de cada um deles, levantando ainda algumas reflexões sobre algumas questões que extravasavam o âmbito do texto, mas que têm íntima relação com os desdobramentos futuros da questão regional no Brasil.

No Capítulo 1, vimos as linhas gerais da macroeconomia brasileira, de como passamos de uma década (a de 1970) de intenso crescimento, para um longo período de baixo crescimento, incerteza, desemprego, valorização cambial e neoliberalismo, que debilitaram fiscal e financeiramente o Estado – em todos os seus níveis hierárquicos – desmantelando nossas instituições de planejamento e constrangendo a política econômica. Vimos também como esse processo degenerativo afetou sobremodo a macroeconomia regional, desmanchando a maior parte de suas estruturas institucionais e constrangendo a política de desenvolvimento regional.

Diante desse quadro de orfandade de planejamento e de investimento público, as elites, a maior parte dos políticos e a burocracia regional passaram a adotar o receituário neoliberal, o do Poder Local, que tanto criticamos. Além disso, apelou para um velho remédio que é o subsídio ao capital, como alternativa para tentar implementar investimentos regionais e locais. Para isso, cometeram e cometem o desatino da "guerra fiscal". Desse capítulo repisamos aqui a advertência central, que venho fazendo desde o início da década de 1990, de que, se não dermos uma guinada na política econômica geral do país e não formularmos um novo projeto de desenvolvimento econômico nacional, será impossível a formulação e execução de uma eficaz política de desenvolvimento regional.

No Capítulo 2, analisamos o período 1970-80, o da *desconcentração virtuosa*. Nesse período, agricultura, indústria e serviços apresentaram altas taxas de crescimento, gerando efeitos dinâmicos de encadeamento recíprocos. Embora São Paulo perdesse alguns pontos porcentuais também dos PIBs gerados pelos setores primário e terciário, a modernização e a diversificação desses setores permitiu a São Paulo alto crescimento acumulado no período, de, respectivamente, 42 e 114%.

Nessa década, São Paulo perde 4,8 pontos percentuais no VTI nacional da Indústria de Transformação, com ganho recíproco para o restante do país (B-SP). No entanto, o intenso crescimento industrial do período (137% para o Brasil), que para o restante do país foi de 164%, também beneficiou São Paulo, que cresceu 120%. Em contrapartida, as estruturas produtivas nacional e regionais evoluíram, mostrando a continuidade da industrialização, com os segmentos de bens intermediários, de consumo durável e de capital crescendo à frente do de bens de consumo não-durável. Com isso, o espetacular crescimento nacional e periférico ampliou os nexos inter-regionais com São Paulo, notadamente com seus segmentos mais complexos, com destaque para o produtor de bens de capital.

O crescimento urbano foi explosivo e a expansão do emprego não agrícola atenuou grande parte do subemprego e do êxodo rurais, com o que os fluxos migratórios inter-regionais do país (Capítulo 5) somaram 4,5 milhões de pessoas (13,9% da população), das quais 2,8 milhões se dirigiram a São Paulo e 1,1 milhão à fronteira agrícola do Norte e Centro-Oeste, que então se expandia. Isso permitiu grande acomodação social, com o que a oligarquia e as elites conseguiram, mais uma vez, evitar a reforma agrária.

No terceiro capítulo, que abarca o período (1980-89) – o da *década perdida* –, apenas a agropecuária continuou obtendo taxas altas de crescimento, graças ao programa energético do álcool de cana e à expansão das exportações agrícolas e agroindustriais, com São Paulo mantendo sua posição nacional. O setor industrial e o de serviços foram seriamente afetados pela crise, obtendo taxas bem menores do que as do período anterior, com São Paulo perdendo pequenos pontos no contexto nacional.

Contudo, o setor industrial foi duramente afetado pela crise, com o pífio crescimento acumulado de 8,4% para o Brasil, ainda mais baixo para São Paulo (1,8%), e de 15,8% para o restante do país. A continuidade da diversificação industrial parou, com sua estrutura regredindo, pois os segmentos de bens de produção e de consumo durável foram mais afetados do que os de bens de consumo não-durável. Demos um passo atrás na evolução industrial, justamente em um período em que o capitalismo mundial acelerava sua reestruturação produtiva.

A desconcentração industrial prosseguiu, porém, em ritmo mais vagaroso, com São Paulo perdendo 3,2 pontos porcentuais no VTI nacional do setor. Contudo, há que advertir o leitor que as informações que cobrem o período – principalmente a partir de 1985, com o último Censo Industrial – obscurecem a análise desse processo. Dela infere-se que, se havia uma "tendência" desconcentradora entre 1970 e 1985, ela já não era tão clara nos dados que compreendiam os anos de 1985-89. No período 1980-85, a participação paulista caiu de 53,4 para 51,9%, mas isso se deu porque a taxa negativa de crescimento de São Paulo foi maior do que a do Brasil! Em 1989, a participação cairia um pouco mais, para 50,2%, não por um crescimento satisfatório da periferia, mas sim porque a taxa positiva de crescimento de São Paulo foi simplesmente medíocre, e abaixo da pífia taxa verificada para o conjunto do país. Desconcentração espacial, em tempo de crise profunda, tem sentido muito diverso da que ocorre quando se dá crescimento normal ou alto.

A crise afetou profundamente o movimento migratório inter-regional (ver Capítulo 5): o fluxo médio anual entre os Censos de 1980 e 1991 diminuiu 40% em relação ao da década de 1970 e as entradas médias em São Paulo sofreram queda de 65%. O que atenuou esse movimento foi a continuidade da expansão da fronteira agrícola no Norte e Centro-Oeste, o melhor desempenho da agricultura nordestina e a forte expansão urbana ocorrida nessas três regiões. Contudo, como seria de esperar, o mercado de trabalho urbano mostrava os maus efeitos da crise: aumento do desemprego aberto e do oculto, precarização das relações de emprego e forte queda do rendimento médio do trabalhador.

O setor serviços, entre 1980 e 1991, foi responsável por 83% do aumento do emprego, gerando 10,9 milhões de novas ocupações, das quais sobressaíam 1,2 milhão de *Empregados Domésticos Remunerados* e 1,7 milhão de outros empregos onde predominavam autônomos e outros serviços precários.

No Capítulo 4, que abarca o período (1989-2005) – o da *era neoliberal* –, constatou-se que, diante do agravamento da crise fiscal, dos juros escorchantes, do corte do crédito ao setor privado, desemprego crescente e alto e da deterioração do rendimento médio do trabalhador, o investimento público foi drasticamente reduzido, e o privado, além de encolher, tornou-se mais oportunista e específico. Com isso, a principal variável na determinação da renda foi a exportação. Esta acelera ao final do período de análise, graças, fundamentalmente, ao "efeito China", com fortes altas nas quantidades e nos preços, em especial de produtos básicos e semimanufaturados. É verdade que também expandimos as exportações de produtos industriais, notadamente do setor automobilístico e do eletrônico, este como resultado de reexportações de produtos aqui montados com alto conteúdo de importações. Como complemento de crescimento, foi expressiva a expansão da extração de petróleo e a produção de seus derivados.

Daí que os setores que lideraram o (baixo) crescimento foram a agricultura, a agroindústria e a indústria extrativa mineral, que obtiveram as taxas mais altas. Dado o pífio crescimento da Indústria de Transformação e o baixo crescimento do setor serviços, talvez tenhamos ingressado em um processo regressivo em termos de desenvolvimento econômico, com a agricultura e a mineração aumentando seus pesos no PIB, e a Indústria de Transformação e os serviços sofrendo expressiva queda. Já não há como esconder que estamos sofrendo uma *desindus-*

trialização e o que não sabemos é *se, quando* e *como* poderemos acordar desse torpor e retomar o caminho abandonado.

Estamos vivendo o paradoxo de São Paulo, o maior estado industrial do país, estar perdendo largo terreno na indústria ao mesmo tempo que reassume a liderança da produção agrícola nacional, com 21% do PIB agrícola em 2004! A *desconcentração* industrial, vista como a simples redução da participação de São Paulo no total nacional, pode ser um caminho muito enganoso. A cifra, além dos efeitos propriamente positivos da expansão econômica e diversificada da periferia, esconde vários efeitos espúrios: sejam os meramente estatísticos, porque em vários segmentos industriais São Paulo sofreu quedas absolutas (ou aumentos inexpressivos) e a periferia teve quedas menores que as paulistas (ou crescimento acima, porém, também pífio); seja o acirramento da "guerra fiscal", que artificialmente desconcentrou vários segmentos – notadamente o automobilístico e o eletrônico de consumo - à custa de fortes subsídios fiscais e creditícios ao capital privado.

A derrubada do investimento público e a Guerra Fiscal enfraqueceram a articulação da periferia com a indústria paulista, que, além disso, é ameaçada pela enxurrada de importações barateadas pela abertura comercial e pela valorização cambial.

Há também outras questões que envolvem problemas metodológicos sérios e que tento discutir principalmente no Capítulo 4 e no Apêndice Metodológico e Estatístico. A mais crucial delas é a da participação de São Paulo no VTI da Indústria de Transformação nacional. Dos 50% que estimei para 1989 (praticamente idêntico ao apurado para o VAB das CRs), teríamos somente novos dados a partir de 1996, com as PIAs, que entre esse ano e 1999 se situaram em torno de 50 a 51%, parecendo mostrar, com isso, que a desconcentração havia infletido e, mais ainda, que possivelmente haveria uma reconcentração em São Paulo. Contudo, para surpresa dos analistas, em 2000, a cifra baixa para 47% e, daí até 2004, situar-se-ia em torno de 43%. Essa queda abrupta, ocorrendo em uma conjuntura de baixo crescimento e acentuado desequilíbrio de preços relativos, nos deixa sem muitas explicações mais concretas e metodológicas para o fenômeno.

Reforça a dúvida o seguinte: entre 1989 e 1999, o crescimento acumulado do setor, pela PimPf, foi simplesmente irrisório: de 1,6% para o Brasil e 3,7% para São Paulo e dele, teoricamente, não deveria ter ocorrido nenhuma desconcentração relevante, como de fato não ocorreu, e, pelo contrário, a participação paulista até aumentou um pouco. Pelas CRs, as cifras respectivas foram de 9,8 e -2,1%, mas, neste caso, teoricamente poderia ter ocorrido alguma desconcentração, mas não houve. A perplexidade fica ainda maior para o período entre 1999 – a partir da desvalorização cambial – e 2004: os dados da PimPf mostram crescimento acumulado de 16,9% para o Brasil e 20,3% para São Paulo, o que poderia ter resultado em uma reconcentração branda; pelas CRs, as cifras respectivas foram 22,1 e 18,7% e, nesse caso, poderia ter ocorrido uma desconcentração, também branda. Mas não é isso que mostram tanto os dados das PIAs quanto os das CRs!

Deixemos, porém, a desconcentração industrial e voltemo-nos para o Setor Serviços. Analisado pela ótica da renda (CRs), mostra que as regiões de Rio de Janeiro, São Paulo e Distrito Federal, de urbanização mais consolidada – mas que também teriam sido mais afetadas pela crise – perderam expressiva participação no total nacional do setor, e os maiores ganhadores foram o Norte e Centro-Oeste, graças à urbanização e serviços derivados da expansão das fronteiras agro e mineral exportadoras, e o Espírito Santo, quiçá o estado que mais cresceu no país no período, intensificando uma estrutura industrial centrada na produção de bens intermediários destinados à exportação. A diversificação estrutural do setor serviços continuou, diminuindo o peso dos segmentos mais tradicionais, como o Comércio e Domésticos Remunerados.

Contudo, pelos dados do emprego, esses segmentos estão entre os que mais cresceram, e isto se deve à grande precarização do trabalho no período e ao rebaixamento dos salários ocorridos nesses segmentos. Aliás, o Brasil ostenta hoje uma das mais altas taxas de participação do emprego doméstico no total da PEA não-agrícola, de 9,8%, mas uma taxa de participação na renda não-agrícola, de irrisórios 0,57%.

Quanto ao movimento migratório inter-regional, analisado com base nos Censos Demográficos de 1991 e de 2000, apresenta dados muito

Desconcentração produtiva regional do Brasil: 1970-2005

preocupantes. O fluxo do período somou 4 milhões de pessoas, média anual 66% maior do que no período anterior. Em contraposição:

a) para a região Norte, rumaram apenas 255 mil, contra 832 mil do período anterior, e suas saídas aumentaram 50%, ameaçando converter a região, de receptora em expulsadora;

b) no Centro-Oeste-Distrito Federal, entraram 507 mil contra 636 mil no período anterior e suas saídas cresceram 10%; e

c) para São Paulo, que se pensava como uma área que não permitiria maiores fluxos, entrou 1,7 milhão, cuja média anual é o dobro da verificada no período anterior.

Resultou, assim, que ao final do período, praticamente apenas São Paulo – com todas os seus graves problemas urbanos e sociais – permanecia como o grande receptor da migração nacional, e as demais regiões (além do Norte e Centro-Oeste) ou se tornaram expulsadores ou reduziram drasticamente suas capacidades de recepção.

O neoliberalismo, que ingressou com o governo Collor, continuou nos governos Itamar Franco e Fernando Henrique Cardoso e é mantido no atual governo. Nele, como já foi dito, não há espaço para a *eqüidade*, a não ser os conhecidos programas assistenciais do tipo *Renda Mínima* ou semelhante. Nele predomina a busca de uma suposta *eficiência*, relegando-se o social a segundo plano. Em um esquema desses, políticas regionais só existem mediante projetos privados específicos com outros objetivos acima da questão regional.

Contudo, essa "eficiência" parece ter resultado mais no profundo (e incurável) desequilíbrio fiscal e cambial, que não pode ser contido com novas doses do mesmo veneno: mais crescimento de nosso passivo externo, que gera mais endividamento público interno, que gera maiores pagamentos de juros, que... Em contrapartida, sua já longa permanência entre nós já está também causando uma regressão em nossa estrutura produtiva.

Como pode o país atender aos requisitos fundamentais de recomposição da infra-estrutura e da crise social, se nos ativermos apenas às exigências dos interesses privados e internacionais? Esse caminho, repitamos, é equivocado e tortuoso.

Por outro lado, a predominância desses interesses e a crescente corrupção que permeou o Estado em todas as suas instâncias, deu continuidade aos erráticos anos posteriores a 1986, quando a política se divorcia da economia. De lá para cá, impera o "curto-prazismo", com a destruição do planejamento, com elites, burocracia e Estado simplesmente "empurrando o sistema com a barriga", na fuga do enfrentamento político das questões fundamentais que envolvem a crise brasileira. Resultou isso também na "mercantilização" da política e no maldito *stop and go* da economia, inconseqüentes e inebriantes da consciência e da vontade política nacional. Em um quadro desses, só mesmo o "toma-lá-dá-cá", o "é dando que se recebe". Como acabar com a "guerra fiscal", se para isso se torna necessária uma ampla reforma tributária? Não há espaço para a seriedade no trato dos destinos de longo prazo do país, muito menos para a eqüidade, ainda que apenas regional!

Existem alternativas a esse modelo. Outra trajetória – oposta à anterior – deveria ter como premissas fundamentais: a impossibilidade da imediata reestruturação produtiva – em face da enorme massa de recursos exigidos –, e, portanto, o estabelecimento de prioridades nacionais; a necessidade de uma política de crescimento e de maior controle do comércio exterior; e um radical enfrentamento da questão social do país. Para tanto, precisamos ter a clareza de que necessitamos de muito tempo para fazê-lo, e de muita negociação. Acima de tudo, necessitamos reconstruir o Estado e dotá-lo de recursos financeiros compatíveis, tanto para o saneamento estrutural fiscal quanto para a retomada do investimento público.

Somente em uma alternativa como esta é que se pode pensar seriamente no trinômio estabilidade/retomada do crescimento/resgate da dívida social. Apenas com uma estratégia desse tipo é que se pode repensar a questão regional em termos produtivos e sociais.

Não é demais reprisar que, acima da questão da desconcentração regional produtiva, está o gravíssimo problema da concentração pessoal da riqueza e da renda, com suas seqüelas de miséria social amplamente distribuídas por todo o território nacional. A miséria social jamais será combatida pela "regionalização do investimento" e, sim, por programas concretos, fundamentalmente com reformas nos serviços sociais básicos, na educação, na estrutura agrária e em nossa regressiva estrutura fiscal.

É óbvio que esforços para a alocação de projetos em outras áreas do país devem e podem ser feitos mediante programas e projetos detalhados de forma "mais fina". Os de recursos privados, contudo, em sua busca por maiores "vantagens locacionais", ajudaram a aumentar a suicida "guerra fiscal" entre estados brasileiros, promovendo verdadeiros leilões de localização.

Lembremo-nos ainda que a modernidade produtiva exige uma modernidade compatível de infra-estrutura, e esta não está disponível na maior parte do território nacional: com capitais públicos ou privados, seus recursos não serão promissores e passarão, inevitavelmente, por processos mais drásticos de priorização e localização. Esta, aliás, é a principal razão pela qual a participação do Interior paulista na produção da Indústria de Transformação nacional passou, de 14,7% em 1970, para 26,2% em 2004.

A desconcentração no sentido São Paulo-restante do país, se mantida a política neoliberal, continuará tendo um alto componente *espúrio*, e padecerá, crescentemente, dos efeitos perversos que a desestruturação industrial está causando. Tais efeitos não só têm prejudicado ainda mais a economia paulista, como também, obviamente, afetam o parque industrial periférico, que é muito menos articulado que o de São Paulo.

Não é uma platitude lembrar, mais uma vez, que a "redistribuição" (desconcentração) regional *efetiva* dos ativos e da riqueza econômica produtiva só se dará no longo prazo e só em um quadro de crescimento alto e persistente. Dada a articulação industrial existente entre São Paulo e a periferia, esta não pode ter um crescimento industrial *virtuoso* se São Paulo não crescer, conforme nos manda dizer a boa teoria, e conforme mostram as estatísticas regionais de produção.

Contudo, nem mesmo nos marcos dessa segunda trajetória combateremos os desequilíbrios regionais sociais – a pobreza e a miséria regional – apenas com políticas regionalizadas de gastos de infra-estrutura e de indução/persuasão do investimento privado. Há que ter claro que, a despeito da concentração econômica em São Paulo e áreas próximas, a pujança de suas elevadas taxas históricas de crescimento não foi capaz de redimir a miséria local. Pelo contrário.

E isso só não adquiriu maior dimensão, tanto porque diminuíram as taxas líquidas de crescimento demográfico como porque, com a efetividade da Constituição Federal de 1988, houve importante descentralização de recursos financeiros para os municípios. Essa *Constituição Cidadã* possibilitou também o pagamento de aposentadorias a cerca de 15 milhões de idosos rurais, que praticamente nunca contribuíram com a Previdência, mas que foram retirados da vala comum do enorme contingente de pobres e indigentes que tem o país. Não fosse isso, e os programas do tipo *Renda Mínima* (como o Bolsa-Família), que auxiliam algo em torno de 40 milhões de pessoas, nossa calamidade social seria ainda maior.

A direita, e muitos membros do governo, atacam diariamente o "déficit" da Previdência Social – cujo benefício médio nacional se situa em torno de R$ 540, ou cerca de 1,4 salário mínimo –, mas escondem o fato sumamente importante de que o total dos benefícios pagos equivale hoje a cerca de 7,5% do PIB (chegando a 11% no caso do Nordeste), constituindo mesmo o principal rendimento das pessoas de menor renda na maior parte dos municípios brasileiros. Estima-se que os benefícios pagos em torno do salário mínimo teriam diminuído o tamanho de nossa área de pobreza, em cerca de 18 milhões de pessoas de 1989 para hoje.[1]

Diante das precárias ocupações criadas nos últimos vinte anos, seja na fronteira do Norte e do Centro-Oeste, seja na descontrolada expansão urbana de São Paulo, a diáspora do migrante inter-regional no Brasil já não constitui, como antes, uma "marcha pela esperança", mas sim uma "marcha pela sobrevivência".

Para os mais otimistas, lembremo-nos do *paraíso* que eram Ipanema e Leblon, no Rio de Janeiro, hoje compulsoriamente deslocado para o gueto dos ricos em que se converteu a Barra da Tijuca. Por outro lado, as chamadas nacionais para o noticiário policial, proveniente da Zona

---

1 Cf. CANO (2003), o apregoado "déficit" já foi desmentido por vários autores. Cf. FRANÇA (2004), em 67% dos municípios brasileiros, o valor dos benefícios pagos em 2003 era superior aos valores recebidos do Fundo de Participação dos Municípios. Para o total dos municípios, os benefícios eram 5,6 vezes maiores do que o valor do FPM.

Norte do Rio de Janeiro ou de sua famosa Baixada Fluminense, já não são mais especificidades cariocas. Guardadas as devidas proporções, o crime é o mesmo, seja no Rio, em São Paulo, Campinas ou Salvador, com a disseminação, pela maior parte do território nacional, da violência e do crime (prostituição, droga, tráfico, contrabando, roubo, furto etc.), que também são vetores importantes de "emprego", direto, aos marginais e indireto, ao incrível e numeroso "exército" de segurança privada daí induzido.

Mas onde a perversidade de nossa crise e de nosso subdesenvolvimento também se manifesta, ostensivamente, é na área da saúde pública, em todas as regiões, em especial nas principais doenças infectoparasitárias, independentemente da concentração produtiva. Delas, a região Sul é a menos afetada, e as maiores incidências (entre parênteses) concentravam-se, em 2003-04, nas seguintes regiões: *Dengue*, Norte (17), Nordeste (52), Sudeste (14), Centro-Oeste (15); *Leishmaniose Viceral*, Norte (16), Nordeste (55), Sudeste (23), Centro-Oeste (6); *Malária*, Norte (95), Nordeste (3); *Hanseníase*, Norte (22), Nordeste (39), Sudeste (19), Centro-Oeste (15); *Tuberculose*, Norte (9), Nordeste (29), Sudeste (45), Centro-Oeste (4), Sul (11).[2]

---

2 Dados obtidos em 1.7.2007, no *site* do Ministério da Saúde, Secretaria de Vigilância em Saúde.

Bibliografia

AFONSO, J. R. e VARSANO, Ricardo "Reforma Tributária: sonhos e frustrações". In: GIAMBIAGI, F. e outros (Orgs.). *Reformas no Brasil: balanço e agenda.* Rio de Janeiro: Nova Fronteira, 2004.

AFFONSO, R. B. A. e SILVA, P. B. (Orgs.). *Federalismo no Brasil* - desigualdades regionais e desenvolvimento. São Paulo: FUNDAP-UNESP, 1995, 2v.

ARAUJO, T. B. Por uma Política Nacional de Desenvolvimento Regional. *Revista Econ. do Nordeste.* Fortaleza: BNB, 4-6/1999.

_____. *Ensaios sobre o desenvolvimento brasileiro*: heranças e urgências. Rio de Janeiro: Revan, 2000.

AZZONI, C. R. Concentração Regional e Dispersão das Rendas *Per Capita* Estaduais: análise a partir das séries históricas estaduais de PIB, 1939-1995. *Estudos Econômicos,* 27 (3) 341-393. São Paulo: IPE-USP, 1997.

_____. *Indústria e reversão da polarização no Brasil.* São Paulo: IPE-USP, 1986, caps. I, II e III.

BALSADI, Otávio V. Comportamento das Ocupações na Agropecuária Brasileira no período 1999-2003. *Informação Econômica,* São Paulo, v.35, n.9, set. 2005.

BALTAR, P. E. A. *Estrutura econômica e emprego urbano na década de 1990.* PRONI, M. W. e HENRIQUE, W. 2003.

BELIK, W. et al. *O emprego rural nos anos 90.* PRONI, M. W. e HENRIQUE, W. 2003.

BERCOVICI, G. *Desigualdades regionais, Estado e constituição.* São Paulo: MaxLimonad, 2003.

BRAGA, J. C. A financeirização da riqueza. *Boletim do IESP*. São Paulo, n.3, ago. 1991.

BRANDÃO, C. A. *Território e desenvolvimento:* entre o local e o global. EDU/Unicamp, Campinas, 2007.

CAIADO, A. S. C. Desconcentração Industrial Regional no Brasil (1985-1998): Pausa ou Retrocesso? Campinas: UNICAMP/IE, Tese de Doutoramento, 2002.

CANO, W. Reestruturación internacional y repercuciones inter-regionales em los paises subdesarrolados; reflexiones sobre el caso brasileño. LLORENS, F. A.; de MATTOS, C. A.; FUCHS, R. J. *Revolución tecnologica y reestruturación productiva*. Buenos Aires: ILPES/IEV, PUC/GEL, 1990.

_____. Reflexões sobre o Brasil e nova (des)ordem internacional. 4.ed. Campinas: Ed. UNICAMP, 1995.

_____. Concentração e Desconcentração Econômica Regional no Brasil: 1970/95. *Revista Economia e Sociedade*, Campinas, Instituto de Economia/Unicamp, n.8, 1997, p.101-41.

_____. *Raízes da concentração industrial em São Paulo*. 5ed. Campinas, Unicamp/Instituto de Economia, 2007a.

_____. Desequilíbrios regionais e concentração industrial no Brasil. Campinas: UNICAMP/IE. 2ed. 1998.

_____. Soberania e política econômica na América Latina. São Paulo: Ed. Unesp, 2000.

_____. A Reforma da Previdência: uma nota crítica. *Revista Adunicamp*. Campinas, Ano 5 n.1, 6/2003, p.62-70.

_____. Getúlio Vargas e a formação e integração do mercado nacional. Anais do X ENA, ANPUR, Salvador, 2005. Republicado em: LACERDA DE MELO, R. e HANSEN, D. L. *Desenvolvimento regional local*. Aracaju: Edit. Univ. Federal de Sergipe, 2007c.

_____. Desequilíbrios regionais e concentração industrial no Brasil. UNESP, 3.ed. (ed. mod.) São Paulo, 2007b.

_____. FURTADO: A Questão Regional e a Agricultura Itinerante no Brasil, 2006. CANO, W. *Ensaios sobre a formação econômica regional do Brasil*. Campinas: Ed. UNICAMP/Inst. Econ-Fecamp, 2006, reimpressão.

CANO 2007d América Latina: virtuosa ou necessária? Congresso Clacso Quito, 2007.

CANO, W. e CARNEIRO, R. *A questão regional no Brasil* (resenha bibliográfica). Madrid, Pensamiento Iberoamericano, n.7, 1-6/1985.

_____, BRANDÃO, C. A.; MACIEL, C. S.; MACEDO, F. C. *Economia paulista*: dinâmica socioeconômica entre 1980 e 2007. Campinas: Átomo, 2007.

_____. (Coord.). *A interiorização do desenvolvimento econômico no estado de São Paulo (1920-1980)*. São Paulo: FSEADE, 1988, 3v.

CANO, W. (Coord.). *São Paulo no limiar do século XXI*. São Paulo: FSEADE, 1992, 8v.

CARVALHO, F. F. Da Esperança à Crise – A Experiência das Políticas Regionais no Nordeste. Dissertação de Mestrado. Instituto de Economia, Unicamp, Campinas, 2001.

CARVALHO, J. O. de. *A economia política do Nordeste* – Brasília: Campus/ABIAI, 1988.

CAVALCANTI, C. E. G. e PRADO, S. *Aspectos da guerra fiscal no Brasil*. Rio de Janeiro/São Paulo: IPEA/FUNDAP, 1998.

CAVALCANTI, C. E. G.; NOVAIS, L. F.; BONINI, M. R. Análise das Finanças Públicas do Estado de São Paulo: 1980 a 2004. CANO et al. 2007.

CEPAL – Comissão Económica para a América Latina. Anuário Estadístico de América Latina. Santiago, 2003

CONCEIÇÃO, J. P. C. R. e GASQUES, J. G. *Transformações da agricultura e políticas públicas*. Brasília: IPEA, 2001.

DEDECCA, C. S. e ROSANDISKI, E. *Sensos e dissensos:* as inovações metodológicas do Censo Demográfico 2000. Campinas: Unicamp/Instituto de Economia/CESIT, 2003, mimeo.

DELGADO, G. C. *O setor de subsistência na economia e na sociedade brasileira:* gênese histórica, reprodução e configuração contemporânea. IPEA, Texto para Discussão n. 1025, Brasília, jun./2004, e no sítio eletrônico do PRONAF, em 9.10.2006.

DINIZ, C. C. Desenvolvimento Poligonal no Brasil: Nem Desconcentração, Nem Contínua Polarização. *Revista Depto. C. Sociais*/UFMG; Belo Horizonte: UFMG; 9/1993.

_____. *Território e nação*. REZENDE, F. e TAFNER, P. *O estado de uma nação*. Brasília: IPEA. (2005).

FGV-IBRE – Contas Nacionais do Brasil. Rio de Janeiro: FGV, 1972

_____. Contas Nacionais e Regionais do Brasil, vários anos.

FONSECA, R. B. e SALLES FILHO, S. *A agropecuária brasileira*. CANO, W. (Coord.). 1992, v.2.

FRANÇA, A. S. *A Previdência Social e a economia dos municípios*. Brasilia: ANFIP, 5.ed, 2004.

FURTADO, C. *Formação econômica do Brasil*. Rio de Janeiro: Fundo de Cultura, 4ªed., 1961.

_____. Análise do modelo brasileiro. Rio de Janeiro: Civilização Brasileira. 1972, 3.ed.

GALVÃO, A. C. F. *Política de Desenvolvimento Regional e Inovação: lições para o Brasil da experiência européia*. Campinas: UNICAMP, Instituto de Economia; Tese de Doutoramento, 2003.

GALVÃO, A. C. F. e BRANDÃO, C. A. Fundamentos, motivações e limitações da proposta dos "Eixos Nacionais de Integração e Desenvolvimento. GONÇALVES, M. F.; BRANDÃO, C. A.; GALVÃO, A. C. F. *Regiões e cidades, cidades nas regiões*. O desafio urbano-regional. São Paulo: Ed. Unesp, 2003.

GONÇALVES, J. S. e SOUZA, S. A. M. *Modernização da produção agropecuária brasileira e o velho dilema da superação da agricultura itinerante*. Informações Econômicas, Secretaria da Agricultura, São Paulo, v.28, n.4, 4/1998.

_____. SOUZA, S. A. M.: ANGELO, J. A.; COELHO, P. J. Agropecuária Paulista: transformações do período de 1969-1971 a 2002-2004. CANO, W. et al. (2007).

GUIMARÃES NETO, L. *Introdução à formação econômica do Nordeste*. Massangana-FJN, 1989.

_____. "Desigualdades e Política Regionais no Brasil: Caminhos e Descaminhos". Brasília: IPEA, *Revista Planejamento e Políticas Públicas*, n.15, jun.1997.

_____. Formação de uma Agenda para o Desenvolvimento Regional. Ministério da Integração Nacional, Boletim Regional, n3, Brasília, set.-dez./2006

GUIMARÃES, L. (Coord.). *Evolução e perspectivas das desigualdades no desenvolvimento brasileiro*. São Paulo: FUNDAP-IESP, 1994, 2v.

IBGE – Censo Agropecuário, 1970, 1980, 1985 e 1995.

_____. Censo Industrial, 1970, 1980 e 1985.

_____. Censo Demográfico, 1970, 1980, 1991 e 2000.

_____. PNAD – Pesquisa Nacional por Amostragem Domiciliar, vários anos.

_____. PIA – Pesquisa Industrial Anual, 1996 a 2004.

_____. PimPf – Pesquisa Industrial mensal da Produção Física, 1980 a 2006.

_____. Contas Nacionais e Regionais, vários anos.

_____. Anuário Estatístico do Brasil, vários anos.

IEDI – *Instituto de Estudos para o Desenvolvimento Industrial. Ocorreu uma Desindustrialização no Brasil?* São Paulo: IEDI, 11/2005, (www.IEDI.org.br).

IGREJA, A. C. M. e CAMARGO, A. M. M. P. A Agropecuária Paulista. CANO, W. (Coord.). 1992, v.2.

LOPREATO, F. L. C. *O colapso das finanças estaduais e a crise da federação*. São Paulo/Campinas: Ed. Unesp/Unicamp, 2002.

MAHAR, D. J. *Desenvolvimento econômico da Amazônia*. Rio de Janeiro: IPEA, 1978.

MATTOSO, J. *A desordem do trabalho*. São Paulo: Página Aberta, 1995.

MONTEIRO NETO, A. Desenvolvimento Regional em Crise: Políticas Econômicas Liberais e Restrições à Intervenção Estatal no Brasil dos Anos 90. Tese de Doutoramento. Unicamp/Instituto de Economia, Campinas, 2005.

MOTA, F. C. M. Integração e dinâmica regional: o caso capixaba (1960-2000) Tese de Doutoramento. Campinas: Instituto de Economia, Unicamp, 2002.

NEGRI, B. *Concentração e desconcentração industrial em São Paulo* (1980-1990). Campinas: Ed. UNICAMP, 1996.

PACHECO, C. A. *Fragmentação da nação*. Campinas: IE/UNICAMP, 1998.

PIMES – *Desigualdades regionais no desenvolvimento brasileiro*. Recife: SUDENE, 4v. 1984.

PINTO, M. P. A.; CINTRA, M. A. M.; CAVALCANTI, C. E. G. Crise e "ajuste" das finanças do estado de São Paulo (1980-2005). PINTO, M. P. A. e BIASOTO, G. B. *Política fiscal e desenvolvimento no Brasil*. Campinas: Ed. UNICAMP, 2006.

POCHMANN, M. *São Paulo, décadence avec élégance. Valor*, p.A13, São Paulo, 28.12.2006.

PRADO, S. (2003a). Distribuição intergovernamental de Recursos na Federação Brasileira. In: Resende, F. e Augusto de Oliveira (Orgs) *Descentralização e federalismo fiscal no Brasil*, FGV-F. K. Adenauer, Rio de Janeiro, 2003.

PRONI, M. W. e HENRIQUE, W. (Orgs.). *Trabalho, mercado e sociedade*. Campinas: Unesp/Unicamp, 2003.

SILVA, M. A. Guerra Fiscal e Finanças Federativas no Brasil. Campinas: Unicamp/IE, Dissertação de Mestrado, 2001.

SILVA, R. Rio de Janeiro: crescimento, transformações e sua importância para a economia nacional (1930-2000). Campinas: Unicamp/IE, Dissertação de Mestrado, 2004.

SOUZA, A. V. *Política de industrialização, emprego e integração regional*: o caso do Nordeste do Brasil. Recife: SUDENE, 1988.

SUFRAMA. *Indicadores de desempenho do Pólo Industrial de Manaus*: 1988 a 2005. Manaus: Suframa, 2006.

TAVARES, M. C. e FIORI, J. L. *Desajuste global e modernização conservadora*. São Paulo: Paz e Terra, 1993.

UNCTAD. *La acumulación de capital, el crecimiento económico y el cambio estructural*. UNCTAD-ONU, N.Y. 2003 (www.unicc./unctad).

Anexo
Mapa do Brasil – Grandes regiões

Fonte: http://www.embratur.gov.br/mapareg.htm (Reelaborado por Célia Quitério – Unicamp. IE. Secretaria de Publicações).

Apêndice metodológico e estatístico

6.1 Notas metodológicas

Não se tem a pretensão, com estas Notas, de passar a limpo todos os problemas metodológicos de maior vulto que perpassaram esta pesquisa. No entanto, pretendo, sim, advertir o leitor de que muitos deles, que entendo de difícil explicação, impedem ou dificultam um entendimento mais claro sobre o tema aqui objetivado: a desconcentração produtiva e seus principais determinantes.

Como se verá a seguir, ausência de Censos Econômicos a partir de 1985, numerosas mudanças metodológicas nos principais indicadores, inflação elevada, valorização cambial, abertura comercial abrupta, juros reais escorchantes, deterioração fiscal e administrativa e política do Estado são temas importantes que, de uma forma ou de outra, afetaram o processo de expansão e diversificação regional da atividade econômica do país, notadamente nos últimos 25 anos.

Algumas dessas questões nos conduziriam fatalmente à outra pesquisa de âmbito não pequeno, dada sua complexidade e abrangência, como é, por exemplo, o caso do federalismo fiscal nesta era pós-1990.

Este último fato, sem dúvida, afetou sobremodo as economias regionais, mas seu devido tratamento analítico ultrapassa os limites aqui propostos. Contudo, é bom pelo menos listar algumas de suas facetas, como a recentralização da receita fiscal no governo federal; o ganho de receita fiscal dos municípios, muito maior do que o dos estados; a negociação, praticamente forçada, das dívidas estaduais e municipais com o governo federal, restringindo a capacidade de gasto e de investimento desses entes subnacionais. Ou outros fatos relevantes, como o abandono, pelo governo federal, das políticas de desenvolvimento regional e o desmantelamento de suas principais instituições, como a Sudene e a Sudam.

Assim sendo, e de forma muito resumida, destaco alguns dos principais problemas com que me defrontei nesta pesquisa, e as formas – muitas vezes pragmáticas – com que as enfrentei.

6.1.1 Regionalização e mapa

Neste livro, utilizo a atual divisão política e administrativa regional, na qual figura o novo estado do Rio de Janeiro (RJ), que incorporou, em 1975, o antigo estado da Guanabara (GB); os novos estados de Mato Grosso (MT) e Mato Grosso do Sul (MS), separados do antigo Mato Grosso em 1977; o novo estado do Tocantins (TO), resultante da divisão do estado de Goiás em 1989, retirado, portanto, da Região Centro-Oeste e incorporado à Norte. Essas modificações são usadas e apresentadas no texto, conforme os períodos de análise e a cronologia da institucionalização territorial. Assim, o leitor é sempre advertido quando a análise incorpora ou não a nova divisão territorial. Nessa atual divisão, os antigos territórios federais do Acre, Amapá, Rondônia e Roraima, transformados em estados, estão agregados à Região Norte. Dada a natureza do tema deste livro e as especificidades de cada unidade federada, os recortes regionais aqui utilizados são:

– NORTE (NO): Acre (AC), Amapá (AP), Amazonas (AM), Pará (PA), Rondônia (RO), Roraima (RR) e Tocantins (TO), este para informações pós-1988, salvo advertência no texto;

- NORDESTE (NE): Maranhão (MA), Piauí (PI), Ceará (CE), Rio Grande do Norte (RN), Paraíba (PB), Pernambuco (PE), Alagoas (AL), Sergipe (SE) e Bahia (BA);
- MINAS GERAIS (MG);
- ESPÍRITO SANTO (ES);
- RIO DE JANEIRO (RJ);
- SÃO PAULO (SP);
- SUL: Paraná (PR), Santa Catarina (SC) e Rio Grande do Sul (RS).
- CENTRO-OESTE, exclusive o DF (CO-DF): Mato Grosso do Sul (MS), Mato Grosso (MT), Goiás (GO), este, a partir de 1989, separado de sua porção norte, que é o atual estado de Tocantins;
- Distrito Federal (DF) – Brasília.

6.1.2 Periodização e encadeamento de séries

O período de análise vai de 1970 aos anos próximos a 2005, e está assim dividido:

- a década de 1970, na qual se realiza a segunda etapa de nossa industrialização pesada, e a qual se caracteriza por elevadas taxas de crescimento, fortes mudanças na estrutura produtiva e do emprego, aceleração da urbanização e ações fortes de política nacional e regional de desenvolvimento;
- o período de 1980 a 1989, também chamado de "crise da dívida externa" e de "década perdida". Caracteriza-se por baixo crescimento, com acentuadas oscilações, explosão inflacionária, crise fiscal e financeira do Estado, política econômica "conjunturalista", gradativo abandono do sistema de planejamento e das políticas nacional e regional de desenvolvimento; e
- o período que se estende de 1990 ao entorno de 2005, durante o qual são implantadas as políticas neoliberais de desregulamentação, abertura comercial, privatização, encolhimento do papel do Estado na economia, baixo crescimento, juros reais escorchantes e elevado desemprego.

Contudo, há vários problemas para o encadeamento necessário das séries de dados utilizados, o que nos obriga a fazer algumas adaptações e estimativas. É um pouco como "caçar com gato, pois não temos o cão". Como já adverti, ficamos, para os anos de 1985 até 1995, sem Censos Econômicos, e os dados disponíveis mais próximos eram os Índices da Produção Física (PimPf) do IBGE. Contudo, eles tiveram, por várias vezes, alteradas sua metodologia e anos-base. O exemplo mais grave é o da série de 1985 até 1992, e das novas séries que começam em 1991, uma vez que o IBGE passou a omitir, em suas informações, as taxas de crescimento entre 1990 e 1991, impedindo assim o encadeamento dessa série.

Como possuía os anteriores registros dessa série, mas somente para o Brasil e São Paulo, pude encadear toda a série de 1985 a 2005 (Tabela 3.10, Cap. 3) com informações para o total da Indústria de Transformação e os gêneros que então eram apurados pela PimPf (16 para Brasil e 15 para São Paulo). Contudo, para as demais regiões apuradas pelo IBGE, é impossível fazer esse encadeamento. Em contrapartida, eram poucas as regiões pesquisadas antes da nova série e as outras depois incluídas, que começam em 1991 ou anos posteriores, não permitindo uma série regional uniforme. Por outro lado, não há uniformidade do número de ramos investigados em cada região pesquisada. Com isso, para o período 1985-96 torna-se sobremodo difícil as análises do tipo estruturais e de participação regional dos gêneros industriais. Assim, publico, neste Apêndice, as Tabelas 6.5 a 6.18, além das publicadas no interior dos capítulos.

Mas a falta dos dados entre 1990 e 1991 para as demais regiões não poderia ser motivo para que não se fizesse alguma reflexão sobre a passagem da década de 1980 para a de 1990. Assim, conforme adverti no Capítulo 4, a ausência dos dados de 1991 – dado que o ano foi de forte crise industrial – superestimam o crescimento delas (salvo o do CO-DF, pouco afetado pela crise), posterior a 1991. Por isso, fiz a análise usando dois movimentos: um, restrito à Tabela 3.10 (Cap. 3), usando também outros dados, apenas para Brasil e São Paulo; e outro, para as demais regiões, cujo conteúdo está nos Capítulos 3 e 4 e os dados nas Tabelas deste Apêndice.

6.1.3 Problemas de inflação e deflatores

Nesta pesquisa, defrontamo-nos com a ocorrência de fortes alterações de preços, sobretudo nos anos de elevada inflação (como 1985-86, 1989-94) e, portanto, com acentuados distúrbios nos preços relativos, agravados também por abruptas desvalorizações cambiais, ou por grandes e duradouras valorizações que ocorrem em muitos anos do período abarcado pela pesquisa, especialmente de 1994 até hoje.

Evitei, ao máximo possível, o uso de deflatores, pelas conhecidas razões envolvidas nesses cálculos e pelas dificuldades de se encontrar indicadores de preços regionais e setoriais mais adequados. Por isso, trabalhei mais com dados estruturais e relativos, usando, em alguns casos, estimativas de crescimento real via cálculo indireto por proporções ou composição estrutural.

6.1.4 Sigilo de dados nos Censos e PIAs

Os Censos Industriais de 1970, 1980 e 1985 apresentam alguns dados com sigilo, notadamente nos estados de menor porte industrial do Norte, Nordeste, Centro-Oeste e do Espírito Santo. Quando operamos a dois dígitos, muitos desses dados ocultos podem ser inferidos por resíduo, confrontando-se a produção total de um ramo com as estaduais e regionais. A três dígitos o problema se torna mais difícil, dado o menor número de empresas em cada setor, e onde os dados sigilados aumentam. Ainda assim, foi possível fazer algumas inferências. Mas, como o sigilo é aplicado quando o número de empresas existente é de 1 ou 2, e quando estas são de reduzido tamanho, na maioria dos casos, o valor sigilado é de pequena expressão no ramo e no estado, afetando menos os resultados da análise.

Contudo, há casos em que as empresas sigiladas podem ser de tamanho maior, afetando não só a dimensão do volume da produção industrial do estado em questão, mas principalmente o do ramo ou setor, podendo distorcer a análise da estrutura produtiva. Em tais casos, o texto faz referência a isso e adverte o leitor sobre o problema, dando sempre que possível alguma informação qualitativa sobre a informação sigilada.

Quando o valor oculto é inexpressivo – digamos menos de 3% do total –, em nível estadual ou regional e a inferência pode ser mais arriscada, em muitos casos é preferível não tentar fazer nenhuma outra estimativa, pois os resultados ocultos não afetam substancialmente a análise de estrutura ou de participação regional. Quando, entretanto, o dado oculto, embora de valor relativo baixo é crucial para a análise, ou, principalmente quando ele é mais expressivo em termos relativos, cabe tentar estimá-lo com dados indiretos.

Esses dados podem ser obtidos por via indireta, como a produção física regionalizada, que nos permitiria fazer uma aproximação regional ao valor da produção do setor. Outra via é comparar, com censos imediatamente anteriores ou posteriores ao examinado, as proporções que o setor ou ramo tinha em relação ao total estadual, regional ou nacional, com o que se pode fazer estimativas, conhecidos os valores totais ocultos, seja quando envolve mais de um estado ou quando envolve mais de um setor de um mesmo ramo.

Assim, fiz várias inferências nos Censos de 1970, de 1980 e de 1985, e estimei alguns valores pequenos de alguns setores e estados. Contudo, no caso das PIAs (1996-2004), que "substituíram" os Censos, o sigilo parece ter aumentado seu rigor, tornando as inferências e estimativas mais difíceis. Em todos os casos de estimação, em geral, os valores obtidos estão sempre abaixo do valor efetivo, obtido por diferença residual.

6.1.5 Alguns problemas com as PIAs e a PimPf

Além dos problemas já apontados com as séries históricas e seu encadeamento, estes dados têm metodologia complexa e periodicamente sofrem acentuadas modificações em seus cálculos, podendo alterar séries anteriores calculadas com novas metodologias. Quando comparei dados de produção, durante o desenvolvimento desta pesquisa, defrontei-me com problemas de várias ordens, como:

a) alterações significativas de taxas de crescimento da PimPf em alguns gêneros, tanto em valor absoluto quanto em sentido negativo ou positivo, quando há mudança de base no índice. Os maiores exem-

Desconcentração produtiva regional do Brasil: 1970-2005

plos que encontrei situam-se no confronto dezembro de 2001 com dezembro de 2002, em particular nos gêneros Bebidas, Fumo, Madeira, Farmacêutica e Mecânica;

b) no segmento de cimento, comparadas as PIAs de 1996 e 2002, elas mostram fortes aumentos nominais (4 vezes para Brasil e 7 para São Paulo) no VTI. Quando confrontamos isso com dados da produção física, no mesmo período, ela havia aumentado 9,9% para o Brasil e caído 14% em São Paulo;

c) entre 1996 e 2002, as PIAs mostram que a participação de São Paulo no VTI nacional da Indústria de Transformação cai de 50,9 para 45,4%, mas os dados da PimPf para esses anos não mostram diferença expressiva, entre as taxas de crescimento de São Paulo e do Brasil, que justificassem aquela queda;

d) alguns gêneros mostram quedas muito fortes em seus índices de produção (PimPf) de longo prazo. Por exemplo, em Vestuário e Calçado e Têxtil, as quedas acumuladas entre 1980 e os dias atuais são tão altas que dificilmente são reais. Apenas poderiam ser aceitas se: 1) a informalização e a terceirização de empresas e a precarização do trabalho nesses setores tivesse crescido muito; e 2) se fortes alterações, que ocorreram em termos de tecnologia, processo produtivo, insumos utilizados etc., tivessem reduzido fortemente seus custos e preços, afetando o volume do VTI; e

e) do confronto entre as PIAs de 1996 e de 2004, e as PimPfs dos mesmos anos, notam-se diferenças às vezes acentuadas do sentido ou do valor das variáveis. Por exemplo, pela PimPf, ao mesmo tempo que a produção industrial do Brasil cresce 15,3%, a do Rio de Janeiro cai 6,5% no período, mas sua participação nacional, segundo a PIA, se mantém. Ora, para que isso ocorresse seria necessário que as estruturas produtivas e os preços relativos do Brasil e do Rio de Janeiro tivessem passado por substanciais modificações regionalmente diferenciadas, o que parece não ter ocorrido. No mesmo período, o crescimento de São Paulo (17,7%) foi maior do que o do Brasil, mas sua participação perde 6,8%. Outro exemplo é o do Rio Grande do Sul, que cresceu mais do que Santa Catarina, a qual, entretanto, aumenta sua participação nacional mais do que aquele estado.

Problemas como estes, infelizmente, não têm explicação lógica e oficial.

6.1.6 Problemas com as Contas Regionais (CRs)

Já no Capítulo 1 (ver notas da Tabela 1.1), apontei problemas graves entre as CRs e as demais pesquisas regionais. Ressaltei também, no Capítulo 3, que os dados das CRs, como se referem ao total de cada macrossetor, impedem análises das estruturas internas desses setores, fato que me obrigava a usar outras informações para isso.[1] Mas o problema mais grave, a meu juízo, são as informações sobre as participações estaduais no PIB total e dos setores econômicos, sobretudo no que se refere ao caso de São Paulo. A Tabela 6.2, neste Apêndice, mostra que, em 1985, a participação de São Paulo na Renda Interna do total da Indústria de Transformação do país, pelos dados das CRs, atingia 51,6%, cifra praticamente idêntica à do VTI do Censo Industrial (51,9%).

Os dados anteriores das CRs, publicados pela Fundação Getúlio Vargas para o período 1939-68 e os do IBGE para 1970, 1975 e 1980, abarcam o total do setor industrial, não sendo exatamente comparáveis com o VTI da Indústria de Transformação, por ser seu Valor Agregado (VA) cerca de 76% do VA do total industrial, divulgado nas Contas Nacionais (só para o Brasil), cifra que cai para 72% em 1985.[2] Contudo, o sentido das alterações das participações paulistas, tanto pelo VTI dos Censos como pelas CRs, é o mesmo ao longo do período 1939-85. Ainda, as diferenças entre as participações paulistas no VTI da Indústria de Transformação também estão muito próximas de sua participação no VA pelas CRs. O sentido da evolução da participação paulista e a proximidade entre as cifras das CRs e minha estimativa para 1989 se mantém: para o VTI, a cifra de 1985 (51,9%) cairia, segundo minha

---

1 Salvo para o Setor Serviços, cujo VTI, ao contrário, vem desagregado pelos seus principais segmentos, mas não é informado para o total do setor.

2 As CRs para 1939 a 1968 estão em FGV (1972); as de 1970, 1975 e 1980, ainda calculadas pelas FGV, estão em IBGE (1987); os dados para 1985 em diante estão no site do IBGE, item Contas Regionais.

Desconcentração produtiva regional do Brasil: 1970-2005

estimativa, para 50,2% em 1989; as das CRs foram, respectivamente, 51,6 e 49,9%. (ver novamente a Tabela 6.2)

Na citada Tabela 6.2 e na 4.6 (Cap. 4), mostro a evolução da participação regional no VTI nacional do setor, que, entre 1985 e 1996, dada a ausência de Censo ou outra pesquisa, foi por mim estimada usando os dados da PimPf, computados com as participações de São Paulo, efetivas, até 1985, e estimadas a partir daí, até 1995 inclusive. (ver nota na Tabela 4.6). Há razões pelas quais não pude utilizar os dados das CRs:

a) as CRs usam o conceito de Valor Agregado Bruto (VAB) e os Censos e PIAs o de VTI. Conforme definições de Contas Nacionais, o VTI contém alguns resíduos tributários e de outros gastos que precisam ser eliminados para que se apure o Valor Agregado Bruto (VAB); e

b) as participações paulistas, segundo os dados censitários, como se vê nas duas tabelas citadas, são muito próximas até 1989 das fornecidas pelas CRs, mas daí em diante elas diferem muito. As CRs acentuam a queda de São Paulo muito mais do que mostram os dados das PIAs, sem que o pesquisador possa saber o porquê disso. O leitor poderá verificar, nas duas tabelas, que minhas estimativas para 1989 e 1995 não colidem com o sentido da série anterior nem com os da PIA até 1999.

Calculei a relação VTI/VAB, para os anos 1985, 1996 e 2003, para o Brasil, São Paulo e principais regiões, verificando – como, aliás, só poderia ser – que ela era superior a 1 (1,1 para a média nacional) em 1985, guardando pequenas diferenças entre as várias regiões. Mas a mesma relação, extraída em 1996 e 2003, das PIAs, mostra valores inferiores a 1 e, em alguns casos, próximos a 0,6! Raras eram as regiões onde ela ainda era igual ou maior que 1. A questão crucial é que as relações de São Paulo situaram-se sempre em torno de 1.

Ora, isso significa que, se para São Paulo se manteve a relação VTI/VAB, não poderia haver diferença expressiva, a longo prazo, entre as participações paulistas medidas por uma ou por outra variável, ao contrário da quase totalidade das demais unidades federadas. É o que estimei, calculando pelo mesmo método antes citado, para a participação paulista em 2004, conforme mostra a Tabela 6.2. Note o leitor que a discrepância se amplia também entre as PIAs e as CRs.

Sem pretender negar o fato óbvio de que São Paulo diminuiu sua participação nos últimos anos, fica, contudo, sem explicar, a discrepância enorme dos dados apresentados.

6.1.7 Classificação dos Grupos de gêneros e setores da Indústria de Transformação, segundo o uso ou o destino

- **G I** – indústrias predominantemente produtoras de **bens de consumo não-durável**;
- **G II** – indústrias predominantemente produtoras de **bens intermediários**; e
- **G III** – indústrias predominantemente produtoras de **bens de consumo durável e de capital**.

Na pesquisa anterior, que abarcou o período 1930-70,[3] agreguei os então 21 gêneros industriais nesses três grupos, mas nesta alterei suas composições específicas, tendo em vista:

a) alterações feitas pelo próprio IBGE, decorrentes da adoção da nova Classificação de Atividades Econômicas (Cnae) aplicada às PIAs a partir de 1996 (em grande parte compatibilizando-as com o Censo de 1985), e que difere da adotada nos anteriores Censos Industriais, seja pela inclusão de um novo ramo (37 – Reciclagem); pelos desdobramentos de alguns ramos (Metalúrgica e Química); agregações (Farmácia, Perfumaria e Produtos Químicos, Mobiliário e Diversas e os de Borracha e Plástico), e transposições de vários segmentos de um ramo para outro. Nas PIAs, o total de gêneros passa a ser de 23; e

b) melhorar a classificação anterior, ou tentar diminuir certas distorções por ela causadas, como passando Mobiliário de G III para G I e o "resíduo"[4] do antigo ramo Diversas, para G I. Isto me obrigou a reela-

---

3 Ver CANO (1998).

4 Esse gênero incluía itens – notadamente de bens de capital e de consumo durável –, como equipamentos médicos, de precisão, automação etc., equipamento e material de cine-foto, e outros, que passaram a integrar o novo gênero 33 da Cnae. Incluía também a reprodução de gravações de discos, fitas etc., que passaram a inte-

Desconcentração produtiva regional do Brasil: 1970-2005

borar, no que foi possível, alguns setores dos Censos de 1970, 1980 e 1985, e tomar os dados das PIAs a três dígitos para o período seguinte.

Reconheço que, mesmo com as melhorias feitas nesta nova pesquisa, essa agregação é uma aproximação bastante limitada em relação àquela que exprime o sentido do "uso ou destino" do produto, notadamente no que se refere aos bens de uso final de consumo durável e aos de capital. Quando o bem tem mais de um uso, é muito difícil e arbitrário repartir seu VTI pelos seus diversos usos. Só no caso em que temos conhecimento de que ele se destina majoritariamente a determinado uso – como os derivados de petróleo e de álcool, que, como combustíveis de veículos, podemos arbitrar-lher o destino.[5]

Ainda assim, essa classificação é útil, pois dependendo da estrutura produtiva – segundo esses três grupos – de cada região ou estado, pode-se aquilatar melhor o grau de avanço local da industrialização, de sua maior ou menor intensidade técnica, e de possíveis articulações inter-industriais e intersetoriais. Para este último aspecto, não ignoro, contudo, que, em termos teóricos e mesmo empíricos, não se pode esperar, para um país da dimensão do Brasil, que cada região possa contar com estruturas produtivas mais articuladas e "completas". O objetivo aqui é o de ter alguma informação tratada que nos permita ver melhor certos avanços qualitativos na estrutura industrial regional.

A nova Cnae, mesmo a dois dígitos, oferece maior clareza sobre a natureza e o sentido de cada um dos gêneros em que classifica a indústria de transformação. Em contrapartida, as PIAs somente divulgam

---

grar o gênero 22 (Edição,...); e artigos os mais diversos, que passaram a constituir o segmento 36.9.

5 Por exemplo, não podemos distribuir a produção de peças para veículos, dado que são, ao mesmo tempo, bens de consumo durável, quando destinadas à reposição em veículos particulares; intermediárias, quando destinadas à produção dos veículos; bens de capital, se para reposição em caminhões. Ainda que conheçamos o tamanho da frota e da produção de automóveis e de caminhões, teríamos de agir com elevado grau de arbitrariedade para classificá-los. Problemas igualmente complexos surgem com os ramos 31 e 32 com inúmeros itens de vários usos, em que preferimos, arbitrariamente, colocá-los, juntos, no G III (bens de capital e de consumo durável).

dados a três dígitos para o total do Brasil e para os estados de Minas Gerais, Rio de Janeiro, São Paulo, Paraná, Santa Catarina e Rio Grande do Sul. Para os demais, apenas com tabulações especiais do IBGE. Mas essas tabulações especiais a três dígitos, embora melhorem a possibilidade analítica, não fornecem informação completa, em razão do conhecido problema do sigilo estatístico usado pelo IBGE, notadamente quando se trabalha com dados regionalizados.

Outra razão para se escolher melhor uma classificação é que, entre 1970 e hoje, ocorreram muitas mudanças de várias ordens (substituição de produtos, novas tecnologias, novas matérias-primas etc.), o que nos obriga a reclassificar a estrutura anterior.

Ainda assim, tal como antes, a estrutura calculada guarda imprecisões e ambigüidades, razão pela qual continuo a usar a expressão *predominante*, para advertir o leitor sobre duas questões cruciais:

a) a de que muitas vezes um mesmo bem pode servir para mais de um uso ou destino, como o microcomputador, que pode ser de uso pessoal (consumo durável) ou de uma empresa (bem de capital) ou os combustíveis (álcool e derivados de petróleo), que são bens de consumo não-durável para uma pessoa, ou um insumo, para o taxista ou a empresa de transportes, ou para alimentar caldeiras de uma indústria. Em ambos os casos, é praticamente impossível separar a produção desses bens segundo o destino que terão por falta de informações disponíveis apropriadas;[6] e

b) a outra se deve a que, quando analisamos a estrutura a três dígitos, pelo problema do sigilo acima assinalado, ou para evitar excessivo detalhamento de um segmento, e sempre que seu valor, em termos relativos é pequeno, lhe atribuímos o mesmo uso ou destino dos segmentos majoritários dentro de um mesmo ramo. É o caso, por exemplo, do ramo *couros e seus artefatos* (gênero 19) em que o couro

---

6 Poder-se-ia usar as ponderações e agregações que o IBGE faz para essa agregação, mas elas são apenas parcialmente publicadas nas pesquisas respectivas, e o maior problema é que teríamos de conhecer esses pesos anualmente. Mas isto, obviamente, não evitaria o problema do sigilo oficial e de alguma dose de arbitrariedade classificatória.

Desconcentração produtiva regional do Brasil: 1970-2005

(19.1) é claramente um bem intermediário, ao passo que seus artefatos são, majoritariamente, bens de consumo não-duráveis, que perfazem hoje cerca de 85% do valor agregado no ramo, com o predomínio de calçados.

Assim, a classificação adotada para este livro é a seguinte (com os códigos da Cnae), para o que nos obrigamos a fazer várias transposições nos dados dos Censos de 1970, 1980 e 1985, conforme observações que serão explicitadas.

G I

15 – Alimentos e Bebidas: foi adicionado a esse gênero o segmento "extração bruta de óleos vegetais", que nos Censos figuravam no ramo Química.

16 – Fumo

17 – Têxtil

18 – Vestuário: desse gênero foi retirada a produção de "calçados", que nele constava nos Censos e que, nas PIAs, foi incorporada ao gênero 19 "Couro e seus artefatos".

19 – Couro e seus Artefatos: o segmento "couro", por causa dos problemas de sigilo e por ter peso de cerca de apenas 15% no Valor Adicionado do ramo, foi mantido no GI (ver ramo 18).

22 – Edição, Impressão e Reprodução de Gravações: a esse ramo foi incorporado o segmento de "reprodução de discos e fitas magnéticas", que antes constava do gênero "Diversas" e nas PIAS está no 22.

24.5 – Farmacêutica: esse setor, que nos Censos constituía um ramo isolado, nas PIAs faz parte do ramo 24 – Produtos Químicos.

24.7 – Perfumaria, Sabões e Velas: idem, idem, como no segmento 24.5.

36.1 – Mobiliário: era ramo específico nos Censos e passou a setor (36.1) do novo ramo 36, Diversas.

36.9 – Diversas: é o resíduo do antigo ramo "Diversas". De seu valor total do antigo ramo foram retirados: o conteúdo citado no ramo 22 e o segmento de "equipamentos médicos, de precisão, de automação e de cine foto", hoje ramo 33.

G II

19 – Madeira

20 – Papel e Celulose

23 – Coque, refino de petróleo, combustíveis nucleares e álcool: este ramo antes fazia parte da indústria Química.[7]

24 – Produtos Químicos (exclusive 24.5 e 24.7; ver notas em 23, 24.5 e 25.7).

25 – Borracha e Plástico: nos Censos, constituíam dois ramos independentes, e nas PIAs estão agregados em dois setores de um só ramo.

26 – Minerais Não-metálicos.

27 – Metalurgia Básica: o antigo ramo Metalúrgica, nas PIAs, foi desdobrado em 2: Metalurgia Básica (27) e Produtos de Metal (28).

28 – Produtos de Metal. Adotei essa divisão, também para 1970 e 1980, dado que o setor 28 agrega mais valor por unidade de produto, contendo ainda em seu interior importante proporção de bens de capital (caldeiraria e estruturas metálicas). Ver ramo 27.

37 – Reciclagem.

G III

29 – Máquinas e Equipamentos: compreende parte do antigo ramo de Mecânica.

30 – Máquinas para Escritório e Informática: compreende parte dos antigos ramos de Mecânica e de Material Elétrico.

31 – Máquinas, Aparelhos e Materiais Elétricos: compreende parte do antigo ramo de Material Elétrico.

32 – Material Eletrônico: compreende parte do antigo ramo de Material Elétrico.

33 – Equipamentos médicos, de precisão, de automação e óticos: nos Censos, esses produtos estavam contidos no antigo ramo de Diversas.

---

7 Embora os setores 23.2 – Refinados de petróleo e 23.4 – Produção de álcool, perfaçam a quase totalidade do VTI do ramo e, ainda que grande parte de seu uso está nas frotas de veículos particulares, não temos como repartir essa produção entre o GI e o GII. Como o IBGE tem alocado a maior parte do ramo em bens intermediários, seguimos essa orientação.

34 – Veículos Automotores: automóveis, caminhões, ônibus, cabines, carrocerias, reboques e autopeças.

35 – Outros Equipamentos de Transporte: compreende os segmentos de equipamentos náuticos, ferroviários, aeronáuticos e os de "duas rodas". Todos – salvo ferroviários –, por impossibilidade de distribuição segundo o uso, foram arbitrariamente considerados bens de capital.

Como recurso adicional para que a análise possa se aproximar mais das efetivas mudanças da estrutura produtiva e do uso dos bens, faço outras incursões analíticas e de estimativas, examinando a produção a três dígitos para os principais estados industrializados (Minas Gerais, Rio de Janeiro, São Paulo, Paraná, Santa Catarina e Rio Grande do Sul) e para alguns setores específicos em outros, como Amazonas, Ceará, Bahia, Espírito Santo e Goiás. Para isso, conto com as tabulações especiais que o IBGE me forneceu sobre o Censo de 1985 e as PIAs, além de informações quantitativas setoriais regionalizadas para alguns setores.

6.2 Tabelas

Tabela 6.1 – Participação regional no PIB Terciário 1939-2004 (Brasil = 100%)

	1939	1949	1959	1970	1980	1985	1990	1995	2004
NO*	2,4	2,0	2,3	2,3	2,8	3,5	3,8	4,1	4,6
NE	14,9	13,0	12,7	12,2	12,4	13,6	13,0	12,8	15,0
MG	7,8	8,3	7,8	8,2	8,4	8,9	8,0	8,1	9,6
ES	0,9	1,0	0,7	1,4	1,5	1,7	1,4	1,5	1,9
RJ	27,6	26,7	24,8	20,6	18,2	13,9	15,4	12,6	12,2
SP	32,7	33,8	35,4	35,0	34,8	32,9	33,9	36,7	31,5
PR	2,1	3,1	4,2	5,3	5,4	5,7	4,9	5,6	5,5
SC	1,5	1,8	1,8	2,1	2,2	2,8	2,8	2,7	2,9
RS	8,9	8,0	8,1	8,2	7,5	8,0	7,0	7,2	7,2
CO*	1,2	1,3	2,2	2,5	3,3	4,4	4,3	4,8	4,6
DF	–	–	–	2,2	3,5	4,6	5,5	3,9	5,0

Fonte: FGV e FIBGE (1939-85); IPEA (1990-95); Contas Regionais – IBGE (1998-2004).
*Norte: inclui Tocantins em 1985-2004.
*Centro-Oeste: inclui Tocantins em 1939-80; exclui Distrito Federal.

Tabela 6.2 – Indústria de Transformação: estimativa da participação de São Paulo no VTI do Brasil 1970-2004 – (%)

	Censo e PIA (VTI)	Estimada [1]	Contas Regionais (VAB) [2]
1970	58,2	–	...
1980	53,4	–	...
1985	51,9	–	51,6
1989	–	50,2	49,9
1995	–	49,8	45,7
1996	50,9	...	43,8
1997	51,1	...	44,0
1998	51,1	49,5	43,5
1999	48,8	...	41,8
2000	47,2	...	42,0
2001	46,6	...	41,8
2002	45,4	...	40,6
2003	44,0	...	40,4
2004	43,1	50,0	39,9

Fonte (Dados Brutos): IBGE: Censos Industriais 1970, 80, 85; PIAS 1996/2004; PINPF 1985/1998.

[1] Estimativas do autor, utilizando as taxas de crescimento da PINPF, do Brasil e de São Paulo, com os quais se pode estimar a participação relativa de São Paulo, variando no tempo a relação São Paulo/Brasil.

[2] VAB (Valor Agregado Bruto): Difere, para menos, do conceito de VTI.

Desconcentração produtiva regional do Brasil: 1970-2005

Tabela 6.3 – Coeficientes de Exportação (X/Y) e Importação (M/Y) 1985-2005 do total da Indústria de Transformação – (%)

Período	Total da Indústria de Transformação	
	X/Y	M/Y
1985	12,7	3,9
1986	10,2	5,2
1987	10,9	4,7
1988	12,0	4,1
1989	9,4	4,2
1990	8,0	4,3
1991	10,0	5,7
1992	11,6	5,7
1993	11,0	6,6
1994	10,5	7,5
1995	9,8	10,2
1996	9,6	10,3
1997	10,0	11,5
1998	10,3	12,1
1999	13,5	14,0
2000	12,4	12,7
2001	14,9	14,7
2002	16,1	13,0
2003	16,4	11,0
2004	16,8	10,9
2005	15,8	9,8

Fonte: Elaborado pela FUNCEX a partir de dados do IBGE e SECEX. Obtido em 10.05.2007 – in: www.funcex.org.br.
Ref.: Brasil: Total: Indústrias de Transformação.

Wilson Cano

Tabela 6.4 – Indústria de Transformação: participação regional de segmentos selecionados 1985-2003 – (%)

Código CNAE		SP			MG			RJ			PR			SC		
		1985	1996	2003	1985	1996	2003	1985	1996	2003	1985	1996	2003	1985	1996	2003
20.2	Prod. de madeira, exc. móveis	35	26	23	3	3	2	2	2	0	22	27	33	10	13	18
21.1	Celulose para fabr. papel	20	19	13	19	14	16	0	–	–	3	1	0	8	0	0
25.1	Arts. de borracha	80	71	72	1	3	2	5	10	8	1	1	1	0	1	2
26.1	Vidro e seus produtos	85	82	76	0	1	3	6	8	11	0	0	2	2	2	1
27.4	Metalurg. não-ferrosos	46	36	40	24	19	18	5	4	3	0	0	0	0	0	0
27.5	Fundição	69	45	43	5	11	10	7	10	10	0	3	2	14	17	20
28.1+28.2	Estrut. metálic. e caldeiraria	53	40	44	22	23	18	12	20	9	3	3	8	1	2	4
29.1+29.2	Motores, bombas e equip. uso geral	78	66	65	4	3	3	9	6	4	2	4	6	2	8	22
29.3	Tratores e máq. para agricult.	59	51	36	1	2	1	1	...	0	4	12	14	3	10	3
29.4	Máquinas-ferramenta	76	73	59	5	...	...	2	5	3	3	4	8	2	4	6
29.8	Eletrodomésticos	66	55	50	0	2	6	2	1	1	7	11	13	19	20	22
30.2	Máq. e equip. eletrôn. para informát.	52	72	34	0	3	2	15	...	40	20	2	3	0	0	1
31.1+31.2	Geradores e equips. para distrib. e control. en. elétr.	70	58	50	4	10	6	6	3	4	8	8	5	3	13	19
31.3	Fios, cabos e cond. elétr.	69	71	72	7	8	7	8	6	3	4	9	10	0	0	0
31.4	Pilhas, bater. e acumul. elétr.	78	80	65	0	1	2	0	–	–	0	3	3	0	0	1
31.5	Lâmp. e equip. ilumin.	56	64	38	3	2	4	21	14	42	3	3	5	0	0	2
31.6	Mat. elétr. p/ veíc. – exc. bater.	94	86	76	0	2	10	0	0	0	1	0	3	1	2	4
32.1	Mat. eletrônico básico	75	80	45	6	6	5	5	1	1	0	1	3	0	0	1
32.2	Apar. e equip. telef., radiotelef. e transm. de TV e rádio	69	67	44	1	1	0	10	1	1	6	22	8	1	1	2

Desconcentração produtiva regional do Brasil: 1970-2005

Tabela 6.4 – Continuação

Código CNAE		SP			MG			RJ			PR			SC		
		1985	1996	2003	1985	1996	2003	1985	1996	2003	1985	1996	2003	1985	1996	2003
32.3	Apar. recep. rádio, TV, reprod. de som e vídeo	33	22	20	–	0	0	0	0	0	0	1	...	0	0	0
33.1	Apar. e instrum. para usos méd.-hosp., odontol. e ortop.	74	58	55	13	7	4	5	15	14	2	9	8	3	4	5
33.2	Apar. medida e contr, exc. para contr. proc. industr.	76	65	71	6	5	5	2	1	2	0	10	5	8	...	1
33.3	Máq. e equip. sist. eletrôn. para autom. industr.	63	68	53	–	2	9	–	2	2	–	0	1	–	12	22
33.4	Apar. e mat. ópticos, fotogr. e cinematogr.	53	50	47	3	2	1	30	23	14	0	1	1	0	0	0
33.5	Cronôm. e relógios	17	9	12	–	0	0	0	0	0	0	0	0	0	2	1
34.4	Peças e aces. para veíc. autom.	84	74	67	4	9	10	2	1	1	4	3	5	1	4	5
34.5	Recondic. ou recup. motor. para veíc. autom.	68	36	36	8	...	13	8	9	10	5	8	9	1	...	5
35.1	Constr. repar. de embarcações	3	5	2	–	0	0	89	77	92	0	0	0	2	3	6
35.2	Constr., mont. e repar. de veíc. ferrov.	68	70	80	3	19	12	22	8	3	0	0	2	–	–	0
35.3	Constr., mont. e repar. aeronaves	79	68	82	4	3	1	16	27	13	–	0	0	–	–	–
35.9	Outros equip. transp.	55	31	15	0	1	0	0	0	0	1	3	1	2	1	1

Fonte (Dados brutos): Censo Industrial de 1985 e PIAs de 1996 e 2003 – IBGE. Cifras arredondadas.

Tabela 6.4 – Continuação

Código CNAE		RS			NO			NE			CO-DF		
		1985	1996	2003	1985	1996	2003	1985	1996	2003	1985	1996	2003
20.2	Prod. de madeira, exc. móveis	9	7	3	12	12	14	2	2	2	2	6	6
21.1	Celulose para fabr. papel	17	...	5	3	16	6	–	16	18	–	–	–
25.1	Arts. de borracha	9	10	10	3	1	1	1	3	4	0	0	0
26.1	Vidro e seus produtos	3	3	3	0	0	0	3	3	4	–	...	0
27.4	Metalurg. não-ferrosos	0	0	0	1	12	17	24	26	18	–	1	2
27.5	Fundição	4	12	16	0	...	0	1	0	0	–	0	0
28.1+28.2	Estrut. metálic. e caldeiraria	4	5	7	1	1	1	1	3	4	2	2	3
29.1+29.2	Motores, bombas e equip. uso geral	7	9	7	0	2	2	2	2	1	0	2	0
29.3	Tratores e máq. para agricult.	32	24	40	–	–	...	0	0	0	0	0	0
29.4	Máquinas-ferramenta	9	12	26	0	–	–	5	0	0	–	0	0
29.8	Eletrodomésticos	3	2	3	0	5	...	5	4	3	–	0	3
30.2	Máq. e equip. eletrôn. para informát.	7	5	7	2	14	8	4	2	5	–	–	–
31.1+31.2	Geradores e equips. para distrib. e control. en. elétr.	5	9	10	1	0	0	2	3	2	–	2	0
31.3	Fios, cabos e cond. elétr.	2	1	2	0	3	2	7	0	1	0	–	...
31.4	Pilhas, bater. e acumul. elétr.	0	0	0	0	...	...	21	15	24	–	0	0
31.5	Lâmp. e equip. ilumin.	2	12	6	–	0	0	14	5	3	0	0	0
31.6	Mat. elétr. p/ veíc. – exc. bater.	1	0	0	–	–	–	3	9	4	–	–	0
32.1	Mat. eletrônico básico	6	4	13	8	10	28	0	0	3	0	0	0
32.2	Apar. e equip. telef., radiotelef. e transm. de TV e rádio	2	2	1	5	5	45	4	0	0	3	...	...

Tabela 6.4 – Continuação

Código CNAE		RS			NO			NE			CO-DF		
		1985	1996	2003	1985	1996	2003	1985	1996	2003	1985	1996	2003
32.3	Apar. recep. rádio, TV, reprod. de som e vídeo	0	1	1	66	75	77	0	0	1	–	...	...
33.1	Apar. e instrum. para usos méd.-hosp., odontol. e ortop.	3	3	6	–	2	3	0	2	2	0	0	0
33.2	Apar. medida e contr, exc. para contr. proc. industr.	6	16	10	–	–	...	–	0	0	0	0	0
33.3	Máq. e equip. sist. eletrôn. para autom. industr.	26	16	9	–	...	...	–	0	0	0	0	0
33.4	Apar. e mat. ópticos, fotogr. e cinematogr.	4	9	9	8	14	23	0	0	3	0	0	0
33.5	Cronôm. e relógios	0	0	0	78	87	86	–	0	0	–	–	0
34.4	Peças e aces. para veíc. autom.	5	7	8	–	...	3	0	2	3	0	0	0
34.5	Recondic. ou recup. motor. para veíc. autom.	3	6	6	0	2	3	4	5	5	3	3	8
35.1	Constr.e repar. de embarcações	0	0	0	4	12	5	3	2	1	0	0	7
35.2	Constr., mont. e repar. de veíc. ferrov.	–	–	–	–	–	–	–	2	1	–	–	0
35.3	Constr., mont. e repar. aeronaves	0	0	3	0	–	–	–	0	0	1	0	0
35.9	Outros equip. transp.	2	1	0	36	59	76	3	2	5	–	0	0

Fonte (Dados brutos): Censo Industrial de 1985 e PIAs de 1996 e 2003 – IBGE. Cifras arredondadas.

Tabela 6.5 – Índice da produção física da Indústria de Transformação – Brasil (1991=100)

BRASIL	dez./91	dez./92	dez./93	dez./94	dez./95	dez./96	dez./97	dez./98	dez./99	dez./00	dez./01	dez./02	dez./03	dez./04	dez./05	dez./06
3. Indústria de Transformação	100,0	95,9	103,6	111,8	113,7	115,0	119,1	115,2	113,4	120,2	121,8	122,5	122,2	132,6	136,2	139,8
3.1 Alimentos e bebidas	–	–	–	–	–	–	–	–	–	–	–	–	–	–	–	–
3.2 Alimentos	100,0	99,8	100,2	102,5	110,5	116,4	117,6	119,1	122,9	120,3	126,1	129,9	128,0	133,3	134,1	136,5
3.3 Bebidas	100,0	83,3	90,6	100,0	117,2	113,2	112,9	110,4	110,4	114,8	115,1	101,1	97,0	102,6	109,1	116,9
3.4 Fumo	100,0	117,7	122,9	104,7	99,4	111,8	136,6	105,6	98,1	90,4	86,1	51,7	48,4	57,5	57,0	59,3
3.5 Têxtil	100,0	95,4	95,5	99,2	93,4	88,0	82,4	76,8	78,4	83,2	78,7	78,9	75,4	83,0	81,2	82,5
3.6 Vestuário e acessórios	100,0	91,1	96,4	99,0	96,2	90,9	85,5	86,5	82,8	90,2	81,5	86,1	75,6	76,7	72,8	69,2
3.7 Calçados e artigos de couro	100,0	94,8	109,9	102,7	88,3	89,9	84,2	73,7	72,6	73,0	70,1	69,0	62,4	63,8	61,8	60,1
3.8 Madeira	100,0	97,7	105,5	103,1	100,3	101,2	103,7	96,7	103,5	106,7	106,4	111,0	116,9	125,9	120,3	112,0
3.9 Celulose, papel e produtos de papel	100,0	98,0	102,7	105,6	106,0	109,1	112,2	112,6	119,7	124,5	124,6	128,7	136,9	147,7	152,3	155,6
3.10 Edição, imp. e reprod. de gravações	–	–	–	–	–	–	–	–	–	–	–	–	–	–	–	–
3.11 Refino de petróleo e álcool	100,0	100,8	102,3	108,0	108,0	115,9	120,3	127,0	126,3	124,0	129,0	125,6	122,8	125,7	127,5	129,6
3.12 Produtos químicos	–	–	–	–	–	–	–	–	–	–	–	–	–	–	–	–
3.13 Farmacêutica	100,0	88,8	99,7	97,3	114,9	105,1	117,0	121,7	121,2	118,8	117,6	136,7	126,3	127,5	145,9	152,3
3.14 Perfumaria e prod. limpeza	100,0	99,9	104,4	107,1	112,9	117,7	124,2	128,3	137,7	141,4	139,7	142,3	143,6	160,7	166,7	169,9
3.15 Outros produtos químicos	100,0	97,7	108,9	120,5	120,7	123,4	129,6	131,0	135,9	144,1	132,1	126,6	130,5	139,5	137,8	136,6
3.16 Borracha e plástico	100,0	93,9	101,7	105,9	111,8	118,1	122,5	115,5	113,4	118,1	112,7	112,9	109,0	117,5	116,0	118,6
3.17 Minerais Não-metálicos	100,0	92,5	97,3	100,1	103,8	110,2	119,0	118,4	114,9	116,8	114,1	112,9	108,9	114,2	117,4	120,5
3.18 Metalurgia básica	100,0	100,3	107,0	115,9	113,0	115,4	123,2	118,6	117,1	127,9	128,2	132,8	140,7	145,4	142,6	146,6

Tabela 6.5 – continuação

BRASIL	dez./91	dez./92	dez./93	dez./94	dez./95	dez./96	dez./97	dez./98	dez./99	dez./00	dez./01	dez./02	dez./03	dez./04	dez./05	dez./06
3.19 Prod. de metal – exclusive máq. e equip.	100,0	97,2	103,8	121,0	121,6	116,2	120,9	116,0	114,7	117,2	120,0	123,2	116,5	128,1	127,9	126,2
3.20 Máq. e equip.	100,0	90,7	108,0	131,1	126,5	117,2	125,3	120,6	113,5	134,9	140,6	144,5	152,2	176,7	174,3	181,2
3.21 Máq. p/ escritório e equip. informática	–	–	–	–	–	–	–	–	–	–	–	–	–	–	–	–
3.22 Máq., aparelhos e materiais elétricos	100,0	99,7	105,8	121,4	130,4	130,9	144,3	145,5	135,7	149,9	180,4	178,7	181,9	194,8	210,1	228,4
3.23 Mat. eletrônico, ap. equip. de comunicação	100,0	73,0	90,3	112,5	130,4	142,2	133,0	93,5	75,4	100,0	97,2	86,3	86,8	102,2	116,8	116,7
3.24 Equipamento de de instrumentação médico/óptico	–	–	–	–	–	–	–	–	–	–	–	–	–	–	–	–
3.25 Veículos automotores	100,0	95,0	119,8	134,7	144,1	147,3	167,4	135,2	122,7	145,3	145,4	142,3	148,4	192,7	205,9	208,5
3.26 Outros equip. de transporte	100,0	110,5	110,0	122,8	109,6	95,9	91,9	117,6	130,5	158,4	196,7	239,6	261,6	288,5	304,5	310,8
3.27 Mobiliário	100,0	91,1	110,7	120,9	127,9	142,4	141,9	127,4	127,5	137,8	137,8	135,1	122,7	131,1	131,8	142,9
3.28 Diversos	–	–	–	–	–	–	–	–	–	–	–	–	–	–	–	–

Fonte: IBGE/SIDRA – Tabela 2295, dados obtidos em 5.3.2007.

Tabela 6.6 – Índice da produção física da Indústria de Transformação – Amazonas (1991=100)

AMAZONAS	dez./91	dez./92	dez./93	dez./94	dez./95	dez./96	dez./97	dez./98	dez./99	dez./00	dez./01	dez./02	dez./03	dez./04	dez./05	dez./06
3. Indústria de Transformação	–	–	–	–	–	–	–	–	–	–	–	100,0	103,9	117,6	132,2	129,5
3.1 Alimentos e bebidas	–	–	–	–	–	–	–	–	–	–	–	100,0	92,3	94,7	103,8	108,6
3.2 Alimentos	–	–	–	–	–	–	–	–	–	–	–	–	–	–	–	–
3.3 Bebidas	–	–	–	–	–	–	–	–	–	–	–	–	–	–	–	–
3.4 Fumo	–	–	–	–	–	–	–	–	–	–	–	–	–	–	–	–
3.5 Têxtil	–	–	–	–	–	–	–	–	–	–	–	–	–	–	–	–
3.6 Vestuário e acessórios	–	–	–	–	–	–	–	–	–	–	–	–	–	–	–	–
3.7 Calçados e artigos de couro	–	–	–	–	–	–	–	–	–	–	–	–	–	–	–	–
3.8 Madeira	–	–	–	–	–	–	–	–	–	–	–	–	–	–	–	–
3.9 Celulose, papel e produtos de papel	–	–	–	–	–	–	–	–	–	–	–	–	–	–	–	–
3.10 Edição, imp. e reprod. de gravações	–	–	–	–	–	–	–	–	–	–	–	100,0	65,3	97,9	106,4	147,7
3.11 Refino de petróleo e álcool	–	–	–	–	–	–	–	–	–	–	–	100,0	103,2	105,5	97,6	77,0
3.12 Produtos químicos	–	–	–	–	–	–	–	–	–	–	–	100,0	89,7	96,9	107,2	77,3
3.13 Farmacêutica	–	–	–	–	–	–	–	–	–	–	–	–	–	–	–	–
3.14 Perfumaria e prod. limpeza	–	–	–	–	–	–	–	–	–	–	–	–	–	–	–	–
3.15 Outros produtos químicos	–	–	–	–	–	–	–	–	–	–	–	–	–	–	–	–
3.16 Borracha e plástico	–	–	–	–	–	–	–	–	–	–	–	100,0	101,5	144,7	114,6	105,0
3.17 Minerais Não-metálicos	–	–	–	–	–	–	–	–	–	–	–	–	–	–	–	–
3.18 Metalurgia básica	–	–	–	–	–	–	–	–	–	–	–	–	–	–	–	–

Tabela 6.6 – continuação

AMAZONAS	dez./91	dez./92	dez./93	dez./94	dez./95	dez./96	dez./97	dez./98	dez./99	dez./00	dez./01	dez./02	dez./03	dez./04	dez./05	dez./06
3.19 Prod. de metal – exclusive máq. e equip.	–	–	–	–	–	–	–	–	–	–	–	100,0	113,4	108,4	109,5	143,0
3.20 Máq. e equip.	–	–	–	–	–	–	–	–	–	–	–	100,0	128,7	143,8	156,2	183,3
3.21 Máq. p/ escritório e equip. informática	–	–	–	–	–	–	–	–	–	–	–	100,0	–	–	–	–
3.22 Máq., aparelhos e materiais elétricos	–	–	–	–	–	–	–	–	–	–	–	100,0	–	–	–	–
3.23 Mat. eletrônico, ap. equip. de comunicação	–	–	–	–	–	–	–	–	–	–	–	100,0	113,3	140,0	172,3	150,2
3.24 Equip. de instrumentação médico/óptico	–	–	–	–	–	–	–	–	–	–	–	100,0	98,2	100,1	113,2	115,0
3.25 Veículos automotores	–	–	–	–	–	–	–	–	–	–	–	–	–	–	–	–
3.26 Outros equip. de transporte	–	–	–	–	–	–	–	–	–	–	–	100,0	107,1	115,8	127,7	143,6
3.27 Mobiliário	–	–	–	–	–	–	–	–	–	–	–	–	–	–	–	–
3.28 Diversos	–	–	–	–	–	–	–	–	–	–	–	–	–	–	–	–

Fonte: IBGE/SIDRA – Tabela 2295, dados obtidos em 5.3.2007

Tabela 6.7 – Índice da produção física da Indústria de Transformação – Pará (1991=100)

PARÁ	dez./91	dez./92	dez./93	dez./94	dez./95	dez./96	dez./97	dez./98	dez./99	dez./00	dez./01	dez./02	dez./03	dez./04	dez./05	dez./06
3. Indústria de Transformação	–	–	–	–	–	–	–	–	–	–	–	100,0	105,2	112,7	111,9	127,4
3.1 Alimentos e bebidas	–	–	–	–	–	–	–	–	–	–	–	100,0	92,0	98,0	102,2	120,7
3.2 Alimentos	–	–	–	–	–	–	–	–	–	–	–	–	–	–	–	–
3.3 Bebidas	–	–	–	–	–	–	–	–	–	–	–	–	–	–	–	–
3.4 Fumo	–	–	–	–	–	–	–	–	–	–	–	–	–	–	–	–
3.5 Têxtil	–	–	–	–	–	–	–	–	–	–	–	–	–	–	–	–
3.6 Vestuário e acessórios	–	–	–	–	–	–	–	–	–	–	–	–	–	–	–	–
3.7 Calçados e artigos de couro	–	–	–	–	–	–	–	–	–	–	–	–	–	–	–	–
3.8 Madeira	–	–	–	–	–	–	–	–	–	–	–	100,0	98,1	103,5	95,4	89,7
3.9 Celulose, papel e produtos de papel	–	–	–	–	–	–	–	–	–	–	–	100,0	108,2	129,9	123,5	130,2
3.10 Edição, imp. e reprod. de gravações	–	–	–	–	–	–	–	–	–	–	–	–	–	–	–	–
3.11 Refino de petróleo e álcool	–	–	–	–	–	–	–	–	–	–	–	–	–	–	–	–
3.12 Produtos químicos	–	–	–	–	–	–	–	–	–	–	–	–	–	–	–	–
3.13 Farmacêutica	–	–	–	–	–	–	–	–	–	–	–	–	–	–	–	–
3.14 Perfumaria e prod. limpeza	–	–	–	–	–	–	–	–	–	–	–	–	–	–	–	–
3.15 Outros produtos químicos	–	–	–	–	–	–	–	–	–	–	–	–	–	–	–	–
3.16 Borracha e plástico	–	–	–	–	–	–	–	–	–	–	–	–	–	–	–	–
3.17 Minerais Não-metálicos	–	–	–	–	–	–	–	–	–	–	–	100,0	96,5	104,4	96,9	104,4
3.18 Metalurgia básica	–	–	–	–	–	–	–	–	–	–	–	100,0	118,0	124,1	127,7	156,9

Desconcentração produtiva regional do Brasil: 1970-2005

Tabela 6.7 – continuação

PARÁ	dez./91	dez./92	dez./93	dez./94	dez./95	dez./96	dez./97	dez./98	dez./99	dez./00	dez./01	dez./02	dez./03	dez./04	dez./05	dez./06
3.19 Prod. de metal – exclusive máq. e equip.	–	–	–	–	–	–	–	–	–	–	–	–	–	–	–	–
3.20 Máq. e equip.	–	–	–	–	–	–	–	–	–	–	–	–	–	–	–	–
3.21 Máq. p/ escritório e equip. informática	–	–	–	–	–	–	–	–	–	–	–	–	–	–	–	–
3.22 Máq., aparelhos e materiais elétricos	–	–	–	–	–	–	–	–	–	–	–	–	–	–	–	–
3.23 Mat. eletrônico, ap. equip. de comunicação	–	–	–	–	–	–	–	–	–	–	–	–	–	–	–	–
3.24 Equip. de instrumentação médico/óptico	–	–	–	–	–	–	–	–	–	–	–	–	–	–	–	–
3.25 Veículos automotores	–	–	–	–	–	–	–	–	–	–	–	–	–	–	–	–
3.26 Outros equip. de transporte	–	–	–	–	–	–	–	–	–	–	–	–	–	–	–	–
3.27 Mobiliário	–	–	–	–	–	–	–	–	–	–	–	–	–	–	–	–
3.28 Diversos	–	–	–	–	–	–	–	–	–	–	–	–	–	–	–	–

Fonte: IBGE/SIDRA – Tabela 2295, dados obtidos em 5.3.2007.

Tabela 6.8 – Índice da produção física da Indústria de Transformação – Nordeste (1991=100)

Região Nordeste	dez./91	dez./92	dez./93	dez./94	dez./95	dez./96	dez./97	dez./98	dez./99	dez./00	dez./01	dez./02	dez./03	dez./04	dez./05	dez./06
3. Indústria de Transformação	100,0	98,9	96,7	103,7	105,2	106,2	110,0	111,3	111,2	114,8	112,3	112,8	110,6	119,5	123,2	128,0
3.1 Alimentos e bebidas	100,0	100,5	84,9	89,8	100,9	100,6	103,4	89,3	87,0	95,0	98,6	97,8	99,1	107,0	111,1	115,2
3.2 Alimentos	–	–	–	–	–	–	–	–	–	–	–	–	–	–	–	–
3.3 Bebidas	–	–	–	–	–	–	–	–	–	–	–	–	–	–	–	–
3.4 Fumo	–	–	–	–	–	–	–	–	–	–	–	–	–	–	–	–
3.5 Têxtil	100,0	96,9	96,5	109,7	101,6	97,3	91,8	83,9	86,2	94,5	85,4	92,2	93,9	106,6	102,5	108,2
3.6 Vestuário e acessórios	100,0	102,9	104,5	116,5	104,0	93,6	84,2	97,0	76,6	89,1	70,3	68,1	54,1	61,0	56,1	48,0
3.7 Calçados e artigos de couro	100,0	75,4	88,8	88,1	80,6	74,2	79,8	89,1	86,4	94,5	95,7	101,0	91,6	96,6	94,8	99,7
3.8 Madeira	–	–	–	–	–	–	–	–	–	–	–	–	–	–	–	–
3.9 Celulose, papel e produtos de papel	100,0	101,9	106,9	89,9	90,1	84,2	89,3	97,7	106,2	108,5	117,5	112,6	112,5	109,8	129,8	151,3
3.10 Edição, imp. e reprod. de gravações	–	–	–	–	–	–	–	–	–	–	–	–	–	–	–	–
3.11 Refino de petróleo e álcool	100,0	105,6	92,1	91,5	101,3	96,3	109,9	118,1	120,0	111,4	130,4	138,6	125,7	157,2	162,2	165,9
3.12 Produtos químicos	100,0	102,9	115,6	126,7	121,3	125,6	133,4	138,6	144,0	144,9	130,6	127,0	130,2	136,3	138,2	139,6
3.13 Farmacêutica	–	–	–	–	–	–	–	–	–	–	–	–	–	–	–	–
3.14 Perfumaria e prod. limpeza	–	–	–	–	–	–	–	–	–	–	–	–	–	–	–	–
3.15 Outros produtos químicos	–	–	–	–	–	–	–	–	–	–	–	–	–	–	–	–
3.16 Borracha e plástico	–	–	–	–	–	–	–	–	–	–	–	–	–	–	–	–
3.17 Minerais Não-metálicos	100,0	91,0	88,9	91,3	99,5	103,2	109,6	132,0	126,2	126,0	127,5	116,6	106,6	115,8	132,0	141,7
3.18 Metalurgia básica	100,0	93,3	95,9	110,7	109,9	122,9	126,7	136,4	145,0	154,0	151,0	154,6	151,6	137,8	138,4	153,5

Desconcentração produtiva regional do Brasil: 1970-2005

Tabela 6.8 – Continuação

Região Nordeste	dez./91	dez./92	dez./93	dez./94	dez./95	dez./96	dez./97	dez./98	dez./99	dez./00	dez./01	dez./02	dez./03	dez./04	dez./05	dez./06
3.19 Prod. de metal – exclusive máq. e equip.	–	–	–	–	–	–	–	–	–	–	–	–	–	–	–	–
3.20 Máq. e equip.	–	–	–	–	–	–	–	–	–	–	–	–	–	–	–	–
3.21 Máq. p/ escritório e equip. informática	–	–	–	–	–	–	–	–	–	–	–	–	–	–	–	–
3.22 Máq., aparelhos e materiais elétricos	100,0	86,0	85,9	104,6	111,0	133,3	131,0	135,2	113,3	114,4	105,5	111,8	114,3	127,8	149,5	151,3
3.23 Mat. eletrônico, ap. equip. de comunicação	–	–	–	–	–	–	–	–	–	–	–	–	–	–	–	–
3.24 Equip. de instrumentação médico/óptico	–	–	–	–	–	–	–	–	–	–	–	–	–	–	–	–
3.25 Veículos automotores	–	–	–	–	–	–	–	–	–	–	–	–	–	–	–	–
3.26 Outros equip. de transporte	–	–	–	–	–	–	–	–	–	–	–	–	–	–	–	–
3.27 Mobiliário	–	–	–	–	–	–	–	–	–	–	–	–	–	–	–	–
3.28 Diversos	–	–	–	–	–	–	–	–	–	–	–	–	–	–	–	–

Fonte: IBGE/SIDRA – Tabela 2295, dados obtidos em 5.3.2007.

Tabela 6.9 – Índice da produção física da Indústria de Transformação – Pernambuco (1991 = 100)

Pernambuco	dez./91	dez./92	dez./93	dez./94	dez./95	dez./96	dez./97	dez./98	dez./99	dez./00	dez./01	dez./02	dez./03	dez./04	dez./05	dez./06
3. Indústria de Transformação	100,0	90,8	90,6	94,8	100,5	90,3	92,2	84,9	85,0	82,0	82,8	79,7	80,5	84,3	86,8	91,0
3.1 Alimentos e bebidas	100,0	94,3	89,1	87,2	115,6	99,7	114,9	92,6	97,7	82,7	93,8	81,7	85,0	89,7	93,7	101,7
3.2 Alimentos	–	–	–	–	–	–	–	–	–	–	–	–	–	–	–	–
3.3 Bebidas	–	–	–	–	–	–	–	–	–	–	–	–	–	–	–	–
3.4 Fumo	–	–	–	–	–	–	–	–	–	–	–	–	–	–	–	–
3.5 Têxtil	100,0	93,1	87,0	99,3	80,8	63,9	55,4	43,3	44,0	59,9	53,2	43,7	51,1	44,9	36,2	37,1
3.6 Vestuário e acessórios	–	–	–	–	–	–	–	–	–	–	–	–	–	–	–	–
3.7 Calçados e artigos de couro	100,0	40,0	42,1	50,0	41,4	42,2	48,6	43,8	34,9	38,0	24,2	15,3	15,2	16,7	15,2	15,8
3.8 Madeira	–	–	–	–	–	–	–	–	–	–	–	–	–	–	–	–
3.9 Celulose, papel e produtos de papel	100,0	96,5	108,8	87,4	90,5	91,9	99,4	109,3	113,1	106,8	113,4	105,4	101,8	105,6	110,5	125,1
3.10 Edição, imp. e reprod. de gravações	–	–	–	–	–	–	–	–	–	–	–	–	–	–	–	–
3.11 Refino de petróleo e álcool	100,0	84,1	55,7	50,7	66,1	61,9	63,9	37,2	34,1	32,9	26,8	26,1	31,9	39,9	38,9	31,3
3.12 Produtos químicos	100,0	106,7	111,2	114,4	106,4	95,2	115,2	116,4	128,5	133,8	129,9	154,2	150,8	153,5	162,3	151,2
3.13 Farmacêutica	–	–	–	–	–	–	–	–	–	–	–	–	–	–	–	–
3.14 Perfumaria e prod. limpeza	–	–	–	–	–	–	–	–	–	–	–	–	–	–	–	–
3.15 Outros produtos químicos	–	–	–	–	–	–	–	–	–	–	–	–	–	–	–	–
3.16 Borracha e plástico	100,0	81,5	108,3	97,0	91,0	111,0	127,7	141,8	170,3	181,2	163,9	179,3	163,1	158,7	157,2	200,8
3.17 Minerais Não-metálicos	100,0	70,9	75,1	88,8	91,1	95,4	92,2	97,1	91,9	91,6	92,8	84,7	80,3	84,2	89,5	94,1
3.18 Metalurgia básica	100,0	94,8	110,7	128,3	118,4	127,6	136,3	146,7	134,7	140,1	135,2	159,2	172,7	205,3	210,8	230,2

Desconcentração produtiva regional do Brasil: 1970-2005

Tabela 6.9 – continuação

Pernambuco	dez./91	dez./92	dez./93	dez./94	dez./95	dez./96	dez./97	dez./98	dez./99	dez./00	dez./01	dez./02	dez./03	dez./04	dez./05	dez./06
3.19 Prod. de metal – exclusive máq. e equip.	100,0	93,2	94,2	99,3	103,2	115,4	89,8	54,2	46,1	43,3	37,0	56,5	53,0	53,6	47,2	48,7
3.20 Máq. e equip.	–	–	–	–	–	–	–	–	–	–	–	–	–	–	–	–
3.21 Máq. p/ escritório e equip. informática	–	–	–	–	–	–	–	–	–	–	–	–	–	–	–	–
3.22 Máq., aparelhos e materiais elétricos	100,0	61,6	75,0	92,2	113,1	117,1	108,2	113,2	108,8	106,0	118,0	126,7	117,2	107,2	128,6	117,3
3.23 Mat. eletrônico, ap. equip. de comunicação	–	–	–	–	–	–	–	–	–	–	–	–	–	–	–	–
3.24 Equip. de instrumentação médico/óptico	–	–	–	–	–	–	–	–	–	–	–	–	–	–	–	–
3.25 Veículos automotores	–	–	–	–	–	–	–	–	–	–	–	–	–	–	–	–
3.26 Outros equip. de transporte	–	–	–	–	–	–	–	–	–	–	–	–	–	–	–	–
3.27 Mobiliário	–	–	–	–	–	–	–	–	–	–	–	–	–	–	–	–
3.28 Diversos	–	–	–	–	–	–	–	–	–	–	–	–	–	–	–	–

Fonte: IBGE/SIDRA – Tabela 2295, dados obtidos em 5.3.2007.

Tabela 6.10 – Índice da produção física da Indústria de Transformação – Bahia (1991=100)

Bahia		dez./91	dez./92	dez./93	dez./94	dez./95	dez./96	dez./97	dez./98	dez./99	dez./00	dez./01	dez./02	dez./03	dez./04	dez./05	dez./06
3.	Indústria de Transformação	100,0	101,5	105,9	111,1	111,5	117,4	120,5	129,2	131,3	126,6	127,6	128,0	127,0	140,5	147,1	152,1
3.1	Alimentos e bebidas	100,0	87,0	88,2	82,5	85,3	89,2	80,6	75,9	71,0	70,4	65,0	59,5	60,5	64,1	69,2	68,4
3.2	Alimentos	–	–	–	–	–	–	–	–	–	–	–	–	–	–	–	–
3.3	Bebidas	–	–	–	–	–	–	–	–	–	–	–	–	–	–	–	–
3.4	Fumo	–	–	–	–	–	–	–	–	–	–	–	–	–	–	–	–
3.5	Têxtil	–	–	–	–	–	–	–	–	–	–	–	–	–	–	–	–
3.6	Vestuário e acessórios	–	–	–	–	–	–	–	–	–	–	–	–	–	–	–	–
3.7	Calçados e artigos de couro	–	–	–	–	–	–	–	–	–	–	–	–	–	–	–	–
3.8	Madeira	–	–	–	–	–	–	–	–	–	–	–	–	–	–	–	–
3.9	Celulose, papel e produtos de papel	100,0	105,4	88,4	87,5	90,5	98,6	99,4	77,8	85,0	92,1	114,9	122,8	123,5	119,6	145,0	172,0
3.10	Edição, imp. e reprod. de gravações	–	–	–	–	–	–	–	–	–	–	–	–	–	–	–	–
3.11	Refino de petróleo e álcool	100,0	113,0	112,6	102,4	66,2	103,1	64,0	145,0	153,0	136,4	168,5	180,1	158,6	201,5	209,2	218,9
3.12	Produtos químicos	100,0	107,1	121,3	137,2	106,4	143,2	115,2	150,4	152,6	147,9	133,0	129,8	134,7	141,4	141,6	141,3
3.13	Farmacêutica	–	–	–	–	–	–	–	–	–	–	–	–	–	–	–	–
3.14	Perfumaria e prod. limpeza	–	–	–	–	–	–	–	–	–	–	–	–	–	–	–	–
3.15	Outros produtos químicos	–	–	–	–	–	–	–	–	–	–	–	–	–	–	–	–
3.16	Borracha e plástico	100,0	83,6	71,5	81,4	91,0	86,0	127,7	92,8	79,8	77,9	67,8	68,5	61,3	67,9	73,2	77,4
3.17	Minerais Não-metálicos	100,0	95,6	89,8	87,7	91,1	78,3	92,2	107,3	80,4	78,7	67,8	55,8	45,8	51,5	57,1	59,9
3.18	Metalurgia básica	100,0	89,2	85,4	102,9	100,8	120,7	125,9	143,0	155,5	164,4	169,6	149,2	156,0	166,7	167,9	184,1

Tabela 6.10 – continuação

Bahia	dez./91	dez./92	dez./93	dez./94	dez./95	dez./96	dez./97	dez./98	dez./99	dez./00	dez./01	dez./02	dez./03	dez./04	dez./05	dez./06
3.19 Prod. de metal – exclusive máq. e equip.	–	–	–	–	–	–	–	–	–	–	–	–	–	–	–	–
3.20 Máq. e equip.	–	–	–	–	–	–	–	–	–	–	–	–	–	–	–	–
3.21 Máq. p/ escritório e equip. informática	–	–	–	–	–	–	–	–	–	–	–	–	–	–	–	–
3.22 Máq., aparelhos e materiais elétricos	–	–	–	–	–	–	–	–	–	–	–	–	–	–	–	–
3.23 Mat. eletrônico, ap. equip. de comunicação	–	–	–	–	–	–	–	–	–	–	–	–	–	–	–	–
3.24 Equip. de instrumentação médico/óptico	–	–	–	–	–	–	–	–	–	–	–	–	–	–	–	–
3.25 Veículos automotores	100,0	100,0	100,0	100,0	100,0	100,0	100,0	100,0	100,0	100,0	100,0	10000,1	23167,2	36143,1	47286,1	44250,3
3.26 Outros equip. de transporte	–	–	–	–	–	–	–	–	–	–	–	–	–	–	–	–
3.27 Mobiliário	–	–	–	–	–	–	–	–	–	–	–	–	–	–	–	–
3.28 Diversos	–	–	–	–	–	–	–	–	–	–	–	–	–	–	–	–

Fonte: IBGE/SIDRA – Tabela 2295, dados obtidos em 5.3.2007.

Tabela 6.11 – Índice da Produção Física da Indústria de Transformação – Minas Gerais (1991=100)

Minas Gerais	dez./91	dez./92	dez./93	dez./94	dez./95	dez./96	dez./97	dez./98	dez./99	dez./00	dez./01	dez./02	dez./03	dez./04	dez./05	dez./06
3. Indústria de Transformação	100,0	96,6	101,7	110,3	113,4	119,3	124,6	118,8	120,5	131,5	132,2	132,3	132,8	139,6	147,0	152,6
3.1 Alimentos e bebidas	–	–	–	–	–	–	–	–	–	–	–	–	–	–	–	–
3.2 Alimentos	100,0	88,0	91,4	99,3	128,1	135,0	135,9	153,7	183,3	221,5	235,4	264,0	266,1	281,8	300,5	312,7
3.3 Bebidas	100,0	77,7	77,7	84,5	103,1	88,3	88,9	87,2	91,2	109,5	106,5	90,0	83,6	81,6	72,7	78,1
3.4 Fumo	100,0	90,3	104,7	128,4	142,6	146,9	157,1	141,8	106,1	101,1	110,4	100,2	88,8	82,9	84,0	87,2
3.5 Têxtil	100,0	97,4	93,5	93,9	81,0	74,7	69,1	68,6	72,6	78,5	71,1	79,4	68,0	72,5	77,2	77,9
3.6 Vestuário e acessórios	–	–	–	–	–	–	–	–	–	–	–	–	–	–	–	–
3.7 Calçados e artigos de couro	–	–	–	–	–	–	–	–	–	–	–	–	–	–	–	–
3.8 Madeira	–	–	–	–	–	–	–	–	–	–	–	–	–	–	–	–
3.9 Celulose, papel e produtos de papel	100,0	95,4	83,5	94,6	94,1	149,3	170,7	169,6	180,7	186,0	179,6	185,0	192,6	201,9	213,0	206,3
3.10 Edição, imp. e reprod. de gravações	–	–	–	–	–	–	–	–	–	–	–	–	–	–	–	–
3.11 Refino de petróleo e álcool	100,0	102,4	102,2	99,7	107,7	108,3	114,6	106,4	102,8	97,7	108,5	97,2	98,5	105,0	104,4	109,9
3.12 Produtos químicos	–	–	–	–	–	–	–	–	–	–	–	–	–	–	–	–
3.13 Farmacêutica	–	–	–	–	–	–	–	–	–	–	–	–	–	–	–	–
3.14 Perfumaria e prod. limpeza	–	–	–	–	–	–	–	–	–	–	–	–	–	–	–	–
3.15 Outros produtos químicos	100,0	87,2	107,8	120,2	114,0	121,2	127,1	127,6	135,4	145,0	134,8	169,2	186,5	209,5	214,7	224,2
3.16 Borracha e plástico	–	–	–	–	–	–	–	–	–	–	–	–	–	–	–	–
3.17 Minerais Não-metálicos	100,0	95,5	94,1	98,8	101,8	109,7	118,2	121,5	116,1	112,6	106,5	105,1	93,8	97,2	107,5	111,8
3.18 Metalurgia básica	100,0	99,2	103,0	109,0	104,9	112,0	118,1	110,5	113,1	126,6	123,6	122,9	133,1	130,2	127,5	131,0

Tabela 6.11 – continuação

Minas Gerais	dez./91	dez./92	dez./93	dez./94	dez./95	dez./96	dez./97	dez./98	dez./99	dez./00	dez./01	dez./02	dez./03	dez./04	dez./05	dez./06
3.19 Prod. de metal – exclusive máq. e equip.	100,0	109,8	144,2	171,1	175,4	177,8	162,8	151,4	130,7	116,7	124,5	97,3	94,1	95,1	124,6	107,7
3.20 Máq. e equip.	–	–	–	–	–	–	–	–	–	–	–	–	–	–	–	–
3.21 Máq. p/ escritório e equip. informática	–	–	–	–	–	–	–	–	–	–	–	–	–	–	–	–
3.22 Máq., aparelhos e materiais elétricos	–	–	–	–	–	–	–	–	–	–	–	–	–	–	–	–
3.23 Mat. eletrônico, ap. equip. de comunicação	–	–	–	–	–	–	–	–	–	–	–	–	–	–	–	–
3.24 Equip. de instrumentação médico/óptico	–	–	–	–	–	–	–	–	–	–	–	–	–	–	–	–
3.25 Veículos automotores	100,0	106,6	135,2	158,1	146,2	178,1	212,3	151,2	154,0	173,3	174,1	154,8	150,0	175,7	194,7	215,2
3.26 Outros equip. de transporte	–	–	–	–	–	–	–	–	–	–	–	–	–	–	–	–
3.27 Mobiliário	–	–	–	–	–	–	–	–	–	–	–	–	–	–	–	–
3.28 Diversos	–	–	–	–	–	–	–	–	–	–	–	–	–	–	–	–

Fonte: IBGE/SIDRA – Tabela 2295, dados obtidos em 5.3.2007.

Tabela 6.12 – Índice da produção física da Indústria de Transformação – Espírito Santo (1991=100)

Espírito Santo		dez./91	dez./92	dez./93	dez./94	dez./95	dez./96	dez./97	dez./98	dez./99	dez./00	dez./01	dez./02	dez./03	dez./04	dez./05	dez./06
3.	Indústria de Transformação	100,0	104,9	106,9	116,4	115,5	120,8	123,9	124,4	135,6	140,8	134,8	144,5	149,5	158,8	161,2	171,3
3.1	Alimentos e bebidas	100,0	109,1	107,0	117,3	114,8	120,3	109,2	107,1	108,2	109,4	92,6	87,9	82,5	95,2	95,9	107,9
3.2	Alimentos	–	–	–	–	–	–	–	–	–	–	–	–	–	–	–	–
3.3	Bebidas	–	–	–	–	–	–	–	–	–	–	–	–	–	–	–	–
3.4	Fumo	–	–	–	–	–	–	–	–	–	–	–	–	–	–	–	–
3.5	Têxtil	–	–	–	–	–	–	–	–	–	–	–	–	–	–	–	–
3.6	Vestuário e acessórios	–	–	–	–	–	–	–	–	–	–	–	–	–	–	–	–
3.7	Calçados e artigos de couro	–	–	–	–	–	–	–	–	–	–	–	–	–	–	–	–
3.8	Madeira	–	–	–	–	–	–	–	–	–	–	–	–	–	–	–	–
3.9	Celulose, papel e produtos de papel	100,0	130,0	127,0	137,5	133,6	138,5	135,7	149,5	161,9	166,8	163,0	212,3	260,4	268,3	273,7	279,5
3.10	Edição, imp. e reprod. de gravações	–	–	–	–	–	–	–	–	–	–	–	–	–	–	–	–
3.11	Refino de petróleo e álcool	–	–	–	–	–	–	–	–	–	–	–	–	–	–	–	–
3.12	Produtos químicos	–	–	–	–	–	–	–	–	–	–	–	–	–	–	–	–
3.13	Farmacêutica	–	–	–	–	–	–	–	–	–	–	–	–	–	–	–	–
3.14	Perfumaria e prod. limpeza	–	–	–	–	–	–	–	–	–	–	–	–	–	–	–	–
3.15	Outros produtos químicos	–	–	–	–	–	–	–	–	–	–	–	–	–	–	–	–
3.16	Borracha e plástico	–	–	–	–	–	–	–	–	–	–	–	–	–	–	–	–
3.17	Minerais Não-metálicos	100,0	89,1	93,5	96,8	104,8	129,0	152,7	156,4	147,1	140,5	151,2	149,4	146,8	146,6	156,1	159,4
3.18	Metalurgia básica	100,0	98,0	108,9	109,8	114,4	115,3	121,8	127,7	153,6	166,1	166,8	172,6	168,3	179,9	179,3	193,7

Desconcentração produtiva regional do Brasil: 1970-2005

Tabela 6.12 – continuação

Espírito Santo	dez./91	dez./92	dez./93	dez./94	dez./95	dez./96	dez./97	dez./98	dez./99	dez./00	dez./01	dez./02	dez./03	dez./04	dez./05	dez./06
3.19 Prod. de metal – exclusive máq. e equip.	–	–	–	–	–	–	–	–	–	–	–	–	–	–	–	–
3.20 Máq. e equip.	–	–	–	–	–	–	–	–	–	–	–	–	–	–	–	–
3.21 Máq. p/ escritório e equip. informática	–	–	–	–	–	–	–	–	–	–	–	–	–	–	–	–
3.22 Máq., aparelhos e materiais elétricos	–	–	–	–	–	–	–	–	–	–	–	–	–	–	–	–
3.23 Mat. eletrônico, ap. equip. de comunicação	–	–	–	–	–	–	–	–	–	–	–	–	–	–	–	–
3.24 Equip. de instrumentação médico/óptico	–	–	–	–	–	–	–	–	–	–	–	–	–	–	–	–
3.25 Veículos automotores	–	–	–	–	–	–	–	–	–	–	–	–	–	–	–	–
3.26 Outros equip. de transporte	–	–	–	–	–	–	–	–	–	–	–	–	–	–	–	–
3.27 Mobiliário	–	–	–	–	–	–	–	–	–	–	–	–	–	–	–	–
3.28 Diversos	–	–	–	–	–	–	–	–	–	–	–	–	–	–	–	–

Fonte: IBGE/SIDRA – Tabela 2295, dados obtidos em 5.3.2007.

Tabela 6.13 – Índice da produção física da Indústria de Transformação – Rio de Janeiro (1991 = 100)

Rio de Janeiro	dez./91	dez./92	dez./93	dez./94	dez./95	dez./96	dez./97	dez./98	dez./99	dez./00	dez./01	dez./02	dez./03	dez./04	dez./05	dez./06
3. Indústria de Transformação	100,0	95,6	98,6	101,1	99,0	98,1	95,2	94,6	92,1	90,6	87,9	89,6	88,4	91,7	91,2	92,2
3.1 Alimentos e bebidas	–	–	–	–	–	–	–	–	–	–	–	–	–	–	–	–
3.2 Alimentos	100,0	91,0	87,4	88,9	95,0	88,6	80,8	83,0	74,5	71,5	66,1	63,0	62,5	64,4	71,1	79,0
3.3 Bebidas	100,0	71,7	75,7	82,7	110,3	123,1	129,7	129,8	121,8	150,1	156,2	145,8	139,5	154,9	158,0	166,1
3.4 Fumo	–	–	–	–	–	–	–	–	–	–	–	–	–	–	–	–
3.5 Têxtil	100,0	87,6	103,4	110,6	88,0	70,1	53,3	48,3	50,9	68,0	76,9	81,8	78,0	93,8	108,7	100,6
3.6 Vestuário e acessórios	–	–	–	–	–	–	–	–	–	–	–	–	–	–	–	–
3.7 Calçados e artigos de couro	–	–	–	–	–	–	–	–	–	–	–	–	–	–	–	–
3.8 Madeira	–	–	–	–	–	–	–	–	–	–	–	–	–	–	–	–
3.9 Celulose, papel e produtos de papel	–	–	–	–	–	–	–	–	–	–	–	–	–	–	–	–
3.10 Edição, imp. e reprod. de gravações	–	–	–	–	–	–	–	–	–	–	–	–	–	–	–	–
3.11 Refino de petróleo e álcool	100,0	99,8	99,8	95,8	88,4	114,6	110,9	121,3	126,0	111,3	110,5	114,3	113,8	120,8	118,3	115,4
3.12 Produtos químicos	–	–	–	–	–	–	–	–	–	–	–	–	–	–	–	–
3.13 Farmacêutica	100,0	87,4	87,6	83,7	97,0	89,3	82,2	75,4	62,9	51,5	54,8	50,5	49,2	49,2	47,3	49,7
3.14 Perfumaria e prod. limpeza	100,0	102,6	113,3	107,0	93,7	92,4	115,1	109,8	101,3	115,9	116,7	94,6	91,2	99,7	85,9	79,3
3.15 Outros produtos químicos	100,0	96,7	87,1	86,8	92,7	81,7	80,5	80,4	88,3	78,1	60,8	49,7	49,8	47,8	46,8	47,7
3.16 Borracha e plástico	100,0	91,2	91,7	92,6	108,3	118,9	122,5	115,4	107,5	96,4	87,5	86,8	83,1	78,5	58,2	57,0
3.17 Minerais Não-metálicos	100,0	86,7	86,7	84,4	87,8	94,2	99,4	94,5	92,6	90,6	81,2	79,6	82,7	101,8	122,3	122,0
3.18 Metalurgia básica	100,0	107,1	117,4	125,3	119,1	113,5	121,4	114,6	113,2	117,4	119,7	140,1	159,1	160,6	149,1	142,2

Desconcentração produtiva regional do Brasil: 1970-2005

Tabela 6.13 – continuação

Rio de Janeiro	dez./91	dez./92	dez./93	dez./94	dez./95	dez./96	dez./97	dez./98	dez./99	dez./00	dez./01	dez./02	dez./03	dez./04	dez./05	dez./06
3.19 Prod. de metal – exclusive máq. e equip.	–	–	–	–	–	–	–	–	–	–	–	–	–	–	–	–
3.20 Máq. e equip.	–	–	–	–	–	–	–	–	–	–	–	–	–	–	–	–
3.21 Máq. p/ escritório e equip. informática	–	–	–	–	–	–	–	–	–	–	–	–	–	–	–	–
3.22 Máq., aparelhos e materiais elétricos	–	–	–	–	–	–	–	–	–	–	–	–	–	–	–	–
3.23 Mat. eletrônico, ap. equip. de comunicação	–	–	–	–	–	–	–	–	–	–	–	–	–	–	–	–
3.24 Equip. de instrumentação médico/óptico	–	–	–	–	–	–	–	–	–	–	–	–	–	–	–	–
3.25 Veículos automotores	100,0	90,9	102,2	112,9	119,8	95,4	227,8	273,3	280,0	395,6	484,3	494,6	555,9	685,1	787,5	755,0
3.26 Outros equip. de transporte	–	–	–	–	–	–	–	–	–	–	–	–	–	–	–	–
3.27 Mobiliário	–	–	–	–	–	–	–	–	–	–	–	–	–	–	–	–
3.28 Diversos	–	–	–	–	–	–	–	–	–	–	–	–	–	–	–	–

Fonte: IBGE/SIDRA – Tabela 2295, dados obtidos em 5.3.2007.

Tabela 6.14 – Índice da produção física da Indústria de Transformação – São Paulo (1991 = 100)

São Paulo	dez./91	dez./92	dez./93	dez./94	dez./95	dez./96	dez./97	dez./98	dez./99	dez./00	dez./01	dez./02	dez./03	dez./04	dez./05	dez./06
3. Indústria de Transformação	100,0	95,1	103,3	112,3	114,2	112,7	118,1	115,2	110,3	117,5	120,5	119,7	118,7	132,7	137,6	142,0
3.1 Alimentos e bebidas	–	–	–	–	–	–	–	–	–	–	–	–	–	–	–	–
3.2 Alimentos	100,0	95,7	99,8	102,2	102,7	109,1	112,7	116,3	119,2	108,3	114,5	107,2	100,9	105,8	105,1	109,7
3.3 Bebidas	100,0	87,8	100,3	115,2	129,5	127,1	137,2	131,4	130,7	136,2	141,2	114,0	107,9	112,9	118,7	123,7
3.4 Fumo	–	–	–	–	–	–	–	–	–	–	–	–	–	–	–	–
3.5 Têxtil	100,0	93,3	95,0	99,0	94,5	92,0	85,6	80,7	83,0	87,9	85,3	87,1	82,1	85,8	79,2	80,5
3.6 Vestuário e acessórios	100,0	86,8	90,6	83,2	82,0	74,6	72,8	72,2	79,4	84,6	87,8	107,0	106,3	114,3	108,7	110,3
3.7 Calçados e artigos de couro	–	–	–	–	–	–	–	–	–	–	–	–	–	–	–	–
3.8 Madeira	–	–	–	–	–	–	–	–	–	–	–	–	–	–	–	–
3.9 Celulose, papel e produtos de papel	100,0	96,5	101,7	104,4	105,8	106,3	110,9	110,3	117,4	120,8	121,6	125,0	132,1	146,3	150,1	153,1
3.10 Edição, imp. e reprod. de gravações	–	–	–	–	–	–	–	–	–	–	–	–	–	–	–	–
3.11 Refino de petróleo e álcool	100,0	98,6	99,3	111,3	113,2	115,7	124,6	133,2	126,7	131,1	134,3	122,5	121,9	121,9	121,6	123,6
3.12 Produtos químicos	–	–	–	–	–	–	–	–	–	–	–	–	–	–	–	–
3.13 Farmacêutica	100,0	88,7	101,2	99,4	118,0	107,8	125,4	134,0	136,6	130,8	126,1	155,8	141,2	148,9	187,2	193,1
3.14 Perfumaria e prod. limpeza	100,0	100,1	106,0	109,4	116,2	121,1	130,9	138,8	147,9	149,8	151,5	156,9	163,5	189,9	200,4	207,0
3.15 Outros produtos químicos	100,0	91,9	105,4	110,8	109,2	110,7	118,6	115,5	113,3	124,8	120,0	121,6	117,9	127,5	129,6	129,8
3.16 Borracha e plástico	100,0	96,0	105,3	109,3	113,0	115,9	118,9	109,3	107,9	113,1	107,4	109,8	111,6	120,3	120,4	118,7
3.17 Minerais Não-metálicos	100,0	89,8	97,6	103,0	112,0	116,7	129,0	122,2	120,7	122,6	118,4	117,1	117,0	124,3	121,8	125,9
3.18 Metalurgia básica	100,0	100,9	105,3	118,4	120,8	114,2	123,1	113,5	102,9	117,2	122,5	129,0	132,7	149,6	150,5	157,0

Tabela 6.14 – continuação

São Paulo	dez./91	dez./92	dez./93	dez./94	dez./95	dez./96	dez./97	dez./98	dez./99	dez./00	dez./01	dez./02	dez./03	dez./04	dez./05	dez./06
3.19 Prod. de metal – exclusive máq. e equip.	100,0	98,5	100,4	118,7	116,2	105,5	110,3	104,6	102,1	111,8	109,8	103,3	96,8	111,6	109,2	105,8
3.20 Máq. e equip.	100,0	93,0	107,4	127,2	125,7	114,3	117,7	119,2	100,9	116,9	118,6	112,6	114,3	138,3	146,6	154,7
3.21 Máq. p/ escritório e equip. informática	–	–	–	–	–	–	–	–	–	–	–	–	–	–	–	–
3.22 Máq., aparelhos e materiais elétricos	100,0	101,8	106,1	123,8	129,4	136,2	146,8	149,5	141,5	152,2	196,5	209,9	207,9	232,8	265,7	276,5
3.23 Mat. eletrônico, ap. equip. de comunicação	–	–	–	–	–	–	–	–	–	–	–	–	–	–	–	–
3.24 Equip. de instrumentação médico/óptico	–	–	–	–	–	–	–	–	–	–	–	–	–	–	–	–
3.25 Veículos automotores	100,0	93,7	117,8	129,0	144,2	143,4	159,5	129,2	111,4	127,1	120,4	114,8	116,3	150,4	154,3	159,7
3.26 Outros equip. de transporte	100,0	115,3	112,9	123,2	92,3	82,8	70,3	112,6	140,5	162,8	205,6	255,3	279,7	312,8	325,1	319,6
3.27 Mobiliário	–	–	–	–	–	–	–	–	–	–	–	–	–	–	–	–
3.28 Diversos	–	–	–	–	–	–	–	–	–	–	–	–	–	–	–	–

Fonte: IBGE/SIDRA – Tabela 2295, dados obtidos em 5.3.2007.

Tabela 6.15 – Índice da produção física da Indústria de Transformação – Paraná (1991=100)

Paraná	dez./91	dez./92	dez./93	dez./94	dez./95	dez./96	dez./97	dez./98	dez./99	dez./00	dez./01	dez./02	dez./03	dez./04	dez./05	dez./06
3. Indústria de Transformação	100,0	97,5	109,1	119,0	112,3	116,4	123,0	127,3	125,5	124,7	129,1	125,9	133,0	146,4	148,3	146,0
3.1 Alimentos e bebidas	–	–	–	–	–	–	–	–	–	–	–	–	–	–	–	–
3.2 Alimentos	100,0	99,5	118,7	119,1	107,2	113,1	109,2	115,4	122,5	119,5	126,3	127,2	133,2	139,7	134,9	142,8
3.3 Bebidas	100,0	80,3	69,3	88,6	116,6	103,4	95,3	97,9	105,6	112,2	143,4	156,1	147,3	154,3	165,5	189,1
3.4 Fumo	–	–	–	–	–	–	–	–	–	–	–	–	–	–	–	–
3.5 Têxtil	–	–	–	–	–	–	–	–	–	–	–	–	–	–	–	–
3.6 Vestuário e acessórios	–	–	–	–	–	–	–	–	–	–	–	–	–	–	–	–
3.7 Calçados e artigos de couro	–	–	–	–	–	–	–	–	–	–	–	–	–	–	–	–
3.8 Madeira	100,0	103,0	107,8	104,3	102,8	111,4	108,3	137,3	137,7	141,1	150,9	165,9	187,6	218,9	192,3	167,8
3.9 Celulose, papel e produtos de papel	100,0	97,8	101,1	105,1	103,8	106,7	116,5	115,7	115,1	120,2	106,3	102,0	102,1	106,7	114,9	117,1
3.10 Edição, imp. e reprod. de gravações	–	–	–	–	–	–	–	–	–	–	–	–	–	–	–	–
3.11 Refino de petróleo e álcool	100,0	96,2	109,1	122,1	107,3	125,0	125,6	120,9	139,4	133,2	141,2	129,9	129,3	113,9	124,9	126,3
3.12 Produtos químicos	–	–	–	–	–	–	–	–	–	–	–	–	–	–	–	–
3.13 Farmacêutica	–	–	–	–	–	–	–	–	–	–	–	–	–	–	–	–
3.14 Perfumaria e prod. limpeza	–	–	–	–	–	–	–	–	–	–	–	–	–	–	–	–
3.15 Outros produtos químicos	100,0	109,0	131,3	152,4	130,3	167,8	177,9	161,7	173,6	190,2	188,0	161,4	170,2	152,4	123,3	120,1
3.16 Borracha e plástico	100,0	94,1	102,7	81,8	80,1	114,2	128,8	126,2	113,4	102,5	102,6	113,4	107,8	113,2	109,0	123,4
3.17 Minerais Não-metálicos	100,0	98,6	99,2	93,6	107,8	122,4	141,3	132,7	137,0	139,7	141,4	152,6	148,2	139,4	144,2	137,3
3.18 Metalurgia básica	–	–	–	–	–	–	–	–	–	–	–	–	–	–	–	–

Tabela 6.15 – continuação

Paraná	dez./91	dez./92	dez./93	dez./94	dez./95	dez./96	dez./97	dez./98	dez./99	dez./00	dez./01	dez./02	dez./03	dez./04	dez./05	dez./06
3.19 Prod. de metal – exclusive máq. e equip.	100,0	96,3	78,3	83,9	98,0	101,2	99,8	88,6	80,4	64,7	62,7	66,0	65,1	68,8	67,0	67,6
3.20 Máq. e equip.	100,0	84,5	100,1	135,9	149,4	171,4	169,2	148,1	146,4	171,2	189,0	233,6	265,8	322,5	286,7	284,4
3.21 Máq. p/ escritório e equip. informática	–	–	–	–	–	–	–	–	–	–	–	–	–	–	–	–
3.22 Máq., aparelhos e materiais elétricos	100,0	83,3	83,5	100,1	125,4	130,6	165,4	159,4	131,4	228,9	214,0	86,2	83,8	78,6	98,7	99,8
3.23 Mat. eletrônico, ap. equip. de comunicação	–	–	–	–	–	–	–	–	–	–	–	–	–	–	–	–
3.24 Equip. de instrumentação médico/óptico	–	–	–	–	–	–	–	–	–	–	–	–	–	–	–	–
3.25 Veículos automotores	100,0	100,6	147,1	217,1	207,8	136,2	181,1	170,8	127,1	163,3	163,3	160,4	188,3	283,6	343,5	273,1
3.26 Outros equip. de transporte	–	–	–	–	–	–	–	–	–	–	–	–	–	–	–	–
3.27 Mobiliário	100,0	74,1	89,3	96,9	114,7	153,4	146,5	155,8	164,8	177,2	165,3	166,8	151,4	155,0	147,1	150,0
3.28 Diversos	–	–	–	–	–	–	–	–	–	–	–	–	–	–	–	–

Fonte: IBGE/SIDRA – Tabela 2295, dados obtidos em 5.3.2007.

Tabela 6.16 – Índice da produção física da Indústria de Transformação – Santa Catarina (1991=100)

Santa Catarina	dez./91	dez./92	dez./93	dez./94	dez./95	dez./96	dez./97	dez./98	dez./99	dez./00	dez./01	dez./02	dez./03	dez./04	dez./05	dez./06
3. Indústria de Transformação	100,0	98,9	105,6	111,4	117,9	121,1	128,3	125,3	128,0	132,5	138,5	127,2	120,2	133,9	133,9	134,2
3.1 Alimentos e bebidas	–	–	–	–	–	–	–	–	–	–	–	–	–	–	–	–
3.2 Alimentos	100,0	113,2	116,9	125,7	137,4	150,4	156,2	152,1	164,8	166,6	173,6	181,3	171,8	191,3	195,6	179,8
3.3 Bebidas	–	–	–	–	–	–	–	–	–	–	–	–	–	–	–	–
3.4 Fumo	–	–	–	–	–	–	–	–	–	–	–	–	–	–	–	–
3.5 Têxtil	100,0	95,5	96,1	103,1	101,9	98,9	105,5	101,5	99,8	100,3	98,5	94,2	87,2	98,8	103,7	103,1
3.6 Vestuário e acessórios	100,0	95,0	103,5	97,9	94,6	99,5	90,8	88,0	85,5	86,7	81,6	92,4	78,8	76,5	67,3	60,6
3.7 Calçados e artigos de couro	–	–	–	–	–	–	–	–	–	–	–	–	–	–	–	–
3.8 Madeira	100,0	101,6	107,2	112,4	112,1	111,4	131,3	128,7	140,9	134,7	128,8	133,0	138,0	155,0	156,1	129,3
3.9 Celulose, papel e produtos de papel	100,0	97,5	104,8	111,0	126,4	129,7	133,9	136,1	147,9	152,9	159,7	141,2	141,8	159,8	169,7	174,6
3.10 Edição, imp. e reprod. de gravações																
3.11 Refino de petróleo e álcool	–	–	–	–	–	–	–	–	–	–	–	–	–	–	–	–
3.12 Produtos químicos																
3.13 Farmacêutica																
3.14 Perfumaria e prod. limpeza	–	–	–	–	–	–	–	–	–	–	–	–	–	–	–	–
3.15 Outros produtos químicos	–	–	–	–	–	–	–	–	–	–	–	–	–	–	–	–
3.16 Borracha e plástico	100,0	91,2	78,5	93,4	123,2	133,4	135,8	142,2	138,2	136,3	128,5	123,4	101,0	118,2	120,8	131,7
3.17 Minerais Não-metálicos	100,0	110,9	119,8	112,9	114,0	114,8	122,5	118,0	109,0	112,0	106,8	109,2	110,3	105,6	105,9	102,2
3.18 Metalurgia básica	100,0	95,1	121,6	152,2	156,9	152,3	190,3	192,8	181,2	208,9	222,9	197,2	194,3	251,8	261,1	249,6

Desconcentração produtiva regional do Brasil: 1970-2005

Tabela 6.16 – continuação

Santa Catarina	dez./91	dez./92	dez./93	dez./94	dez./95	dez./96	dez./97	dez./98	dez./99	dez./00	dez./01	dez./02	dez./03	dez./04	dez./05	dez./06
3.19 Prod. de metal – exclusive máq. e equip.	–	–	–	–	–	–	–	–	–	–	–	–	–	–	–	–
3.20 Máq. e equip.	100,0	87,0	102,9	120,7	130,2	131,9	130,3	132,2	138,5	147,8	155,2	156,1	165,1	188,5	164,1	184,0
3.21 Máq. p/ escritório e equip. informática	–	–	–	–	–	–	–	–	–	–	–	–	–	–	–	–
3.22 Máq., aparelhos e materiais elétricos	100,0	96,7	118,1	151,4	190,4	175,9	222,3	219,7	225,6	260,5	395,7	238,2	264,3	291,0	256,4	277,0
3.23 Mat. eletrônico, ap. equip. de comunicação	–	–	–	–	–	–	–	–	–	–	–	–	–	–	–	–
3.24 Equip. de instrumentação médico/óptico	–	–	–	–	–	–	–	–	–	–	–	–	–	–	–	–
3.25 Veículos automotores	100,0	108,6	107,6	105,2	134,4	128,9	133,5	134,4	129,1	148,3	153,6	84,5	55,4	78,8	110,0	137,4
3.26 Outros equip. de transporte	–	–	–	–	–	–	–	–	–	–	–	–	–	–	–	–
3.27 Mobiliário	–	–	–	–	–	–	–	–	–	–	–	–	–	–	–	–
3.28 Diversos	–	–	–	–	–	–	–	–	–	–	–	–	–	–	–	–

Fonte: IBGE/SIDRA – Tabela 2295, dados obtidos em 5.3.2007.

Tabela 6.17 – Índice da produção física da Indústria de Transformação – Rio Grande do Sul (1991=100)

Rio Grande do Sul	dez./91	dez./92	dez./93	dez./94	dez./95	dez./96	dez./97	dez./98	dez./99	dez./00	dez./01	dez./02	dez./03	dez./04	dez./05	dez./06
3. Indústria de Transformação	100,00	107,30	125,08	134,59	124,90	124,85	136,01	130,95	133,80	145,42	143,96	145,98	145,47	154,76	149,25	146,28
3.1 Alimentos e bebidas	–	–	–	–	–	–	–	–	–	–	–	–	–	–	–	–
3.2 Alimentos	100,00	116,23	120,26	117,09	127,95	124,29	125,14	122,27	123,55	123,42	119,77	120,88	110,06	109,72	114,14	119,50
3.3 Bebidas	100,00	89,63	102,28	107,61	106,53	97,57	107,89	97,95	125,94	124,59	117,03	86,55	82,28	88,02	87,81	94,24
3.4 Fumo	100,00	146,16	162,00	121,00	104,35	111,90	153,15	119,70	150,72	140,97	133,07	46,11	43,46	55,13	53,06	49,16
3.5 Têxtil	–	–	–	–	–	–	–	–	–	–	–	–	–	–	–	–
3.6 Vestuário e acessórios	–	–	–	–	–	–	–	–	–	–	–	–	–	–	–	–
3.7 Calçados e artigos de couro	100,00	101,29	111,78	100,59	90,41	99,55	89,53	73,46	72,58	71,26	65,21	66,37	63,43	63,87	60,55	55,16
3.8 Madeira	–	–	–	–	–	–	–	–	–	–	–	–	–	–	–	–
3.9 Celulose, papel e produtos de papel	100,00	96,74	101,07	99,55	100,65	102,28	109,46	112,92	115,82	117,76	115,40	123,92	139,50	141,74	140,06	145,81
3.10 Edição, imp. e reprod. de gravações	–	–	–	–	–	–	–	–	–	–	–	–	–	–	–	–
3.11 Refino de petróleo e álcool	100,00	123,49	131,31	149,30	168,47	191,58	186,16	191,28	198,55	204,98	192,86	176,53	170,21	159,71	169,70	165,02
3.12 Produtos químicos	–	–	–	–	–	–	–	–	–	–	–	–	–	–	–	–
3.13 Farmacêutica	–	–	–	–	–	–	–	–	–	–	–	–	–	–	–	–
3.14 Perfumaria e prod. limpeza	–	–	–	–	–	–	–	–	–	–	–	–	–	–	–	–
3.15 Outros produtos químicos	100,00	116,90	124,77	134,01	129,52	111,01	133,72	146,01	158,09	182,71	165,32	159,50	182,53	181,51	171,01	172,50
3.16 Borracha e plástico	100,00	97,06	104,38	111,02	117,24	117,61	113,23	97,09	111,49	129,62	128,17	121,08	116,30	131,74	122,26	129,72
3.17 Minerais Não-metálicos	–	–	–	–	–	–	–	–	–	–	–	–	–	–	–	–
3.18 Metalurgia básica	100,00	95,57	117,90	133,07	116,34	122,38	143,68	141,14	151,88	168,44	164,08	172,66	174,90	200,47	194,62	193,90

Tabela 6.17 – continuação

Rio Grande do Sul	dez./91	dez./92	dez./93	dez./94	dez./95	dez./96	dez./97	dez./98	dez./99	dez./00	dez./01	dez./02	dez./03	dez./04	dez./05	dez./06
3.19 Prod. de metal – exclusive máq. e equip.	100,00	102,68	110,85	121,65	116,57	106,04	118,38	117,72	128,40	117,65	110,81	121,12	127,56	138,62	137,99	123,28
3.20 Máq. e equip.	100,00	100,17	157,03	216,15	127,94	112,10	153,31	148,02	132,31	167,48	194,90	235,57	261,86	305,96	247,61	207,28
3.21 Máq. p/ escritório e equip. informática	–	–	–	–	–	–	–	–	–	–	–	–	–	–	–	–
3.22 Máq., aparelhos e materiais elétricos	–	–	–	–	–	–	–	–	–	–	–	–	–	–	–	–
3.23 Mat. eletrônico, ap. equip. de comunicação	–	–	–	–	–	–	–	–	–	–	–	–	–	–	–	–
3.24 Equip. de instrumentação médico/óptico	–	–	–	–	–	–	–	–	–	–	–	–	–	–	–	–
3.25 Veículos automotores	100,00	102,16	141,00	171,08	182,11	144,96	173,52	201,18	187,82	245,53	257,20	311,18	329,36	400,99	391,53	419,17
3.26 Outros equip. de transporte	–	–	–	–	–	–	–	–	–	–	–	–	–	–	–	–
3.27 Mobiliário	100,00	116,36	144,58	150,61	185,56	225,07	241,77	235,84	223,06	242,67	255,82	190,13	171,87	192,67	170,92	179,40
3.28 Diversos	–	–	–	–	–	–	–	–	–	–	–	–	–	–	–	–

Fonte: IBGE/SIDRA – Tabela 2295, dados obtidos em 5.3.2007.

Tabela 6.18 – Índice da produção física da Indústria de Transformação – Goiás (1991=100)

Goiás		dez./91	dez./92	dez./93	dez./94	dez./95	dez./96	dez./97	dez./98	dez./99	dez./00	dez./01	dez./02	dez./03	dez./04	dez./05	dez./06
3.	Indústria de Transformação	–	–	–	–	–	–	–	–	–	–	–	100,0	0,0	0,0	0,0	0,0
3.1	Alimentos e bebidas	–	–	–	–	–	–	–	–	–	–	–	100,0	0,0	0,0	0,0	0,0
3.2	Alimentos	–	–	–	–	–	–	–	–	–	–	–	–	–	–	–	–
3.3	Bebidas	–	–	–	–	–	–	–	–	–	–	–	–	–	–	–	–
3.4	Fumo	–	–	–	–	–	–	–	–	–	–	–	–	–	–	–	–
3.5	Têxtil	–	–	–	–	–	–	–	–	–	–	–	–	–	–	–	–
3.6	Vestuário e acessórios	–	–	–	–	–	–	–	–	–	–	–	–	–	–	–	–
3.7	Calçados e artigos de couro	–	–	–	–	–	–	–	–	–	–	–	–	–	–	–	–
3.8	Madeira	–	–	–	–	–	–	–	–	–	–	–	–	–	–	–	–
3.9	Celulose, papel e produtos de papel	–	–	–	–	–	–	–	–	–	–	–	–	–	–	–	–
3.10	Edição, imp. e reprod. de gravações	–	–	–	–	–	–	–	–	–	–	–	–	–	–	–	–
3.11	Refino de petróleo e álcool	–	–	–	–	–	–	–	–	–	–	–	–	–	–	–	–
3.12	Produtos químicos	–	–	–	–	–	–	–	–	–	–	–	100,0	103,3	109,8	118,5	122,2
3.13	Farmacêutica	–	–	–	–	–	–	–	–	–	–	–	–	–	–	–	–
3.14	Perfumaria e prod. limpeza	–	–	–	–	–	–	–	–	–	–	–	–	–	–	–	–
3.15	Outros produtos químicos	–	–	–	–	–	–	–	–	–	–	–	–	–	–	–	–
3.16	Borracha e plástico	–	–	–	–	–	–	–	–	–	–	–	–	–	–	–	–
3.17	Minerais Não-metálicos	–	–	–	–	–	–	–	–	–	–	–	100,0	101,9	102,8	115,1	119,3
3.18	Metalurgia básica	–	–	–	–	–	–	–	–	–	–	–	100,0	95,8	98,8	105,6	104,3

Tabela 6.18 – continuação

Goiás	dez./91	dez./92	dez./93	dez./94	dez./95	dez./96	dez./97	dez./98	dez./99	dez./00	dez./01	dez./02	dez./03	dez./04	dez./05	dez./06
3.19 Prod. de metal – exclusive máq. e equip.	–	–	–	–	–	–	–	–	–	–	–	–	–	–	–	–
3.20 Máq. e equip.	–	–	–	–	–	–	–	–	–	–	–	–	–	–	–	–
3.21 Máq. p/ escritório e equip. informática	–	–	–	–	–	–	–	–	–	–	–	–	–	–	–	–
3.22 Máq., aparelhos e materiais elétricos	–	–	–	–	–	–	–	–	–	–	–	–	–	–	–	–
3.23 Mat. eletrônico, ap. equip. de comunicação	–	–	–	–	–	–	–	–	–	–	–	–	–	–	–	–
3.24 Equip. de instrumentação médico/óptico	–	–	–	–	–	–	–	–	–	–	–	–	–	–	–	–
3.25 Veículos automotores	–	–	–	–	–	–	–	–	–	–	–	–	–	–	–	–
3.26 Outros equip. de transporte	–	–	–	–	–	–	–	–	–	–	–	–	–	–	–	–
3.27 Mobiliário	–	–	–	–	–	–	–	–	–	–	–	–	–	–	–	–
3.28 Diversos	–	–	–	–	–	–	–	–	–	–	–	–	–	–	–	–

Fonte: IBGE/SIDRA – Tabela 2295, dados obtidos em 5.3.2007.

Tabela 6.19 – Fluxos migratórios inter-regionais acumulados – 2000 (Norte-Tocantins; Nordeste-Maranhão)

UF de nascimento	UF de residência atual												Total saídas
	NO-TO	MA	NE-MA	MG	ES	RJ	SP	PR	SC	RS	CO-DF + TO	DF	
NO-TO	–	47.597	66.530	19.196	8.887	70.760	67.451	19.082	5.332	5.649	112.987	22.658	446.129
MA	532.352	–	149.845	13.299	2.646	75.815	118.586	3.639	1.348	1.803	246.344	98.730	1.244.407
NE-MA	506.279	342.818	–	311.762	153.293	1.228.734	4.865.364	208.745	24.267	22.487	786.128	473.336	8.923.213
MG	174.345	10.235	126.975	–	286.978	601.474	1.902.322	245.237	12.310	8.178	507.039	192.745	4.067.838
ES	106.964	2.273	34.945	91.921	–	229.355	56.489	17.661	1.625	1.402	21.231	6.675	570.541
RJ	31.633	7.355	154.917	158.286	92.320	–	231.156	33.185	18.621	18.416	34.030	56.664	836.583
SP	82.039	11.078	383.093	378.820	24.404	143.357	–	561.272	61.966	27.937	433.410	38.255	2.145.631
PR	203.148	2.656	33.465	74.110	7.384	26.016	1.185.683	–	278.729	72.738	385.887	10.515	2.280.331
SC	18.663	794	6.918	6.532	1.251	14.184	62.110	333.104	–	172.959	62.100	3.664	682.279
RS	31.471	2.327	25.095	14.702	3.438	43.868	79.611	317.245	341.273	–	137.550	16.010	1.012.590
CO-DF+TO	265.999	26.743	42.010	128.609	3.959	28.225	230.470	53.722	11.295	10.038	–	167.828	968.898
DF	7.479	5.364	37.540	24.060	3.290	14.283	21.788	2.899	2.051	1.621	139.149	–	259.524
TOTAL	1.960.372	459.240	1.061.333	1.221.297	587.850	2.476.071	8.821.030	1.795.791	758.817	343.228	2.865.855	1.087.080	23.437.964

Fonte (dados brutos): Censo Demográfico 2000 FIBGE.

SOBRE O LIVRO

Formato:16 x 23 cm
Mancha: 28 x 50 paicas
Tipologia: Iowan Old Style 10,5/15
Papel: Offset 75 g/m² (miolo)
Cartão Supremo 250 g/m² (capa)
1ª edição: 2007

EQUIPE DE REALIZAÇÃO

Edição de Texto
Ana Cecilia Água de Mello (Preparação de texto)
Alexandre Agnolon (Revisão)

Editoração Eletrônica
Estela Mleetchol (Diagramação)

Impressão e Acabamento